大學生
心理健康與人生發展

肖宇 著

大學是青年走向社會前的最後課堂，
在大學階段將，他們面臨一些從未遇到過的困難，
良好的生活適應是這個時期個體發展的重要課題之一。
大學生的心靈健康指標有哪些？他們該如何保持心理健康？

崧燁文化

前　言

　　本教材將多年的成果和實踐經驗融入大學生心理健康概述、自我認識、人格發展、生涯規劃、人際交往、學習心理、戀愛與性、情緒管理、壓力應對、生命教育與危機應對十個心理健康教育主題。在教材編寫過程中，我們注重教材的時代性和權威性，引入了大學生心理健康教育領域的最新研究成果，參考了國內外權威的書籍和論文；注重趣味性和實用性，在教材每一節都加入了引入部分和知識連結，選用了貼近大學生生活的例子。該教材能幫助大學生全面、系統地理解和掌握大學生心理健康教育內容，學習和掌握提高心理調適能力的技能，是一本既可以作為教師教學的參考用書，又可以作為學生心理自助的指導用書。

　　本教材由肖宇擔任主編，譚敏、何媛媛任副主編。肖宇負責全書的策劃和總體設計，譚敏、何媛媛負責修改定稿。全書分工如下：第一章由鄭敏思、徐慊、方從慧編寫，第二章由楊新、伍澤蓮、何媛媛編寫，第三章由周國波編寫，第四章由陳寧、何媛媛編寫，第五章由譚敏、何茜、何媛媛編寫，第六章由李璐名編寫，第七章由宋曉莉、馬春蓉編寫，第八章由何媛媛、宋晉編寫，第九章由伊婷編寫，第十章由方從慧、杜煥英編寫。

　　由於編寫時間倉促和編者水準所限，疏漏之處懇請同行專家和廣大讀者提出批評和建議，以便今後修訂和完善。

編者

目　錄

第一章　大學生心理健康導論 …………………………………………（1）
　第一節　大學生心理健康概述 ………………………………………（1）
　第二節　常見心理障礙及其應對方法 ………………………………（10）

第二章　大學生自我認識與自我成長 …………………………………（18）
　第一節　大學生自我意識與自我認識 ………………………………（18）
　第二節　大學生自我認識的發展與偏差 ……………………………（22）
　第三節　大學生自我意識的成長與完善 ……………………………（28）

第三章　大學生人格發展 ………………………………………………（37）
　第一節　人格概述 ……………………………………………………（37）
　第二節　人格理論與測量 ……………………………………………（42）
　第三節　大學生人格特點和健康人格塑造 …………………………（49）

第四章　大學生生涯規劃 ………………………………………………（56）
　第一節　大學生生涯規劃概述 ………………………………………（56）
　第二節　大學生生涯規劃任務 ………………………………………（64）
　第三節　大學生生涯規劃問題與應對策略 …………………………（72）

第五章　大學生人際交往 ………………………………………………（78）
　第一節　大學生人際交往概述 ………………………………………（78）
　第二節　大學生人際交往特點及問題 ………………………………（83）
　第三節　大學生人際交往技能提升 …………………………………（90）

第六章　大學生學習心理及學習策略 …………………………………（98）
　第一節　大學生學習心理概述 ………………………………………（98）
　第二節　大學生學習特點及常見困擾 ………………………………（104）
　第三節　大學生學習策略 ……………………………………………（111）

第七章　大學生戀愛與性心理 …………………………………………（118）
　　第一節　大學生戀愛心理概述 ……………………………………（118）
　　第二節　大學生戀愛心理及問題調適 ……………………………（125）
　　第三節　大學生性心理概述 ………………………………………（132）
　　第四節　維護大學生性心理健康 …………………………………（138）

第八章　大學生情緒管理 ……………………………………………（144）
　　第一節　情緒概述 …………………………………………………（144）
　　第二節　大學生情緒特點及常見情緒 ……………………………（151）
　　第三節　塑造積極健康的情緒 ……………………………………（157）

第九章　大學生壓力與應對 …………………………………………（165）
　　第一節　壓力概述 …………………………………………………（165）
　　第二節　大學生常見壓力及應對策略 ……………………………（173）

第十章　大學生生命教育與心理危機應對 …………………………（182）
　　第一節　生死之間，追尋生命的意義 ……………………………（182）
　　第二節　大學生心理危機及應對 …………………………………（189）

第一章
大學生心理健康導論

第一節　大學生心理健康概述

　　大學是青年走向社會前的最後課堂，是大學生累積知識、提升綜合素質的重要階段，是引導大學生樹立正確的人生觀、價值觀和世界觀的重要途徑，是培養高尚品格成就更好自己的重要時期。社會變革迅速，科學技術的快速發展改變著人們的生活和工作方式，這些都為當代大學生的成長發展帶來新挑戰。對於青年大學生的成長成才而言，心理健康是重要的保障。那麼，當代大學生如何發展自己，做到朝氣蓬勃、好學上進、視野寬廣、開放自信呢？在本書的第一章，我們將從心理健康的視角來介紹大學生的發展。

一、什麼是心理健康

1. 心理健康的定義

　　　　心理健康定義為在成長和發展過程中，認知合理、情緒穩定、行為適當、人際和諧、適應變化幾種狀態。世界心理衛生聯合會將心理健康定義為「身體、智力、情緒十分調和；適應環境，人際關係中彼此謙讓；有幸福感；在工作和職業中能充分發揮自己的能力，過著有效率的生活」。心理健康包含許多明確、具體的情緒情感與行為指標，但我們也應注意心理狀態是不斷發展變化的。一般來說，心理健康的含義有廣義和狹義之分。廣義的心理健康，主要以促進人們心理調節、開發潛能為目標，使人能在環境中健康地生活，不斷提高心理健康水準，更好地適應社會生活並積極有效地服務社會；狹義的心理健康則以預防心理障礙或問題行為為主要目的。

2. 心理健康的重要性

　　心理健康是影響經濟社會發展的重大公共衛生問題和社會問題。當前，中國正處於經濟社會快速轉型期，人們的生活節奏明顯加快，競爭壓力不斷加劇，個體心理行為問題及其引發的社會問題日益凸顯，引起社會各界廣泛關注。提升全社會的心理健康水準，是促進社會穩定和人際和諧、提升公眾幸福感的關鍵，是培養良好

道德風尚、促進經濟社會協調發展、培育和踐行社會主義核心價值觀的基本要求，是實現國家長治久安的一項源頭性、基礎性工作。

心理健康影響生理健康。俗話說：「笑一笑十年少，愁一愁白了頭。」人的生理疾病常常與心理問題互相影響，長期患有身體疾病可能會引發心理問題，同樣心理問題長期積壓也會引發軀體疾病。如果一個人長期處於緊張、焦慮、抑鬱、悲傷或憤怒等情緒之中，又無法及時調整，那勢必影響身體健康。大學生保持良好的心理健康狀態，有助於保持軀體健康。

心理健康也是學業成功的重要保障。相較於中學，大學階段的學習更加自主，需要大學生自行安排時間。健康的心理可以讓大學生正確地認識現實，做出長遠的規劃，並在遇到挫折時迅速有效地調整認知和情緒，更好地應對和解決問題。比如，健康的自尊心是心理健康的重要組成部分。研究表明，當人們接收到消極負面的反饋時，如被人拒絕或被人責備，自尊心偏低的人會感覺十分羞愧、恥辱，他們也會覺得是自己的問題。如果人具有健康的自尊心，受到拒絕或責備時，雖然也會感覺失望或沮喪，但其反應來源於這個情境，不會過度，也不會認為是自己的問題。因此，心理更健康的同學，在大學階段會更加客觀地進行歸因。例如，一次考試成績不理想，有較多方面的原因，而不僅僅是「自己無用」「太笨」等原因。

3. 心理健康的標準

心理健康是一個相對的概念，並沒有一個絕對的界限，並不像生理健康那樣可以被具體和精準地測量。隨著時代的發展和人們知識經驗的不斷豐富，人們對於心理健康的理解和認識也在不斷發展。大學生特有的年齡階段和角色特徵，決定了大學生的心理健康既具有普遍特徵又具有獨特性。概括起來，大學生要擁有心理健康狀態，須符合以下七個標準：

（1）能正確認識自我和接納自我。

一個心理健康的人能從各方面客觀地瞭解自己的性格和能力，同時也能接受自己的優缺點，並做出恰當的、客觀的評價，對自己有較為合理的、滿意的期待和規劃，不會對自己有過於嚴苛和不恰當的要求。一個心理健康的人會努力發展自身的潛能，對自己力所不能及之處也能安然接受，能夠體驗到自己存在的價值，因而對自己總是滿意的。

（2）能保持和諧的人際關係。

人際交往是個體正常的心理需要，也是大學生融入集體、走向社會的必備能力之一，是大學生心理健康必不可少的因素，也是其獲得心理健康的重要途徑。在與人交往中，個體應尊重他人，接納他人與自己的差別，與他人進行良好的溝通和交往，能應對生活中的人際衝突。保持和諧的人際關係，並非指從來沒有矛盾，也不是表面的客氣，而是指在人際交往中，不以自我為中心，也不討好他人，自然、真實又平和地回應。

（3）有良好的適應能力。

適應能力指個體與現實生活和諧相處的能力。大學生對環境有較強的適應力，能較清晰正確地認識環境，能夠主動和外界保持良好接觸，能接受和適應現實環境。

但面對不理想的環境時，大學生同樣能夠積極應對，及時調整自己的需要和期望，讓自己的想法和行為與周圍環境相協調，在各種環境中都能獲得成長和發展。

（4）具有頑強的意志。

頑強的意志指個體在自覺、堅持、果斷、自制力等方面都有較好的表現，能夠正確地對待學習、戀愛、就業、生活及家庭等各方面出現的困難，能夠積極應對成長過程中遇到的挫折和困境，並以頑強的意志和堅忍不拔的毅力戰勝挫折和困境。

（5）具有良好的情緒狀態。

大學生大多處於青年期，情緒情感體驗豐富深刻，波動較大。大學生應當能夠較好地管理自己的情緒，具有較強的情緒調節能力，表現為情緒既能適當宣洩又能合理克制，情緒的表達既符合自身的需要又符合社會需要，能夠接納自己的各種情緒，情緒穩定且積極樂觀。

（6）具有完整和諧的健康人格。

人格結構包括性格、能力、動機、需要等多方面，大學生應當在大學階段對自己各方面有較深入的瞭解和準確的評價，在此基礎上努力完善自己的人格。心理學家奧爾波特認為健康人格具有以下能力：第一，具有自我擴展的能力，能夠將自我的感覺擴展到自我周圍的人和活動上；第二，能與他人建立溫暖的相互關係；第三，情緒安定，能自我接納，有較高的挫折耐受力；第四，具有實際的現實知覺；第五，對自身具有客觀的瞭解；第六，具有統一整合的人生觀。健康成熟的人會「深刻領悟生活的目的」，具有清晰的自我意向和行為準則，具有統一的生活哲學，指導人格朝向將來的目標。

（7）心理行為符合年齡特徵。

人的心理發展和年齡密切相關，年齡階段不同心理行為特徵也不同，所以心理行為特徵只有與特定的年齡段相符合才能相得益彰。中國文化中有「少年老成」一說，指年紀小的人成熟穩重，顯得像閱歷深的長者。現在也指年輕人缺乏朝氣。大學階段，大學生正值青春蓬勃階段，大學生在外形、衣著和氣質上顯得青春洋溢，乃是心理健康的表現。

二、大學生心理發展特點

大學生普遍處於18~22歲的年齡階段，按照發展心理學的年齡階段劃分，18~35歲屬於成年早期，大學生正處於成年早期。習近平總書記在紀念五四運動100週年大會上提到：「這一時期的大學生思想活躍、思維敏捷、觀念新穎、興趣廣泛，探索未知勁頭足，接受新生事物快，主體意識、參與意識強，對實現人生發展有著強烈渴望。這種青春天性賦予青年活力、激情、想像力和創造力，我們應該充分肯定。同時，青年人閱歷不廣，容易從自身角度、從理想狀態的角度來認識和理解世界，難免給他們帶來局限性。」這一時期，大學生的身心發展基本穩定，但由於一直身處校園，他們的發展特點已經承擔各種社會責任的成年個體有很大不同。

1. 大學生自我認知發展的特點

大學生生理及其功能越發成熟，應深入思考自己的未來追求和社會角色；同時，

大學生批判性思維的發展也能使其有意識進行獨立判斷，思考人生價值，並做出自己認為合理的選擇。大學時代是自我概念發展最快的時期，通過和他人的交往、比較以及他人對自己的評價，大學生不斷探索自己的興趣愛好，認識自己的潛能和局限，以此來完善自我認識。絕大部分新生缺乏對自我的全面思考與規劃，他們在高考選擇專業時，處於盲目和不瞭解的狀態。但是來了大學後，有了更多獨立思考的機會，隨著對專業的深入瞭解，以及對未來進行職業規劃，大學生自身的全面規劃在逐漸改善。

在社會問題認識方面，大部分學生開始從辯證的角度看問題，會從各個角度進行思考和分析，不再像以前那樣簡單和絕對化了。很多大學生進入大學後發現，大學階段的學習和生活方式與高中時期太不一樣了，他們需要盡快適應新的環境並調整學習方法，也會有更廣闊的眼界和認識。但也有大學生的思維仍停留於事物「非黑即白」的看法上，或對社會上某些問題的判斷模棱兩可，不知道怎樣反應才是正確的，這就容易造成認知困惑和行為不適。

2. 大學生情緒情感的特點

大學生的情緒相較於兒童和青春期少年，更加豐富和細膩，同時不那麼直白和外露，具有複雜性、掩飾性和內隱性。大學生因為生活閱歷較少，生活人際環境較單純，生理發育成熟且向往愛情，相比於更成熟的成年人來說，又具有衝動性、波動性和兩極性。大學生情結情感特點主要有以下內容：

（1）複雜性和衝動性。大學生在情緒體驗上，有著豐富、強烈而又複雜的情緒世界，情緒體驗往往較為迅速而強烈。心理學家常用「急風暴雨」來比喻這種激情性的情緒特徵。大學生有較強的群體認同感，喜歡模仿，易受暗示，容易受當時情境氣氛的感染、鼓動，容易表現出比個人時更大膽的舉止。

（2）波動性和兩極性。大學生的情緒年齡正處於未成年人向成年人轉變的階段，在情緒狀態上表現為兩種情緒並存的特點。一方面，相對於中學階段，大學生的情緒趨於穩定和成熟。而另一方面，與成年人相比，大學生的情緒帶有明顯的起伏波動性，容易從一個極端走向另一個極端。大學生的情緒有時會表現為大起大落、大喜大怒。

（3）內隱性與掩飾性。大學生的情緒表現，雖然有時也會喜怒形於色，但不像少年時期那樣坦率直露。不少大學生常會將自己的情緒隱藏。能夠隱藏自己的情緒反應，表示大學生已經發展出較成熟的情緒調節能力，也會根據外在環境來決定自己是否表現情緒。

（4）階段性。大學四年，不同年級面臨的主要任務不同，大學生的主要情緒也會在各個年級有階段性區別。大學生的情緒情感發展呈現明顯的階段性特點。

3. 大學生人際交往的特點

在上大學以前，很多學生的生活是被家長和老師安排好的，自己能夠支配的時間不多，人際關係的範圍也局限於同班同學。進入大學後，每個大學生需要對自己的生活和學習進行更多的自主安排，和來自五湖四海的同學進行相處，自己還要去面對和處理一些事情，和更廣泛的人打交道。在這個過程中，人際交往的範圍越來

越廣泛，人際交往的影響因素也越來越複雜。當代大學生的人際交往，無論是個體性的人際交往，還是群體性的人際交往，均受到身心發展水準、群體規範與活動方式以及社會文化環境的影響，從而表現出一些典型特點。

（1）交往意識的迫切性。當代大學生的人際交往，在追求人際關係的個體性交往中，表現出強烈的迫切性。迫切性表現為大學生對人際交往的需求強烈，渴望與人交往。大學生在初入大學的新鮮感淡化之後，失落感和孤獨感就會愈加明顯，這個時候他們非常希望得到周圍人們的關心、體貼、信任和理解，尤其渴望得到室友和同班同學的友情。

（2）交往對象、內容的開放性。大學生思想活躍、情感豐富，為了更好地認識社會、適應社會，他們在人際交往中持有積極的心態，主動勇敢地與他人進行交往。首先，這表現在受到社會的發展和來自多方面相關因素的影響後，大學生對於與異性交往的看法會比高中階段更為開放；其次，大學生的交往範圍較寬，校際之間的交往也很頻繁，與陌生人的交往也更加落落大方。

（3）交往方式的多樣性。現代計算機、通信、網路技術為當代大學生的交往提供了先進的信息傳遞手段，為大學生在傳統的交往方式基礎上又增加了許多新的內容，打破了時空的局限，開闢了超時空的廣闊天地，大部分的學生不再抱有狹隘的交友觀念，轉而追求建立更加廣泛、多樣的人際關係。

4. 大學生行為表現的特點

大學生在大學階段將面臨一些從未遇到過的困難，以前有父母的照顧、老師的監督，而今一切要自己解決。因此，良好的生活適應是這個時期個體發展的重要課題之一。部分同學在高中甚至初中就在校居住，生活自理能力較強，行為上較為獨立；然而也有部分大學生生活自理能力較弱，當離開父母後自己處理事情時，一切都要從頭學起。部分學生剛進入大學時會經歷適應過程，要適應當地的飲食和氣候，要融入集體生活，要獨立地照顧自己，要學習不同的內容和方式。隨著時間推移，大部分學生能積極地面對，從而適應大學生活，但也有同學消極面對或迴避困難，導致更多的適應性問題。

大學生進入大學後，自我管理能力較強的學生能較好地安排好自己的生活，確定自己的發展目標並為之不斷努力，平衡好學習和學生工作。對於自我控制能力較差的同學，由於缺乏家長和老師的監督，自我控制能力較差的同學會遇到不少問題，有的同學進入大學後就徹底鬆懈，因此耽誤了學習。「拖延症」也是很多同學面臨的阻礙發展的問題之一。自我控制能力較差還表現在不能合理安排生活所需，月開支較大，購物隨意不夠理性等情況。

三、影響大學生心理發展的因素

大學生心理健康的影響因素包括生理、遺傳等因素，生活事件、成長經歷、家庭環境、學習經歷等情景性外部刺激，以及逐漸形成的人格、自我、觀念等內部因素，總之是個體、家庭、學校與社會等各方面交互作用的結果。

1. 遺傳和生理因素

心理的發展有其生物基礎，如腦和神經系統的發育將影響心理。一些心理方面的疾病也受基因的影響，其發病原因和遺傳相關。這一點提示我們，不能單純地從個體或外部的原因來看待心理方面的問題，比如社會輿論中某些不恰當的歸因，「因為童年陰影才導致抑鬱症」。事實上，心理健康的影響因素是複雜的，而不是單一的。

生理因素對大學生心理健康狀況有影響，尤其是較嚴重的身體疾病，會帶來巨大的精神壓力，甚至導致心理疾病。長期的神經性頭痛、胃病及其他慢性疾病也是引起大學生心理問題的因素。肢體上的殘疾對心理也會產生較大影響，會給學習、生活等諸多方面帶來困難，加上這些大學生會經常遭遇挫折、取笑和不恰當的憐憫，易產生自卑感，易貶低自己，喪失信心。

2. 個性因素

大學生的個性特點是心理健康的決定性因素。在這個時期，大學生的自我評價存在著光環效應，大多數大學生沒經歷過大的挫折，他們對自己能力的評估往往會偏高。在實際生活中，周圍人的一些看法和評價與他們的自我認識不一致時，就易有負面情緒出現，造成心理失衡。

性格優勢是積極人格特質研究的主要內容。具有性格優勢的學生與周圍環境融合較好，善於恰當處理自身與外在環境的不一致所產生的問題，並且能夠積極主動熱情地投入生活學習中，不會把應激性事件擴大化、災難化，而是積極地解決困難，表現出良好的心理適應能力，因而心理症狀也較少，心理健康水準相對較高。

有研究表明，具有人際關係性格優勢的人的焦慮情緒和生理反應水準較低。具有此種性格優勢的群體在面對應激性事件時會將其視作一種挑戰，關注的點是解決問題，注意力集中於如何掌控局勢和解決問題上，以一種積極主動的情緒狀態接受和完成任務，會主動設法去管理困難解決困難，而不是感到畏懼；具有該優勢的個體面對困難的挑戰時，善於發現其樂趣和其積極的意義。這些個性特點會保護個體免受情緒和機體不適的困擾。

3. 挫折性事件

挫折性事件是心理障礙和心理疾病的主要根源。相關研究表明，挫折性事件對個體的影響越大，個體心理健康水準越低。挫折性事件會對個體產生巨大的心理衝擊力，如果個體不能正確面對，會影響其自信心與意志，甚至導致其認知出現偏差，誘發逆反心理甚至報復心理和行為。

然而，心理學家發現，有一些個體就算經歷了大量的挫折或十分極端的挫折，也依然保持著健康、樂觀的心理狀態。心理學家通過對這些個體進行研究，發現他們有一種心理品質，叫復原力。復原力指一種能夠從逆境、不確定、失敗以及某些無法抗拒的災難中自救、恢復甚至提升自身的能力。因此，作為大學生，需要以更加堅韌和積極的眼光面對生活中的挫折和困難，不斷增強復原力。

4. 家庭因素

家庭結構、家庭經濟狀況、父母受教育的程度、職業、家庭關係和氛圍，以及

父母對子女的期望等都會影響大學生的心理健康。總體來講，家庭結構的不完整可能會導致學生情感缺失，不利於學生的成長。但這也不是必然的結果。相對於家庭結構來說，父母的教養方式和家庭氛圍同樣關鍵。

父母教養方式主要包括以下類型：民主型，即父母對待孩子熱情有愛，傾聽並尊重孩子的意見；專制型，即父母不考慮子女的要求，要求孩子言聽計從；溺愛型，即父母任由子女為所欲為。研究表明，民主型教養方式的大學生心理健康水準高於專制型教養方式的大學生心理水準。如果父母對子女的想法和意見充分理解，給予其關心和溫暖，則會對學生的心理健康產生有益的影響。但如果父母對學生諸事有過多干涉，並經常拒絕或否定學生，則不利於學生的心理健康發展。

家庭氛圍和諧與否影響大學生心理和人格是否得到健康發展。家庭氛圍的和睦，有利於大學生的心理健康發展，更有助於他們從容地解決生活和學習中遇到的各種問題，與他人發展良好的人際關係。父母間若相互敵視、經常吵架，會使學生產生恐懼、焦慮、缺少安全感等消極心理品質，若長期生活在這樣的家庭氛圍中，學生容易出現心理健康問題。

5. 環境因素

環境因素是指一個組織的活動、產品或服務中能與環境發生相互作用的要素，包括那些造成實際的和潛在的、不利的和有利的環境影響的要素。影響大學生心理健康的環境因素主要包括學校環境、社會環境等。「近朱者赤，近墨者黑」，這是個亙古不變的道理，尤其對於大學生這種明辨是非能力較差的群體而言更是如此，他們的思想和行為很容易受到周圍環境的影響。

學校教育是大學生成長的重要平臺，學校各項設施的建設、學校教師的自身素質、學校整體的學風和校風、學校所開展的教育活動以及文化環境的構建等因素對大學生社會心態培育有著重要的影響。

社會環境中網路對大學生的心理健康有積極的影響。例如，社交渠道有助於拓展人際圈；網路中信息量巨大，豐富了學習方式和內容；網路提供很多的平臺，大學生的創造性得到很好的發揮，增強了大學生的自信。但我們也會發現網路有許多不良影響。例如，網路上的信息良莠不齊，大學生較難分辨；大學生過度沉迷於網路不僅會危害其心理健康也會在現實方面造成影響。沉迷於網路遊戲、網上購物、網戀等也會危害大學生的心理健康。

四、培育大學生健康的心理狀態

1. 樹立健康的生活方式

世界衛生組織對影響健康的因素總結如下：健康＝生活方式（60%）＋遺傳因素（15%）＋社會因素（10%）＋醫療因素（8%）＋氣候因素（7%）。由此可見，生活方式對人的健康起到了很大的作用。作為青年期的大學生，為了更好地投入學習和生活，需要養成規律作息、定期運動的習慣。體育運動除了有強身健體的作用，還能使人產生一種非常美妙的情感體驗，即心情舒暢、精神愉快。大學生通過運動獲得激勵，可以增強自尊心、自信心和自豪感，增添生活情趣。研究表明，體測成績

優良的大學生的性格也相對外向，情緒較穩定，具有較好的心理狀態和較好的社會適應能力。

2. 培養健康積極的心態

健康積極的心態是個體對待自身、他人或事物的積極、正向、穩定的心理傾向，是一種良性的、建設性的心理準備狀態。積極心態與消極心態是相對而言的，面對生活和學習的壓力與挫折，抱著積極心態的個體，更容易從積極的一面去思考，積極採取行動，努力面對。健康積極的心態也是一種生活態度，擁有這種心態的個人享受生活中的一切過程。

生活中免不了挫折和不順遂，但若有健康積極的心態來應對，個體就會更加平和，事情也更容易有轉機。

健康積極的心態，個體可以通過刻意的訓練而不斷培育，方法如下：第一，發現使你快樂的時光，增加它。發現使你不快樂的時光，減少它。當你嘗試這麼去做的時候，會發現自己的心態更陽光，會擁有更多的正能量。第二，懂得放棄，不再糾結已經放棄了的選擇，不讓自己陷入後悔的情緒旋渦。第三，寬容諒解，更好地站在他人的角度考慮問題，原諒他人的無意過錯，也讓自己少些煩惱和抱怨。第四，學會放下，放下阻礙和他人交往的隔閡，放下影響自己前行的包袱，用寬容和博愛的心胸「輕裝上路」。

3. 主動協調與環境的關係

適應是一個人調整自身，使其個人需要在與環境互動中得到滿足的過程，適應也是自我與環境和諧統一的良好生存狀態。個體對環境的適應，可分為消極適應和積極適應。消極適應過程是個體認同並順應了環境中的消極因素的過程，它壓抑了自身的積極因素及潛能，未能充分發揮個體的主觀能動性。例如，有的同學不喜歡所在學校或所在專業，就消極應對學習、迴避人際交往、埋怨父母、自怨自艾，而不是努力改變現狀。積極的適應是指個體在客觀環境中積極主動地調整自己的不適應，從而使自身得到發展。

每個人都存在著潛能，環境只是發展的條件。任何環境都存在著有利於個人成長的積極因素和不利於個人成長的消極因素，如果個體能正確分析自身的特點和環境，充分發揮主觀能動性，就能獲得積極適應，自我得到發展。比如，有的同學家裡條件較差，進入大學後申請勤工助學，或者在校外兼職工作，吃苦耐勞，積極肯幹，不僅幫助自己改善生活條件，在工作過程中也鍛煉了能力，收穫了經驗，甚至發現了商機，畢業後他們無論是就業還是創業都很有優勢。

4. 建立人際支持網路

在成長過程中，我們的情緒與人際關係的好壞有著密切聯繫，人際關係通常是一個人心理健康狀況的晴雨表，同時也會反過來影響身心狀況。人際關係不僅是人健康成長的基本條件，同時也是心理健康的一個重要支撐因素，有心理問題的人通常都缺少社會支持網路。當一個人感到難過悲傷、抑鬱焦慮時，有親人的安慰、朋友的關懷，他會感到慰藉和力量，從而擁有戰勝困難的勇氣和辦法；相反，如果沒有他人幫助和支持，甚至受到他人嘲諷貶低，他的情緒會更加糟糕，會更加貶低自

我，墜入失望的深淵。

大學是一個小社會，同學們每天都要和許多人交際交流。人的一生會遇到許多人，通過他人也可以不斷瞭解自我，就像印度哲學家克里希那穆提所說：「你認識你的面孔，因為你經常從鏡子裡看到它。現在有一面鏡子，在其中你可以看到完整的自己，這面鏡子就是關係的鏡子。」我們在成長發展的過程中會受到很多人的關注和幫助，這讓我們可以克服困難，與他人交往讓我們不孤單，生活更幸福。

連結：兩個動物實驗表明心理健康的意義

心理學的發展與心理實驗的進展息息相關。以下的幾個經典實驗，有效地表明了心理健康與行為之間的關係。

大白鼠求生實驗

預實驗：將一隻大白鼠丟入一個裝了水的器皿中，它會拼命地掙扎求生，而一般維持的時間是 8 分鐘左右。

正式實驗：在同樣的器皿中放入另外一隻大白鼠，在它掙扎了 5 分鐘左右的時候，放入一個可以讓它爬出器皿的跳板，這一隻大白鼠得以活下來。若干天後，再將這隻大難不死的大白鼠放入同樣的器皿，結果真的令人吃驚：這隻大白鼠竟然可以堅持 24 分鐘，是一般情況下能夠堅持的時間的 3 倍。

第一隻大白鼠，因為沒有逃生的經驗，它只能憑自己本來的體力掙扎求生；而有過逃生經驗的大白鼠卻多了一種精神的力量，它相信在某一個時候，會出現一個救生的跳板。這種精神力量就是積極的心態。

習得性無助的實驗

實驗人員把狗放在矮板隔開的室內，一邊有電擊一邊沒有，狗只要跳過板牆就可以迴避電擊。之後，實驗人員把狗固定在地板上進行反覆電擊。最後，實驗人員給狗鬆綁再電擊。實驗表明，這些狗都趴在地上忍受電擊，不進行反抗，也不逃走。

積極的心態能夠幫助小白鼠渡過難關，最後存活下來，而消極的心態會讓實驗中的狗消極應對。對於我們人類而言，心理健康的意義不僅僅是幫助我們活著，更幫助我們滿懷希望幸福地生活。總體來講，健康的心理幫助我們獲得幸福快樂、發揮個人潛能、實現人生價值；相反，不健康的心理將會成為我們成長發展過程中極大的阻礙。

小結：

心理健康的定義是：身體、智力、情緒十分調和；適應環境，人際關係中彼此謙讓；有幸福感；在工作和職業中能充分發揮自己的能力，過著有效率的生活。心理健康非常重要，對於大學生來說，心理健康有利於身體健康，心理健康也是學業成功的重要保障。大學生要擁有心理健康狀態，須符合七個標準：能正確認識自我和接納自我，能保持和諧的人際關係，有良好的適應能力，具有頑強的意志，具有良好的情緒狀態，具有完整和諧的健康人格，心理行為符合年齡特徵。

大學生在認知、情緒和行為等方面都有自身的發展特點，需要遵循發展規律。大

學生心理健康的影響因素包括生理、遺傳等因素，生活事件、成長經歷、家庭環境、學習經歷等情景性外部刺激，以及逐漸形成的人格、自我、觀念等內部因素，總之是個體、家庭、學校與社會等各方面交互作用的結果。大學生要培育健康心理，需要樹立健康的生活方式，培養健康積極的心態，主動協調與環境的關係，建立人際支持網路。

思考題：

1. 進入大學，你的觀念和人際關係發生了怎樣的變化？
2. 對照大學生心理健康標準，談談你對心理健康的認識。

第二節　常見心理障礙及其應對方法

「老師，我覺得我患了上抑鬱症，我這段時間情緒很低落，做什麼都提不起興趣。上課、學習無法集中注意力，吃飯沒胃口，晚上凌晨一兩點才睡覺。」

「發生了什麼，讓你產生這麼低落的情緒？」

「兩週前，英語考試成績只考了 51 分。我很難過，也覺得自己很沒用，甚至開始懷疑自己還能不能大學畢業。」

「51 分的考試成績帶給你很大的心理衝擊，讓你對自己產生了懷疑，也讓你對未來感到強烈的擔心。」

以上是大學生心理諮詢中時常出現的一個對話片段。諮詢師一方面為同學們越來越關注自己的心理健康感到高興，另一方面又為大家對心理障礙知識一知半解，稍有症狀就「對號入座」而感到擔憂。心理障礙的診斷是一個複雜而專業的工作，除了外在的症狀表現以外，還要綜合考慮個人的人格因素、成長經歷和現實事件，甚至還包括文化因素等。

一、心理障礙

心理障礙是指「所有夠得上診斷標準的心理上的疾病」。當前普遍適用的診斷標準是美國精神醫學學會的《精神障礙診斷與統計手冊》。心理障礙是由生理的、心理的或者社會的原因而引發的，在認知、情感、行為等心理過程的紊亂或者異常，導致我們感受到強烈的心理痛苦，或者社會適應功能受到損害，沒有能力按照社會認可的方式行動。

所有人都經歷過挫折，有的人通過自我調節逐漸平復，有的人通過向朋友、家人傾訴獲得支持，也有的人一直沉浸在這些痛苦之中，學習和生活受到嚴重影響，發展成心理障礙。其實，從心理健康到心理障礙是一個連續譜，我們每個人都處在這個連續譜上。如果我們將絕對的心理健康標示為白色，而絕對的心理障礙標示為黑色的話，那麼我們大多數人都遊離在連續譜中間的「灰色地帶」。

《國民心理健康發展報告（2017—2018 年）》指出：「有 11%～15% 的人心

理健康狀況較差，可能具有輕到中度的心理問題。」青年大學生身心發展還不成熟，對自我、他人和人生還處在思考、探索階段，再加之當前社會不斷進步、競爭越來越激烈，更易出現心理問題，並可能發展成心理障礙。接下來，我們一起來瞭解下常見的心理障礙，但切勿對號入座。如有需要，建議到專業機構就診。

二、常見心理障礙

1. 抑鬱症

世界衛生組織預測，到 2020 年抑鬱症將可能成為繼冠心病後的第二大疾病負擔。抑鬱症是一種以顯著而持續的低落情緒為主要表現，並伴隨相應思維和行為異常的一種心理障礙。典型症狀表現為三個方面：①情緒低落。個體感到悲傷、空虛、無望、內疚，覺得自己毫無價值，對生活中的所有活動都缺乏興趣或興趣減少，出現自殺想法，甚至產生自傷、自殺行為。②軀體症狀。個體出現失眠，精力減退，容易感到疲倦，或者睡眠過多。飲食上容易貪食或者厭食，短期內體重變化較大。③思維緩慢。個體大腦遲鈍、聯想困難，思考能力、記憶能力下降，無法集中注意力。

抑鬱症的產生受多種因素影響，包括遺傳因素、生物因素、心理社會因素、人格因素和童年經歷等。研究發現，抑鬱症患者的生化指標與常人不同，表現為 5-羥色胺和去甲腎上腺素降低，某些神經元過度活動。此外，重大生活事件，如親人死亡、失戀、失業等，也可能引發抑鬱症。從個人特質層面來看，具有完美主義傾向的人，或者容易衝動和敏感的人，以及容易焦慮和緊張的人更容易患上抑鬱症。

尤其值得注意的是，一些嚴重的抑鬱症患者具有自殺風險，約半數以上的抑鬱症患者有過自殺想法、計劃或行為。他們會感到「生活沒有意義」「自己是一個失敗者」「一切都是自己的錯」。因此，對抑鬱症患者的自殺干預也尤為重要。

2. 焦慮症

焦慮症表現為持久的焦慮情緒，既可能是對未來事件、以前過錯、工作表現、身體健康等具體事件的強烈擔憂，也有可能焦慮的原因根本不存在，或者不明顯，發作時常伴有頭暈、心悸、呼吸急促、出汗等軀體表現。

焦慮是一種指向未來的情緒反應，是由緊張、擔心、恐懼等多種感受交織在一起的情緒狀態，常發生在人們遇到新情境或新問題時。在大多數情況下，隨著外部壓力事件的消失，焦慮情緒會相應消失或減退。例如，為某個重要面試感到焦慮，面試一結束，整個人就放鬆了下來。然而，有時候人們的焦慮水準卻和實際的壓力情形不相符，或者壓力事件已經消失了，焦慮情緒還持續存在。這種強烈的擔憂，與當事人的現實處境極不相符，當事人感到內心痛苦，但又無法控制自己。

3. 強迫症

強迫症是以不斷重複出現的強迫思維和（或）強迫行為為主要症狀的一種心理障礙，患者明知這些思維和行為沒有必要，雖極力抵抗，卻控制不住自己要那麼想、那麼做，甚至越是抵抗，強迫思維和強迫行為越是強烈，讓人感到極度焦慮、痛苦不堪，但又無能為力，嚴重影響我們的正常學習、社交等。

強迫症患者主要表現為強迫思維或者強迫行為，或者二者兼有。強迫思維是指

患者「感受到反覆的、持續性的、侵入性的和不必要的想法、衝動或意向」。例如，患者反覆思考無意義的事情，「我今天到底有沒有鎖好門」「我的手洗乾淨沒有，會不會還沾染著細菌」等，而患者也明確知道到這些想法完全來源於自己的多慮。強迫行為是重複性、程式化地做某種看起來似乎有目的的行為，如反覆確認是否鎖好門、反覆洗手、所有物品必須放在某個固定的位置等。患者明知道沒有必要，卻控制不住自己，因為如果強烈地克制自己不去做的話，內心就會出現心慌、焦慮等情緒，擔心不好的事情會發生。

4. 人格障礙

人格障礙是個體呈現出來的，明顯偏離文化背景的、內在的、持久的、穩定的心理行為模式。人格障礙患者對自我、他人及事件的感知和解釋，以及人際交往和情緒反應等均顯著地與所處文化環境不相適應，但其思維、語言、智力等均無明顯缺陷。患者一般能正常應對日常工作和生活，甚至有可能在某方面有傑出表現，能理解自己行為並預測其後果，也能在一定程度上理解他人對自己行為的評價。但是，患者所表現出來的情緒不穩、自制力差、追求完美、關注自我等特徵讓其在人際交往和感情生活中常常受挫。

人格障礙有很多類型，這裡我們簡單介紹常見的偏執型人格障礙、自戀型人格障礙和邊緣型人格障礙。

偏執型人格障礙主要表現為個體對他人的不信任和猜疑，過分擔心被其他人傷害，因此對危險徵兆異常敏感，甚至根據個體的猜疑，錯誤地解釋一些情境線索，因此他們的人際關係總是不好。比如，在和他人正常聊天中，個體注意到對方的嘴角突然咧了一下，他馬上就會猜想這個人是不是在心理密謀什麼，然後停止說話，轉身離開。

自戀型人格障礙患者與我們通常所指的「自戀狂」有些類似，他們強烈地需要他人讚揚，常誇大自己的重要性，認為自己總是比其他人更優秀，時常沉浸在成功的幻想中。他們有一種權利感，不在意他人的感受和需求，期待別人按照自己的想法行事，甚至為了達到自己的目的而利用別人。

邊緣型人格障礙的典型表現是情緒容易失控且不能平息，過分依賴他人，擔心被遺棄，以及有衝動和自我傷害行為等。邊緣型人格障礙患者對自我的認識不穩定，有時極度自卑，有時又極度自負，內心有一種「空虛感」，容易頻繁而無緣由地產生抑鬱、焦慮和憤怒情緒。在人際關係方面，在和他人相處時，他們經常在極端親密和極度仇視之間迅速切換。在心理諮詢過程中，他們一會兒認為諮詢師是個多餘愛心、能力卓越的人，一會兒又認為諮詢師無視自己的感受，根本幫不了自己。

5. 精神分裂症

精神分裂症是「一種嚴重的心理障礙，特徵表現為思維、知覺及行為上的紊亂。精神分裂症患者思維缺乏邏輯，不能準確感知世界，不能正常生活和工作」。有些時候，患者能夠如正常人般思考、交流和生活，但有一些時候患者的思維、言語和行為卻是怪異的、混亂的，與現實世界是不符合的。精神分裂症主要包括五類症狀，即妄想、幻覺、思維（言語）紊亂、行為紊亂以及情感表達受限。

妄想是指「個體認為真實但極不可能且通常完全不可能的想法」。本是一種錯誤的信念、推理和判斷，患者卻對之堅信不疑。例如，「聯邦調查局一直在監視並密謀殺害自己」「別人只要看到我的臉，就可以獲悉我腦袋裡的所有想法」「我是某個偉人的轉世」等。

幻覺是一種不真實的體驗，即在沒有任何外界刺激作用於人體感官的情況下，人們所感知到的體驗。幻聽和幻視是兩種常見的幻覺。例如，一個人在寢室裡的時候，患者聽到有人在一直罵她。又如，患者多次「看」到死神出現在自己面前，告訴她很快就會死去。

思維（言語）紊亂表現個體的思維和言語缺乏連貫性和邏輯性。例如，個體毫無邏輯地從一個話題突然轉到另一個完全不相關的話題上，或者完全答非所問，你問他「你叫什麼名字」，他可能回答說「我正在商場裡買東西」，或者「創作」一些只有他們知道的新詞語，讓人莫名其妙。

行為紊亂是指患者可能出現沒有明確誘因的、無法預計的異常行為。例如，一個幻想著自己在被恐怖分子追殺的人，可能突然在大街上大喊大叫、狂奔不已。同時，精神分裂症患者生活一般的無法自理，很多人外表邋遢、蓬頭垢面。

情感表達受限是指患者在情緒表達上的嚴重缺失或減少，表現為遲鈍、冷漠。例如，個體對家人態度冷淡，對別人的痛苦無法產生共鳴。又如患者在講述一段飽含情感的個人經歷時，雖內心情感強烈，但卻面無表情，語言單調，語速毫無變化。

以上簡要介紹幾種常見心理障礙。心理障礙患者不僅自身感到非常痛苦，學習和生活大受影響，還可能影響到周邊的人。我們只有積極有效地應對心理障礙，才能減少或消除其對我們生活的負面影響。

三、心理障礙的應對

心理障礙其實並不像人們想像的那麼可怕。心理障礙就像我們身體的疾病一樣，只要我們積極進行治療和接受心理諮詢，主動調整心態並尋求社會幫助，是可以痊愈或者好轉的。

1. 積極接受醫學治療

接受系統而充分的醫學治療是重度心理障礙的首要選擇。有研究表明，藥物治療是控制抑鬱症、精神分裂症等重度心理障礙的方便、快速的手段。例如，抑鬱症患者體內的去甲腎上腺素和 5-羥色胺會比常人少，患者通過服用藥物，恢復腦內和體內的神經遞質平衡，在 6~8 周內大多數患者都感到情緒顯著好轉。

精神分裂症藥物則是通過阻斷多巴胺受體來減少大腦內的多巴胺活動，進而減少幻覺和妄想，近八成患者可得到顯著療效。很多心理障礙的治療需要患者長時間堅持。有些患者因為擔心精神類藥物會讓自己「變傻」，或者患者服用藥物後由於不良副作用而產生抵觸心理，或者因為無法接受藥物的正常、暫時的副作用，如記憶力下降、嗜睡等情況，而中斷服藥，造成治療不充分，復發可能性加大。

2. 輔助心理治療/諮詢

由於心理的複雜性和隱蔽性，心理障礙的治療是一個複雜的系統工程，心理治

療或諮詢也很有必要。許多患者服藥後，外在的症狀得到控制，但由於心理障礙的產生還有複雜的心理社會因素，這些根本的病因沒有得到解決的話，復發的可能性會增大。因此，在進行醫學治療的同時，輔以心理治療或心理諮詢，既幫助患者調整他們對待心理障礙的態度，增強信心，又釋放和消化引起心理障礙的被壓抑的情緒，從而改善人際關係，幫助他們盡可能地適應社會。

接受心理治療或心理諮詢輔以藥物治療的患者，比僅服藥治療的患者在外在症狀表現上會有更顯著的改善。有研究數據表明，「在抑鬱症的維持治療期，即使人際心理治療的頻率只有1次，也會使預防復發的週期延長至安慰劑組（非心理治療組）的2倍左右」。

3. 主動調整心態

患者應消除心理負擔。由於歷史文化的因素，社會大眾對心理障礙存在著一定的誤區、偏見和歧視，心理障礙患者及家人有一種羞恥感，不願「家醜外揚」，從而不能及時治療患者。其實，心理學界普遍將心理問題看成精神上的「感冒」，既然身體生病是正常的事情，心理上的生病又有何不正常的呢？

患者應建立自我信心。泰戈爾曾說：「當你為錯過太陽而哭泣的時候，你也要錯過群星了。」出現心理障礙，我們的生活受到影響，這已是無可避免的事實，但生活還有很多美好。如果我們一直沉浸在之前的痛苦中，那麼將對生命中的其他美好視而不見。只要我們有信心、有決心戰勝心理疾病，它便會被我們的「自我暗示」擊倒。如果我們因為患上心理障礙而過度自責，或者悲觀絕望，認為「自己是家人的負擔」「我的人生也沒什麼價值了」，則會加重我們的痛苦感受，陷入無止境的惡性循環。

患者應進行適度的運動鍛煉。相信大家都有這樣的體驗，如果我們感冒了，一個人躲在宿舍裡，會覺得全身都不舒服。但如果我們走出去曬曬太陽，和朋友一起參加一些有趣小活動，好像身體就沒什麼不舒服的了。適當、適度的運動鍛煉，有助於調節我們的身體狀態，進而改善我們的心理狀態。有研究表明，經常鍛煉如跑步等對於緩解輕度、中度的抑鬱症有非常不錯的療效，而瑜伽練習也可以幫助人們改變情緒調節方式。

4. 尋求社會支持

心理創傷治療大師巴薩爾·範德考克在《身體從未忘記──心理創傷療愈中的大腦、心智和身體》中寫道：「我們的一切（包括我們的大腦、我們的心靈和我們的身體）都傾向於與社會系統合作⋯⋯人際關係和人際互動在我們小時候塑造我們的心靈和大腦，而這兩樣事物在我們的一生中給予實際存在和精神意義。」

心理障礙患者長時間處於極度的痛苦中，與痛苦的鬥爭又再次消耗著巨大的心理能量，時常會感到身心耗竭。如果在這個時候，我們的身邊有一個親人或者一個好友，或者一個其他你完全信賴的人，可以看到、聽到、理解到我們內心的痛苦和掙扎，在我們身心俱疲、想要放棄時給自己加油、鼓勁，無論自己承受著怎樣的痛苦，他或她都在旁邊陪著自己，會是怎樣的體驗？我相信，患者的內心就會一直燃燒著希望的火焰。

真正的強者，是那些看到自己的弱點，並勇於向他人求助的人。每個人也都會有自己的弱點，不管你是否讓它展示出來，它都在那裡。如果你把它藏得越深，它越可能在不經意間影響你，傷害你。如果你能正視它的存在，接納它的存在，更積極、樂觀地去和它相處，它終將變成我們的朋友。

連結：認識心理諮詢

心理健康非常重要，大學生需要關注自身心理健康。如果大學生常常覺得自己情緒負面或想法極端，乃至在人際關係、學業等方面頻頻出現困難時，可以向學校心理諮詢中心求助，在專業心理老師的幫助下，盡快走出心理低谷。

美國心理學家卡爾納對心理諮詢的定義：心理諮詢是指一種專門向他人提供幫助與尋求這種幫助的人們之間的關係。在這種關係中，助人者的手段及其所創造的氣氛使人們逐步學會以更積極的方法對待自己和他人。心理諮詢能夠為人們提供全新的人生經驗和體驗，可以幫助人們更清晰地認識自己與社會，逐漸改變自己對外界不合理的思維、情感和反應方式，並學會處理好各種關係，提高工作效率，改善生活品質，以便更好地發揮個人的內在潛力，實現自我的價值。

心理諮詢的對象是健康人群或存在心理問題的人群，它有別於極健康人群，也和心理治療的主要對象有所不同。根據諮詢的內容不同，心理諮詢可以分為發展諮詢和健康諮詢；根據諮詢的規模不同，可分為個體諮詢與團體諮詢；根據諮詢採用的形式不同，可分為門診諮詢、電話諮詢和互聯網諮詢。心理諮詢的四個主要流派包括：精神分析學派，又稱心理動力學派，創始人為奧地利精神病學家、心理學家西格蒙德·弗洛伊德；行為治療學派，其理論基礎是以美國心理學家約翰·華生開創的行為主義心理學派；認知治療學派，認知治療學派的代表是美國心理學家阿爾伯特·艾利斯；人本主義學派，創始人為亞伯拉罕·馬斯洛和卡爾羅杰斯。

心理諮詢與心理治療是不同的，學校心理諮詢中心僅提供心理諮詢服務。心理諮詢與心理治療有以下不同：

第一，工作的任務不同。心理諮詢的任務主要在於促進個體健康成長，強調發展模式，幫助來訪者發揮最大的潛能，為正常發展消除路障，重點在於預防。而心理治療在於治療病人過去已經形成的損害，解決和改變發展結構障礙。

第二，對象和情景不同。心理諮詢遵循教育的模式，來訪者多為正常對象，主要涉及日常生活問題。心理治療的對象是心理異常的病人，是在臨床和醫療情景中開展工作。

第三，工作的方式不同。心理諮詢應用更多的方式介入來訪者的生活環境之中，如與來訪者的家庭、親友取得聯繫，設計和組織學習班等團體活動。而心理治療的形式多為會談。

第四，解決問題的性質和內容不同。心理諮詢具有現實指向的性質，涉及的是意識問題，如有關職業選擇、培養教育、生活和工作指導、學習輔導等，因此多採用認知和倫理的途徑。心理治療涉及內在的人格問題，更多的是與無意識打交道。

心理諮詢中的保密原則和保密例外原則

心理諮詢師需要嚴格遵守保密原則，有責任向來訪者說明心理諮詢工作的保密原則以及這一原則在應用時的限制，並且只有在得到來訪者書面同意的情況下，才能對心理諮詢過程進行錄音、錄像或演示。然而在特殊的情況，為了更好地維護來訪者及他人的利益，諮詢師需要打破保密原則，與大學生相關的主要有以下幾條：

（1）取得了來訪者（或其合法代表）的許可；
（2）來訪者有自殺傾向，諮詢師判斷來訪者有明確的自殺危險；
（3）來訪者有殺人傾向，或威脅參加明顯可能危害他人的行為；
（4）來訪者有致命的傳染性疾病且可能危及他人；
（5）法律規定需要披露時。

小結：

心理健康和心理障礙之間是一個逐漸過渡的連續譜，沒有絕對的心理健康，也沒有絕對的心理障礙，而我們每個人都處在這個連續譜的某個點上。心理障礙是由生理、心理或者社會因素引發的，在認知、情感、行為等心理過程的紊亂或者異常。就像我們因沾染細菌和病毒生病一樣，我們的心理也會因為外在的不良刺激產生一些「應激」反應，表現出一些心理上的「症狀」，或過度焦慮、抑鬱、強迫，抑或形成人格障礙或精神分裂等心理障礙。本節給大家簡要介紹了五種大學生常見的心理障礙，希望可以增強大學生對心理疾病的瞭解和認識，關注自我心理健康，但絕不是給大家提供一個診斷標準，因此切勿給自己「貼標籤」。如果感覺自己出現異常心理和行為表現，請一定到專業機構進行諮詢。如果患上心理障礙，也並沒有我們想像的那麼可怕，只要接受系統而充分的醫學治療及心理治療（諮詢），是可以好轉或者痊愈的。

海明威曾說：「生活總是讓我們遍體鱗傷，但到後來，那些受傷的地方一定會變成我們最強壯的地方。」只要我們放下對心理障礙的擔憂和害怕，對未來生活充滿信心，我們必然會在人生的道路上發現不同的風景。

思考題：

1. 某天，你的室友突然告訴你，他/她被診斷為「焦慮症」，現正在接受藥物治療並輔以心理諮詢。在以後的生活中，你會怎樣和他/她相處？

2. 你的好友兩週前和相戀三年的男友分手了，她非常傷心、難過，雖然她會時常找你傾訴，你也給了她很多的溫暖和情感支持，她的情緒卻始終沒有明顯改善，這時候你會怎麼幫助她？

第一章　大學生心理健康導論

第二章
大學生自我認識與自我成長

第一節　大學生自我意識與自我認識

　　新學期開始，小明滿懷憧憬地走進自己嚮往已久的大學校門，並積極報名參加各項活動。但入學不到兩個月，小明就感到了壓力、疲憊和迷茫。他發現，在人才濟濟的大學裡，自己曾經引以為傲的優點和別人相比不值一提；自己努力參與社團活動，卻說不清楚究竟在忙些什麼；再加上選拔實驗班失敗、競選班委失敗等一系列挫折事件，小明對自己產生了深深的懷疑。他一遍遍地問自己：「我是個一無是處的人嗎？這四年就這樣平淡地度過嗎？四年後我又會過什麼樣的生活呢？」這些問題壓在小明心上，讓他寢食難安⋯⋯

　　小明是對自己的定位、自己的未來發展產生了困惑，而這些困惑其實是關於自我認識的問題。很多人終其一生都無法正確地認識自己，囿於「我是誰？我從哪裡來？我要到哪裡去？」的困惑中，最後像小明一樣寢食難安。

　　正確地認識自己並接納自己，就是嘗試回答這些問題的開始。

一、自我意識

　　個體的自我意識不是與生俱來的，也不是一成不變的。個體的自我意識起始於嬰幼兒時期，萌芽於童年期，形成於青春期，發展於青年期，完善於成年期，它會隨著個體身心發展的變化而不斷提高和完善。

　　（一）自我意識的含義

　　自我意識是人對自己的身心狀態以及自己與客觀世界關係的覺察和體驗。從概念來講，它包括三個層次：第一種層次是個體對自己身體的覺察與認識，比如對自己身高、體重等方面的認識；第二種層次是個體對自己思維、情感、意志等心理活動的認識；第三種層次涉及個體的周圍環境，包括對自己擔任的社會角色、自己與周圍人之間關係的認識等。

　　（二）自我意識的結構

　　自我意識是一個多維度、多層次的複雜心理系統，可依據不同標準進行劃分。按意識的內容來劃分，自我意識可分為生理自我、心理自我和社會自我；按意識的

觀念來劃分，自我意識可以分為現實自我、理想自我和投射自我；按意識的形式來劃分，自我意識可以分為自我認知、自我體驗和自我調控。

1. 從內容上劃分

（1）生理自我。

生理自我是指個體對自己生理狀態的認知、體驗和評價，包括對自己身高、體重、外貌等身體方面的認識，以及對溫飽饑餓、勞累疲乏的體驗和評價。比如，個體認為「我很高挑」。個體對生理自我的認知會隨著個體生理發展而不斷產生變化。

（2）心理自我。

心理自我是自我意識的核心內容，指個體對於自己心理活動、個性特點以及心理品質的認知、體驗和評價，包括對自己的性格、能力、思維感知、興趣愛好方面的認識。比如，個體認為「我是一個喜歡音樂、思維敏捷的人」。

（3）社會自我。

社會自我是指個體對自己與外界客觀事物之間關係的認知、體驗和評價，包括個體對於自己在周圍客觀環境及各種社會關係中的角色、地位、權利、義務、責任的認識，以及對自己和他人相互關係的認識等。比如，個體認為「我是學生會的幹事」。

2. 從觀念上劃分

（1）現實自我。

現實自我是個體基於自己目前的立場和現狀，對現實生活中自己的認知。個體所探尋的是自我的真實狀態和剖析「我是個什麼樣的人」。比如，當一個同學經常積極發言，他可能會認為自己「是一個勤奮好學的學生」。

（2）理想自我。

理想自我是個體基於自己的實際情況，對將來的自己產生的想像和認識。理想自我不僅是個體想要達到的形象，也是個人追求的目標。個體所探尋的是「我想成為一個什麼樣的人」和「我應該成為一個什麼樣的人」。理想自我必須建立在現實自我的基礎上，才能獲得良好的發展。一個從小喜歡唱歌的人，希望自己長大後成為一個音樂家，這就是基於現實自我下較為合理的理想自我。

（3）投射自我。

投射自我也叫鏡中自我，指個體在想像中認為自己在他人心中的形象以及他人對自己的看法，探尋的是「在別人眼中我是什麼樣的人」。個體的投射自我和現實自我之間往往存在一定的差異。當這種差異過大時，個體容易產生自卑或是自負等不良情緒。比如，有的女生雖然身材健康，但是由於內心的投射自我認為「其他人眼裡的我很胖，他們都在背地裡嘲笑我」，從而產生自卑。

3. 從形式上劃分

（1）自我認知。

自我認知從認知層面出發，指的是個體對自己各個方面的認識，包括自我感覺、自我觀察、自我分析、自我評價等方面的認識。其中進行客觀而準確的自我評價是自我認知中最為重要的一個方面，它集中反應了個體自我意識的發展水準。

(2) 自我體驗。

自我體驗是指從情感層面出發，是伴隨個體自我認知而產生的內在感受，是個體關於「我是否能對自己滿意」的問題，包括了自尊感、自卑感、自豪感、內疚感等。其中自尊感是自我體驗中最重要的一個方面。

(3) 自我調控。

自我調控是指從意志層面出發，個體對自身心理和行為進行主動支配與掌握的過程，是個體關於「我如何才能成為理想中的自己」的問題，包括了自我監督、自我控制、自我教育等。其中自我控制是最為重要的一個方面，很多大學生「知道卻做不到」，就是因為缺乏自我控制的能力。

二、自我認識

隨著身心的發展，個體也不再滿足於僅僅只是接受對自己的覺察和體驗，而是嘗試著在自我意識的基礎上，主動對自己進行探索。

1. 自我認識的含義

自我認識是個體的主觀自我對客觀自我進行認識與評價的過程，在這個過程中，個體會更好地認識自己的身心特徵並實事求是地進行自我評價、自我調節和人格完善。

自我認識與自我意識的不同之處在於：自我意識是自發的，而自我認識是自覺的。相對而言，自我意識在某個階段是靜態的（從長期、整體上看是動態的），而自我認識作為個體的有意識探索，是一個動態過程。自我意識是人對自己的覺察和體驗，而自我認識是個體為了更好地對自己進行觀察和瞭解而進行的一種努力。自我認識的結果，一般都包括了自我意識所包含的內容。

2. 自我認識的內容

成熟的自我意識和健康的自我形象是一個人良好心理素質的重要標誌。它不僅要求個體認識自己的生理狀況和心理特徵，還要求個體能客觀地認識自己與他人、社會的關係。只要是個體可以獲取的、有關自身心理過程與狀態的信息，都可以作為個體觀察和思考的材料，從而進一步提升對自己的認識。我們可以從獨特性、社會屬性、願望與動機、成長歷程這幾個方面進行自我認識。

(1) 自我的獨特性。

個體的心理狀態在情感指向、動機呈現與選擇等方面具有穩定性，這也讓人具備了可以和其他人區分開來、可被識別並讓別人記住的特徵。比如，小明是一個目的性很強的人，小芳在情感上很依賴他人……但是，個體的心理特徵會隨著其所處階段的不同而不斷變化。隨著個體身心的發展，個體會結合自身的經驗，在主觀能動性的帶動下，對自己做出反思、激勵等調整與改變，不斷豐富其生物獨特性和經驗獨特性。

瞭解自己的獨特性，就是要瞭解自己面對事情時的反應模式、情感傾向性（包括對人與對己的）、與人的大致關係和在人群中的位置等。瞭解自己的獨特性有助於個體取長補短，在面對事情時做出更好的選擇。

（2）自我的社會性。

個體在社會中生存和發展時扮演著不同的社會角色。我們可以是父母的兒女或老師的學生，我們也可以是競爭對手、戀人等。不同的身分代表我們在群體中所處的不同位置，我們享受該角色帶來的便利，也要承擔該角色的責任與義務。

瞭解自己的社會性，就是要嘗試瞭解：在與別人互動中，我們該如何表現？我在某種社會角色下是否滿足了對方的期待？我與別人的關係如何？我在所處的社會環境中到底是一個什麼樣的存在？等等。

（3）自我的願望與動機。

在我們對自己瞭解的表象之下，其實還潛藏著很多別人不知道、我們自己也不知道的東西，它們在潛意識中影響著我們的決定。我們要確定自己真正的願望和動機，這可以幫助我們堅定自己的想法和信念，更好地規劃人生道路，勇往直前。

自我的願望與動機是關於「我想成為什麼樣的人？」「我想要過什麼樣的生活？」的問題。它可能隱藏在一些看似無關的念頭或者情緒的背後，也可能是一種很清晰的信念。比如，小明內心堅定地想要成為一名大學老師，因此他做好了讀研讀博的人生規劃。雖然他曾收到一份不錯的工作邀請函，但是他依然決定努力考研，這是因為他對於成為一名大學老師的願望非常強烈。

（4）自我的成長歷程。

研究表明，早期的成長經歷對個體社交能力、心理狀況、人際關係和智力能力的發展都產生了極大影響。當個體長時間身處某種環境中，會耳濡目染地習得一些社會規則、禮節及成員之間情感互動模式，並逐步形成自己的行為模式，這些都是成年之後的心理特徵的基礎。

雖然家庭教養方式、童年成長經歷對個體的行為模式起著重要作用，但是在對自我成長歷程進行認識的過程中，我們也不能將自己的問題歸結為過去經歷，消極地認為一切已經無法挽回，自己無能為力。我們追根溯源，把這些經歷與當下的發展現狀和心理特徵結合起來，不是為了尋找理由，而是為了更加深刻地認識自己，充分發揮主觀能動性，做出積極的改變。

連結：父母教養方式對個體早期發展的影響

美國心理學家戴安娜·鮑姆林德（Diana Baumrind）將父母教養方式歸納為兩個維度，即父母對待兒童的情感態度（接受—拒絕）和父母對兒童的要求和控制程度（控制—容許）。依照這兩個維度的不同組合，教養方式可分為四種：權威型（接受+控制）、專斷型（拒絕+控制）、放縱型（接受+容許）和忽視型（拒絕+容許）。

權威型：權威型是一種高控制且在情感上偏於接納和溫暖的教育方式。權威型父母會以積極肯定的態度對待兒童，及時熱情地對兒童的需要、行為做出反應，尊重並鼓勵兒童表達自己的意見和觀點。權威型父母能夠幫助孩子培養自力更生、自我控制、應對壓力、有目標地行動、獲取成功的理想、與人配合的態度以及對生活充滿好奇等性格特徵。

专断型：专断型是一种高控制且在情感上偏於拒绝和冷漠的教养方式。专断型父母极其严格，情感上很少考虑儿童自身的要求与意愿，常以冷漠、忽视的态度对待儿童，并会使用体罚的威胁手段来控制孩子。专断型的父母会使得孩子恐惧、忧虑、消极、脆弱、情绪反覆无常和做事缺乏目标等。

放纵型：放纵型是一种在情感上抱以积极肯定，但是缺乏控制的教养方式。放任型父母很少向孩子提出要求，会完全纵容孩子的所有想法，即使他们还不具备做决定的能力。放任型父母对儿童违反规则的行为採取忽视或接受的态度，很少发怒或者训斥儿童。放任型父母会让孩子变得叛逆、不能自立、具有较强的冲动性和攻击性、没有目标且缺乏责任感、合作性差、很少为别人考虑、自信心不足。

忽视型：忽视型是一种在行为上对孩子缺乏控制，情感上也缺乏关爱的教养方式。忽视型父母对儿童缺乏最基本的关注，且容易流露厌烦、不愿搭理的态度，有时甚至到了虐待的程度。这种教养方式下成长的儿童会有较强攻击性，很少替别人考虑，对人缺乏热情与关心，在青少年时期更有可能出现不良行为的问题。

虽然父母在孩子人生最初六年的育儿方式并不能完全决定我们成人後的性格，但他们的确在我们成长过程和行为塑造方面发挥著重要作用。孩子可以接受和忍耐父母所有的错误，但如果父母长时间忽视或过度保护孩子，会给孩子造成持久的负面影响。有时候父母过度地渴望成为完美父母，会花大量时间考虑「怎样在合适的时间做正确的事」，并且特别在意自己的方式给孩子造成的影响。但是这种长期的担心反而会引发问题，因为他们的孩子会感受到自己必须成为「完美的孩子」的压力。

小结：

自我意识是人对自己的身心状态以及自己与客观世界关系的觉察和体验。按意识的内容来划分，自我意识可分为生理自我、心理自我和社会自我；按意识的观念来划分，自我意识可以分为现实自我、理想自我和投射自我；按意识的形式来划分，自我意识可以分为自我认知、自我体验和自我调控。自我认识是个体为了更好地瞭解自己而努力的主观过程。自我认识的内容可以包括自我的独特性、自我的社会属性、自我的愿望与动机、自我的成长历程等。

思考题：

1. 为了弄清楚「我是谁」，你做了哪些努力？获取了什麽信息？
2. 你的「真实的自我」「理想的自我」与「投射的自我」之间差异有多大？对此你的感受是什麽？

第二节 大学生自我认识的发展与偏差

大学时期是人生中最美好的年华，不论是大学生的生理还是心理都在逐渐成熟，

而這一時期也是大學生心理健康、人格發展的重要時期。大學生只有客觀、準確地認識自我、瞭解自我並接納自我，才有可能充分發揮自身潛能，促進自身積極健康成長。探討自我意識的發展，學會客觀地認識自我和接納自我，不僅是大學生需要學會的，也是所有人終生的課題。

一、大學生自我認識的發展特點

1. 自我認識不斷拓展和深化

進入大學校園後，大學生的自我認識更加具有自覺性和主動性，他們心理活動的深度、發展速度都遠遠超過中學階段。除了對自己外貌、體重、言行舉止等外在上的關注之外，還更看重自己的性格、人際、能力等內在表現。他們往往從更深的角度認識自己，更注重從內心深處評價自己，但是也更容易感受到理想自我和現實自我之間的衝突。

2. 自我認識的水準存在年級差異

受個體身心發展特點的影響，不同年級的大學生在自我意識的水準上存在著差異，總體上會隨著年級的增高而趨於成熟。大一學生剛進入校門，處於從高中生到大學生的轉變中，在學習方式、環境和人際交往等方面都脫離了原有熟悉的環境，需要重新審視自我，尋找自己的位置，因此自我意識最為強烈。大二、大三學生則逐漸適應大學生活，整合了各方面的新信息，自我認識進一步穩定和深化。大四學生臨近畢業，需要對自己的未來做出合理規劃，可能又會出現新的反思和重整。然而歷經的每次變化帶來的自我審視，都不是徹底打破原來的自我意識，而是在既有的自我意識的基礎上，不斷豐富和完善。

3. 自我體驗深刻且豐富

大學生的自我體驗深刻且豐富，總體情緒情感基調是積極健康的。但是大學生容易對別人的言行和態度過於敏感，把自己的情感體驗閉鎖於內心，導致內心體驗的起伏較大，兩極化明顯。總體現為：大學生取得成績時容易產生積極、肯定的自我體驗，甚至驕傲自滿、忘乎所以；遇到挫折時又易產生消極、否定的情感體驗，甚至自暴自棄、悲觀失望。

4. 自我評價的能力提高

自我評價是自我認識的核心。進入大學後，隨著知識面的拓展和新的生活經驗累積，大學生對自己的評價能力顯著提高，更加客觀全面。大學生主要通過他人評價和自省評價來獲得和完善自我評價。

首先是他人評價。來自父母、朋友等人的評價，會改變大學生對自我的認知，對大學生自我評價的成熟和發展起著重要作用。其次是自省評價。受個人世界觀和人生價值觀念的影響，大學生自我評價日益辨證而深刻。他們不僅能分析自己當下的心理狀態，也開始認識到自己較穩定的個性心理品質。

5. 自我調控的能力提高

走進大學校園，在經歷了人際、生活等各方面的角色轉變之後，大學生自我控制能力有了很大提高，其自覺性、堅持性、獨立性和穩定性得到顯著發展。大學生

開始充分發展自己獨立自主的能力和水準，主動對自己的思想行為進行調節，並積極思考和規劃未來的職業理想。但是，這一過程又會受到家庭、社會等現實因素影響，呈現出一定的社會性。此外，由於大學生自我調控水準的局限性，大學生也存在著不善於理智控制行為、不能及時調整目標等問題。

二、大學生自我意識發展的規律

大學生的自我意識在入學階段得到迅速發展並趨於完善。在這一過程中，大學生的自我意識經歷了分化、矛盾和統一過程，呈現出一定規律。

1. 自我意識的分化和統一

大學生的自我概念不再是原本籠統的整體「我」，開始意識到過去不曾注意的更多關於「我」的細節。出現了主觀我（I）與客觀我（me）的分化和「理想我」與「現實我」的分化。大學生的「主觀我」不斷審視和評價著「客觀我」，而「理想我」也促進了「現實我」的改變和發展。

自我意識的分化是大學生自我意識開始走向成熟的標誌。這一過程使得大學生自我沉思增多，開始關注自己的內心世界和行為，渴望被理解、被關懷，同時也帶來了激動、不安、焦慮、喜悅等多種情緒。

自我分化和矛盾所帶來的痛苦會促使大學生努力尋求解決方法，以求得自我意識的統一。大學生此時一般有三種做法：一是努力改善現實自我，使之逐漸接近理想自我；二是修正理想自我中某些不切實際的過高標準，使之與現實自我趨近；三是放棄理想自我而遷就現實自我。由於存在著個體差異，大學生自我意識的分化、矛盾、統一的過程並不是絕對的，每個人自我意識統一的時間和模式都不相同。按照心理健康的標準，只要個體在統一後的自我是完整的、協調的、充實的、有力的，此時的個體就是積極健康的統一。

2. 自我意識的矛盾

隨著大學生自我意識的分化，大學生會不可避免地面對主觀我與客觀我、理想我與現實我之間存在的差距，當個體無法順利接受這一差距時，就會表現出明顯的內心衝突，產生痛苦和不安情緒。在這個過程中，主要存在以下矛盾：

（1）主觀我與客觀我的矛盾。由於生活範圍狹窄，社會關係單一，大學生接收的信息多是來自身邊人的鼓勵與誇獎，這往往容易導致大學生無法客觀認識自己，出現主觀我與客觀我不一致的現象。

（2）理想我與現實我的矛盾。這是大學生自我意識矛盾中最為突出的矛盾。大學生往往對自己存在著較為高遠的成就期望和理想抱負，然而受現實環境和其他因素的限制，並不容易順利實現這種期望。當理想中的自我與現實中的自我相差過大時，大學生就會失望和苦惱。

（3）獨立意向與依附心理的矛盾。剛剛成年的大學生，獨立意向明確，強烈要求能夠自主做出決定。但由於缺少相應的社會經驗，缺乏獨立解決問題的能力，並且經濟上也還未能完全獨立，大學生容易對父母、老師存在有依附心理，這令他們為此感到苦惱。

(4) 交往需要與自我閉鎖的矛盾。一方面大學生存在強烈的人際交往需要，渴望建立親密關係；另一方面大學生又存在自我閉鎖趨向，戒備心使得他們不願意輕易向人袒露自己的真心。這種衝突使得他們在人際交往中存在著阻礙，也使得他們感到孤獨和痛苦。

三、大學生常見的自我意識偏差

調查研究表明，當代大學生的自我意識在總體上表現出自我肯定、協調發展的趨勢，即大學生自我認識水準較高，認識內容也逐漸豐富和深刻。但是，大學生所處的階段是心理快速發展、趨於成熟而又未完全成熟的階段，加之社會競爭加劇、就業壓力增大等多方面衝擊，大學生的自我意識也容易產生偏差，出現矛盾和不協調的地方。

1. 過度自卑

自卑是一種因過多地自我否定而產生的自慚形穢的情緒體驗。自卑感人人都有，但只有當自卑感達到一定程度，影響學習和工作的正常進行時，才歸之為心理疾病。在人際交往中，過度自卑主要表現為：個體對自己的能力、品質等自身因素評價過低；謹小慎微、多愁善感，常產生疑忌心理；心理承受能力脆弱；行為畏縮，瞻前顧後，等等。有觀點認為，自卑是個體自尊心不強所造成的。但其實有些具有嚴重自卑心理的人，反而往往表現出高度的自尊心，不允許他人對自己有任何的侵犯，也容易與他人產生衝突。

2. 自戀與自負

自戀是指個體自我擴張，高估自我，對自己的肯定評價超過自己實際狀況的一種情緒體驗。當個體過度自戀時，就容易形成自負的心理。自負的人會高估自己的能力和長處，難以看到自己的缺點和不足，把別人看得一無是處。自負的人在生活中往往會做出超出自己能力範圍的選擇和決策，從而產生心理困擾。自負的人的行為往往表現為：盲目樂觀、自以為是，聽不進別人的意見和建議，不易被周圍環境和他人所接受與認可；遇到挫折的時候不善於自我反省，總是抱怨周圍的人，認為自己懷才不遇；等等。

3. 以自我為中心

以自我為中心是指個體對自己過度專注，凡事都只從自己的角度、標準和要求出發，無視他人的存在，不考慮他人的需要和感受的心理。適度的自我關注有助於幫助個體正確認識自己的言行，並恰當地進行調整。但是過度的自我關注會導致個體自以為是，把個人喜好強加於別人。這樣的做法很難贏得他人的好感與信任，容易造成同學關係緊張，若不加以積極正確的引導很可能會危害他人、危害社會。大學生要擺正自己的位置，尊重他人感受，多設身處地從他人的角度思考問題，避免狂妄自大。

4. 從眾心理

從眾心理指個體在群體的影響和壓力下，放棄自己的意見而採取與大多數人一致的自我保護行動。從眾心理會過度關注別人的想法，壓抑和忽視自己的想法。在適度範圍內，從眾可以降低群體中的爭執，培養個體學習等積極的行為；但是從眾心理過強時會阻礙個體心理的發展。從眾心理和行為反應出部分大學生自我意識薄

弱、依賴性強、缺乏獨立人格。大學生要努力培養和提高自己獨立思考、明辨是非的能力，遇到事情時，既要慎重考慮多數人的意見和做法，也要有自己的思考和分析。

5. 過分追求完美

過分追求完美是指個體對自己的期待值過高，過分苛求自己的心理現象。過分追求完美的人往往在不必要的小事和細節上投入大量時間精力，容易產生神經緊張、焦慮等負面情緒。適當範圍內追求完美是一種積極的人生態度，可以促進個體對自我進行調整，不斷完善自己。但過度地追求完美會給個體帶來沉重的心理負擔，甚至引發強迫症、焦慮症等心理障礙。大學生在追求卓越、完善自我的同時，也要學會接納自己的不完美，在充分瞭解自己的基礎上制定適宜的目標和要求。

四、大學生自我意識偏差的原因

1. 心理發展階段的影響

大學生正處於青春期向成年早期過渡的特殊時期，心理認知水準尚未完全成熟。在這個時期，個體的認知水準與人格特徵都會影響自我意識的發展。此外，由於人格的獨特性，不同個體的人格特徵具有不同表現，對其內心體驗和感受也產生不同影響，這些都會進一步影響個體的自我意識。比如，具備自卑、拖延、羞怯人格特徵的個體，會出現憂慮、抑鬱、依賴等心理，更傾向於否定自己和迴避社交。

總的說來，大學生的思維具有批判性、敏捷性的特點，但相對缺乏理性、客觀性、全面性和深刻性。這容易導致自我意識偏狹、自我評價過高或過低，也容易引發理智與情感的衝突。

2. 歸因方式的影響

歸因是指個體在認知過程中，從自己的主觀感受與經驗出發，將別人和自己行為或事件的發生歸於某種原因的過程。心理學家海德認為，此處的原因可分為內部原因和外部原因。內部原因是指存在於行為者本身的因素，如情緒、態度、人格、能力等；外部原因是指行為者周圍環境中的因素，如他人的期望、獎勵、懲罰、命令、天氣的好壞、工作的難易程度，等等。

當人們在對行為或事件結果做出解釋時，若把內外因進行了錯誤的歸納，尤其是把本該屬於外因的事件歸於內因，就會產生負面的自我評價，產生挫敗感。比如，小王在一場很難的競賽中失敗了，他把事件歸於內因事件，認為是自己不夠努力才導致失敗，那麼他可能會過分自責，對自己產生低評價，產生挫敗感。

3. 家庭的影響

家庭中的互動和教育是完成個體心理和行為塑造的重要環節。父母的教育理念和教育方式對於個體信念、價值觀的成長具有重大而深遠的影響。良好的家庭教育會使個體自我意識得到豐富和完善，而缺乏溫暖和情感支持的家庭教育容易使得個體產生自我意識偏差。並且，家庭的經濟狀況、父母的文化水準、生活方式、家庭的整體氛圍等都潛移默化地影響著個體的自我意識和行為模式。

在現有的家庭結構和教育體制下，家長容易只關注孩子的學生成績，忽略對孩子

心理發展和個性品質方面。對孩子的過分寵愛會使個體很容易產生不恰當的自我認知，過高估計自己，導致理想我和現實我的差距出現較大的差異。在處理事情的時候，一旦未能達到預期的要求，個體就很容易形成低自我評價，出現自卑的情緒。

4. 學校與社會文化的影響

學校教育影響著個人社會化的水準和性質，學校是個體社會化的重要基地。研究表明，同伴關係和自尊水準對個體的心理健康起著仲介作用，說明個體的心理健康發展受同伴關係和自尊水準的影響。與學校老師、同學的關係也在很大程度上影響個體對自我的接納和認同。在學校的個體體驗、在集體所處的位置和扮演的角色是大學生自我同一性形成的重要影響因素。

社會文化也對個體的自我意識影響深遠。中國人奉行謙虛、內斂的品格，集體榮譽大於個人利益，這有助於集體自我和社會自我的發展；而歐美國家的文化則鼓勵個體勇於展示自我，獨立自主，這有助於個人自我的發展。不同的社會文化會使得不同個體對同一事件的評價和看法產生差異。中國文化中謙虛、謙讓的優良品質在歐美國家則可能被誤會為不自信、不懂得爭取機會。因此，個體在對自我進行認識和聽取他人對自己的評價時要考慮雙方所處的社會文化。

連結：疤痕實驗

美國心理學家曾經做過一項名為「疤痕實驗」的心理學研究。研究人員對志願者表示，來自好萊塢的專業化妝師會在他們的臉上繪製血肉模糊的傷痕，然後他們需要帶著這個傷痕前往醫院候診室，並觀察人們對於身體有缺陷尤其是面部有疤痕的陌生人的反應。

志願者們被分別安排在沒有鏡子的小房間裡，由化妝師精心繪製傷痕。繪製完成後志願者用小鏡子看到自己臉上的疤痕。在志願者們看見自己可怕的樣子後，工作人員收走了鏡子。在出門前，化妝師表示為了讓疤痕更加逼真和持久，需要在傷痕的表面塗一層粉末。而實際上，最後一步是化妝師用濕棉紗把化妝出來的假疤痕擦乾淨了。對此毫不知情的志願者被派往各醫院的候診室，志願者被要求觀察人們對其面部傷痕的反應。

當返回實驗室後，志願者們分別向工作人員描述自己的心理感受：

志願者A說：「候診室裡那個胖女人最討厭，一進門就對我露出鄙夷的目光。她都沒看看她自己，那麼胖，那麼醜！」

志願者B說：「現在的人真是缺乏同情心。本來有一個中年男子和我坐在同一個沙發上的，沒一會，他就趕緊拍屁股走開了。我臉上不就是有一塊疤嗎？至於像躲避瘟神一樣躲著我嗎？這樣的人，可惡得很！」

志願者C說：「我見到的陌生人中，有兩個年輕女人給我的印象特別深刻。她們穿著非常講究，像個有知識、有修養的文化人，可是我卻發現，她們倆一直在私下嘲笑我！如果換成兩個小伙子，我一定將他們痛揍一頓！」

每位志願者們都滔滔不絕，義憤填膺地訴說諸多令自己憤慨的感受。他們普遍認為，眾多的陌生人對面目可憎的自己非常厭惡、缺乏善意，而且眼睛總是很無禮

地盯著自己的傷疤。

這一結果使得早有準備的心理學家們大吃一驚：錯誤的、片面的認識竟然如此深刻地影響和改變了他們對外界的感知。這些志願者臉上並沒有任何疤痕，但是他們心中的「疤痕」使得他們感受到了陌生人的厭惡和歧視。

我們每個人心中，或多或少都帶著一些「疤痕」。我們會因此認為自己不夠可愛、卑微無用、有缺陷……甚至會在與外界的交往中尋求別人對自己「疤痕」厭惡的佐證。這個時候，最需要改變的，其實是自己的內心。一旦挖去內心的「疤痕」，我們感受到的世界一定會大不一樣。事實上，我們看待自己的方式決定了別人對我們的看法。

小結：

大學時期是大學生心理、人格發展的重要時期。在這一時期，大學生的自我認識不斷拓展和深化，自我意識呈現出年級差異，自我體驗深刻且豐富，自我評價和自我調控的能力得到提高。大學生的自我意識經歷了分化、矛盾和統一的過程，呈現出一定的規律。

常見的大學生自我意識偏差包括過度自戀與自負、自我中心、從眾心理及過分追求完美等。大學生自我意識偏差的原因是多方面的，包括大學生所處的心理階段、個體不恰當的歸因方式、家庭環境的影響、學校教育的影響、社會環境和文化背景的影響等。

思考題：

1. 結合自我認知偏差，談談你對自己的理解。
2. 為了成為你想成為的自己，你做了哪些努力？

第三節　大學生自我意識的成長與完善

生命像一條河流，個體跋涉其中，難免會遇到一些漩渦和暗流，導致前行的道路受阻。你可能會發現，有些地方出現著同樣的漩渦，而這些漩渦像過不去的坎，會一遍又一遍地困住你。你可能還會發現，面對同樣的困境，有些同學似乎可以很輕鬆克服，自己卻舉步維艱。這種挫敗感，或許會讓一些同學產生自我懷疑。但事實上，因為人的獨特性和成長經歷不同，每個人都有著自己的長處，也有著自己的局限性。

面對未來的挑戰，大學生不僅需要在知識、能力和個人素質等多方面做好充足準備，還需要深入地瞭解自己，包括自己的優勢、劣勢和潛能，以更好地應對未來。俗話說：「活到老，學到老。」自我成長是一個人持續畢生的功課。

一、健康自我意識的標準

自我意識是個體精神生活的主體，影響個體的認知、情感、意志和信念等方面。

良好的自我意識在很大程度上決定了個體的精神健康，能夠促進個體的全面發展。健康的自我意識主要包括以下指標：

第一，準確的自我定位。準確的自我定位是指個體能夠準確地進行自我認知和自我評價；能客觀看待自己的優勢與不足，既不過分誇大，也不消極貶低；能準確認識自己所屬的社會角色、社會地位以及所應承擔的責任。

第二，積極的自我接納。積極的自我接納是指個體能夠在客觀認識自我的基礎上，坦然接納自己的不完美。

第三，正確的自我體驗。自我體驗是個體對自身的認識所引發的內心情感體驗，是個體主觀我對客觀我所持有的一種態度，包括自尊感、自信感和自豪感等。正確的自我體驗要求個體對某事件所體驗到的情感符合客觀規律，如做錯事感到內疚，成功時感到自豪等。

第四，有效的自我控制。有效的自我控制是指個體能夠採取有效方式對自己的行為進行調節，如抑制衝動行為、抵制誘惑、完成行為計劃等。

二、自我成長的心理學理論

1. 馬斯洛需求層次理論

人本主義心理學家馬斯洛認為，需求是人類行為動機的源泉。他將人類的需求劃為五類，分別是生理需求、安全需求、愛和歸屬感需求、尊重需求和自我實現需求，這五類需求像金字塔一樣（見圖2-1），從較低層次向較高層次排列。只有在前一層次的需求得到滿足之後，個體才會發展出對下一層次的需求。

馬洛斯需求層次理論圖

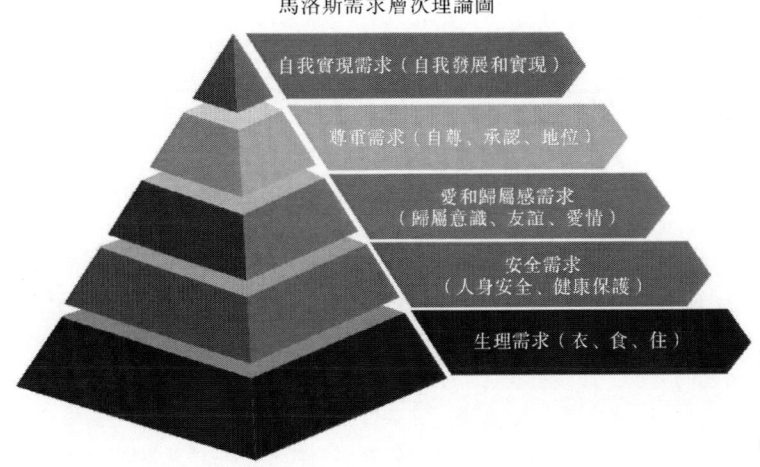

圖2-1　馬斯洛需求層次理論

（1）生理需求。

生理需求屬於需求層次中的第一層次，是一切需求的前提。生理需求是指人類對於維持生命的基本物質的需求，如水、食物、空氣、睡眠等。如果這些需要得不

到滿足，個體的生命就會受到威脅。

（2）安全需求。

這一層次的需求主要指秩序和規範的保護，是人類要求保障自身安全、擺脫事業和喪失財產的威脅、避免疾病的侵襲、接受嚴酷的監督等方面的需求，如人身安全、家庭安全、個人資產安全、身處和平安全的環境等。

（3）愛和歸屬感需求。

這一層次的需求主要指個體成為團隊的一員，被接納，有歸屬感，感到被愛和被需要。對愛的需求包括了對戀人、親友、夥伴、同事之間關係融洽或保持友誼和忠誠的需求；對歸屬感的需求則體現在個體渴望成為群體中的一員，並相互關心和照顧。當個體被所在集體排擠時，這種需求就沒有得到滿足。

（4）尊重需求。

尊重需求主要指個人的能力和成就得到社會的承認。這種對尊重的需求可分為內部尊重和外部尊重。內部尊重是指一個人希望在各種不同情境中有實力、能勝任、充滿信心、能獨立自主；外部尊重是指一個人希望有地位、有威信，得到別人的尊重、信賴和高度評價。馬斯洛認為，尊重需要得到滿足，能使人對自己充滿信心，對社會充滿熱情，體驗到自己活著的用處和價值。

（5）自我實現需求。

自我實現需求是最高層次的需求，指一個人充分挖掘自身的潛能，最大程度發揮個人的能力，努力實現自己的理想與追求的需求。但是滿足自我實現需求所採取的途徑是因人而異的。

五種需求的關係像金字塔一樣從低向高遞進的，但是這種層次並非完全固定的。個體不會同時被這五種需求驅使，在不同的時期都會有一個主要的需求。前一層次需求得以滿足的程度決定著個體在當下的主要需求。比如，只有當基本的生存需求得到充分滿足時，個體才會關注自我實現的需求。只有在一個和平穩定、經濟較發達的社會，人們才會更加關注精神文明的發展。有一種例外情況是，當個體有著堅定的理想信念時，理想信念可能會超越較低需求，直接驅動人們踐行自己的理想。例如，革命者們哪怕忍飢挨餓，生命安全受到威脅，也堅守著理想。

馬斯洛自我實現理論肯定個體的獨特性、自主性、自由和內在價值，強調個人應對自己的行為和幸福負責，其終極目標是使個人得到全方位的充分發展。該理論對當今中國大學生的自我成長具有很好的指導意義。根據該理論，大學生應清楚地意識到自己的需求，並朝自我實現的需求努力。當個體發現自己的注意力被固定在某個需求層次上，就需要引起重視。比如，一些學生過度擔心環境的安全，或者在人際關係中過度追求被稱讚，都會產生各方面的難題，導致自我成長的受阻。

2. 個人成長的選擇理論

現實主義療法的心理學家威廉‧格拉塞提出了個人成長的選擇理論。該理論和馬斯洛提出的自我實現理論有相通之處，都認為人們做事是試圖滿足如生存、愛和歸屬感、能力和成就感、自由和獨立以及快樂等基本需要。但是格拉塞的理論裡，上述各種需求之間彼此存在著影響和衝突，且每個人的需要程度不同。比如，有些

人對愛的需要明顯多於其他人，而另一些人更需要成就和能力。

該理論認為，人們之所以不快樂，是因為他們的需要沒有得到滿足，並對自己的生活無能為力。要想改變狀況，個體需要通過承擔責任和對生活採取積極主動的態度來獲得掌控感。比如，一名熱愛文學的大學生被迫選擇了理工專業後，不能勝任理工專業的學習，因此感到低落。該學生在能力和成就、自由和獨立等方面的需求都沒有得到滿足。面對困境和情緒，這位學生應該採取積極的措施，通過努力來滿足自身需要，從而在未來有更好的選擇。

作為大學生，在遇到困境時，可以從以下四個方面進行自我調整：願望、自我評估，計劃和行動。願望基於對自我的認識和瞭解，包括瞭解自己想成為什麼樣的人，過什麼樣的生活。自我評估指個體對現狀和自己的行為的一系列認識。比如問自己「你現在的行為能使你有機會成為想成為的人嗎？」「你現在的行為對你有幫助嗎？」通過這樣的自我設問，大學生可以更清楚客觀地評估目前的狀況。計劃指個體針對當前的狀況，擬定一些更有助於實現目標的方法。行動是最為重要的一步，需要個體在客觀地評估之後，積極地將計劃落實到行動上，積極面對問題，解決問題，成為更好的自我。

3. 埃里克森的心理社會發展階段理論

精神分析流派心理學家埃里克森提出了心理社會發展理論，將個體發展分為八個階段（見表2-1），包括四個童年階段、一個青春期階段和三個成年階段。每個階段有相應的核心任務，當任務得到恰當的解決，就會獲得較為完整的同一性。如果個體不能解決核心任務，個體會出現同一性受損、不連貫的狀態。

埃里克森的理論表明了「三歲看老」的古話並非完全正確，人也不是由童年經歷決定終身。人一生的發展不僅遵從生物學規律，還與歷史文化及其發展各階段的社會關係密切相關，是生理慾望和作用在個體身上的文化力量的一種結合。可以說，人終其一生都與各種機會和限制發生交互作用，並逐漸發展成長。任何時候，只要我們願意，都可以對自己的發展做出新的決定，並擁有不一樣的人生。

大學生處在青春期向成年早期過渡的時期，主要的任務是自我的建立和統合，即獲得自我同一性。自我同一性是指個體對自我具有連續性和一致性的情感與態度，自我貫通的需要和能力，並按這個能力適當地行動。在大學階段，積極的自我同一性，指能夠認識自己，瞭解自己，並對未來的方向和工作有現實而清楚的認識。當一名大學生擁有理想、職業規劃，對自己的需求和優缺點有深刻的認識，能夠整合自己的各個角色並使其和諧相處，我們就認為這名大學生具有積極的自我同一性。積極同一性並非被動獲得，需要大學生進行積極的自我探索，不斷實踐，是在個體與社會環境的相互作用中逐漸形成的。在這個過程中，大學生需要樹立理想，努力探索，而不是被動等待，隨波逐流。

表 2-1　　　埃里克森的心理社會發展理論的 8 個階段及人格發展結果

心理社會階段	年齡	積極結果	消極結果
信任 VS 不信任	嬰兒期 0~18 個月	能夠感受到內在的美好，信任自己和他人，積極樂觀	只有消極感受，不能信任自己和別人，悲觀
自主性 VS 羞恥與懷疑	幼兒期 18 個月~3 歲	能夠用意志與自我控制做出適當行為和決定	僵化，過度自我審查，多疑，羞恥感強
主動性 VS 罪疚感	學齡期 3~6 歲	能夠主動設立目標，積極主動完成任務	對設立目標和成就有罪惡感和遲疑
勤奮 VS 自卑	小學期 6~12 歲	學習專注，並為完成學習任務感到自豪	認為自己沒有完成學習任務的能力，消極怠工
同一性 VS 角色混亂	青少年期 12~18 歲	自我的各角色間存在一致性和持續性，對未來有信心	自我各角色間不存在一致性，感到迷茫
親密 VS 孤獨	成年早期 18~24 歲	理智成熟和情感豐沛，兩者之間平衡適當、相互輔助	逃避親密的人際關係，只維持表面關係
繁殖 VS 停滯	成年期 25~65 歲	對於工作和生活都充滿創造性，張弛有度	喪失工作興趣，人際關係差
自我整合 VS 失望	老年期 65 歲至死亡	內部充滿秩序、意義，對人生感到滿足	對死亡充滿恐懼，感覺悲苦，沒有實現自己的人生目標

三、自我意識的完善

（一）全面客觀地認識自我

自我如同冰山。除了顯現在海平面上的一角外，更大的部分隱藏在海平面之下。自我探索，就是通過各種方法瞭解未知的自我，發掘隱藏的潛能。自我探索最常採用的方法是自我好奇、自我覺察以及尋找專業心理諮詢師的幫助。

自我好奇與自我覺察，意味著一個人對自己言行背後的心理活動、動機有更深入的觀察和探索。當我們出現情緒時，問自己「此刻發生了什麼」，可以引領我們理解情緒背後的想法和動機。只有當我們不斷對自己好奇，才能發現未知的自我，並看清楚事情的來龍去脈。同時，自我覺察有助於幫助我們遠離自我評判，總結經驗，以一種開放的態度面對當下發生的事件，不至於陷入負面情緒中。如果我們缺乏覺察，就會不斷在今後的人生歷程中重複一些過去的應對模式。當我們帶著好奇和覺察去看待事件，就可以讓這些習慣模式越發清晰，我們就有能力去發展出新的方法，克服生活中的難題。

尋求專業的心理諮詢師也是幫助個體進行自我探索的有效方法。「不見廬山真面目，只緣身在此山中」，個體對自我的認知與探索可能受主觀的影響而產生片面認知，通過心理諮詢師的引導和啓發，我們可以更好地找到自己的資源，整合併運用它們。在這種情況下，心理諮詢師的作用相當於路燈。

（二）積極地接納自我

自我接納指的是個體能客觀評價自己，正視自己的長處與短處並坦然接受自己的不完美。研究表明，很多心理問題都是由於對自己的不接納。正確面對自我、接納自我是獲取成功必不可少的心理條件。

自我接納是一個需要不斷學習，不斷深化的過程。大學生需要在兩個方面不斷學習和深化自我接納：

（1）接納自己的人生處境。

每個人都會面臨一些自己不滿卻又無法輕易改變的人生處境。這些不滿可能來自於自己的身高、自己的家庭條件、自己的學校環境……對於這些既定的現實，抱怨不僅不能改變現狀，還會耗費我們的精力。面對這樣的處境時，個體往往一葉障目，牢牢盯著眼前的困難，卻忽略了身邊美好的、值得感恩的事情。此時，個體需要轉換思維視角，不要認為全世界只有自己才有困難。並且，我們不要僅僅局限於該事件當下的意義。我們應積極思考，嘗試著從更長遠的角度去找尋事件的積極面，就更能以一種接納、平和、積極的心態來面對生活際遇的變化。

（2）接納自己的優缺點。

自我接納超越了價值判斷和好壞評價的角度。接納自己，是要個體能坦然面對自己，不僅要接納自己好的方面，也要接納自己不夠好的方面。

當個體不能坦然接納自己的缺點或過失時，就容易產生自卑、自我否定等不良情緒，在內心不斷苛責和貶低自我，產生如「我不夠好」「別人會討厭我」「我沒有資格」等負性思維。當我們客觀地接納自己的方方面面，才能夠平和客觀地看待自己的優缺點，進而耐心有效地進行改進。

要注意的是，自我接納不是喜好。好惡是個人情感偏好的判斷，而接納是一種超越了偏好、價值判斷的態度。接納自己，並不代表個體認為自己的一切都是正確的，也包括個體認識到自己的局限。自我接納不是停滯不前。當成績不理想時，個體的自我接納不是被動地接受現狀、束手無策，而是不陷入自我批評和不產生挫敗情緒，在認清現實的基礎上，制定提升方案。真正有效的行為，是在接納的基礎上的行動。大學生在追求卓越的過程中接納並且容忍自身的不完美，把能量用到成長上而不是過度壓抑自身上。

（三）自我控制和自我超越

1. 自我控制

自我控制是個體主動採取適當方式去改變自己的心理品質、特徵及行為的心理過程。例如，以自我為中心的人試著去換位思考，自卑的人尋找積極的自我肯定，等等。有效的自我控制是自我意識完善的根本途徑。在個體控制自我的過程中，延遲滿足是一個重要的能力。

延遲滿足指個體為了更有價值的長遠結果而甘願放棄眼前即時滿足的抉擇取向，並且包括在等待期的自控力。比如，個體給自己定下寫完作業再玩遊戲的規則，就是一種延遲滿足。斯坦福大學的棉花糖實驗表明，能夠做到延遲滿足的個體的自我控制能力更強，他們能夠在沒有外界監督的情況下適當地控制、調節自己的行為，

抑制衝動，抵制誘惑，堅持不懈地保證目標的實現。後續追蹤結果也顯示，那些做到了延遲滿足的小孩，也大多獲得了更高成就。

大學的學習更多依靠個人的自覺和主動。在安逸享樂面前，大學生要有意識地鍛煉自己延遲滿足的能力，目光長遠，盡量理性地對事件的重要程度排序，優先完成有價值的事情，而不因一時安逸耽誤重要事情。

2. 自我超越

自我超越是個體需要終身努力和奮鬥的目標。個體認識自我、接納自我、調控自我都是為了更好地完善和超越自我。在超越自我的過程中，個體需要不斷擴大舒適圈，努力發展，讓自己接受未知的挑戰。

（1）最近發展區。

蘇聯心理學家維果斯基提出了最近發展區理論。該理論認為「最近發展區」是個體發展最為關鍵的時期，指的是個體在有指導的情況下，借助老師幫助所能達到的解決問題的水準（即個體可能發展到的水準）與獨自解決問題所達到的水準（個體現有的水準）之間的差異，實際上是兩個鄰近發展階段間的過渡階段。

大學生的最近發展區，就是每個大學生需要不斷努力，通過接受大學教育和自主學習來不斷超越的區域。只有不斷超越其最近發展區，大學生才能夠在大學階段最大限度地獲得自我成長。

（2）勇於走出舒適圈。

舒適圈，又稱心理舒適區，指的是個體所熟悉的心理狀態和習慣性的行為模式，個體在這種狀態或模式中會感到安全和舒適。舒適圈內，個體有自己熟悉的環境、熟悉的人群，可以做能力範圍內的事，很少有變化，個體感到輕鬆、自在。

個體踏出舒適圈時，往往會因為不熟悉的變化與挑戰而感到陌生、恐懼和不安全感，這種不舒適會使得個體想要退回到舒適圈內。舒適圈能夠幫助人們維護自我形象，建立心理防禦屏障，穩定情緒，能夠起到一種避風港的作用。但是，如果個體一直停留在舒適圈內，個體就會安於現狀、故步自封，喪失拓展自身能力的機會，能力在不知不覺間倒退，甚至出現溫水煮青蛙效應。

連結：自我效能感

自我效能感指個體對自己是否有能力完成某一行為所進行的推測與判斷。這一概念最早由心理學家班杜拉提出，他認為如果個體預測到某一特定行為將會導致特定的結果，那麼這一行為就可能被激活和被選擇。

自我效能感影響著人們對行為的選擇，對該行為的堅持性和努力程度，影響人們的思維模式和情感反應模式，進而影響新行為的習得和習得行為的表現。自我效能感高的人，期望值高，能理智處理事情，樂於迎接應急情況的挑戰，能夠控制自暴自棄的想法，並能發揮智慧和技能。自我效能低的人，畏縮不前，情緒化地處理問題，在壓力面前束手無策，其知識和技能無以發揮。

班杜拉等人的研究指出，影響自我效能感形成的因素主要有：

①個人自身行為的成敗經驗。這個效能信息源對自我效能感的影響最大。一般

來說，成功經驗會提高效能期望，反覆的失敗會降低效能期望。但成功經驗對效能期望的影響會受個體歸因方式的左右，如果歸因於外部機遇等不可控的因素就不會增強效能感，把失敗歸因於自我能力等內部可控的因素就不一定會降低效能感。因此，歸因方式直接影響自我效能感的形成。

②替代經驗或模仿。人的許多效能期望來源於觀察他人的替代經驗，關鍵是觀察者與榜樣要一致，即榜樣的情況與觀察者非常相似。

③言語勸說。言語勸說的價值取決於它是否切合實際，缺乏事實基礎的言語勸說對自我效能感的影響不大，在直接經驗或替代性經驗基礎上進行的勸說的效果會更好。

④情緒喚醒。當人們不為厭惡刺激所困擾時更能期望成功，但個體在面臨某項活動任務時的心身反應、強烈的激動情緒通常會妨礙行為的表現而降低自我效能感。

⑤情境條件。不同的環境提供給人們的信息是不一樣的。某些情境比其他情境更難以適應和控制。當一個人進入陌生而又易引起焦慮的情境中時，其自我效能感水準與強度就會降低。

上述幾種信息對效能期望的作用依賴於個體對信息是如何認知和評價的。人們必須對與能力有關的因素和非能力因素對成敗的作用加以權衡，人們覺察到效能的程度取決於任務的難度、付出努力的程度、接受外界援助的多少、取得成績的情境條件以及成敗的暫時模式。班杜拉的社會學習理論認為，這些因素作為效能信息的載體對成績的影響，主要是通過自我效能感的仲介影響發生的。

小結：

健康的自我意識在很大程度上決定了個體的精神健康狀態。健康的自我意識主要包括準確的自我定位、積極的自我接納、正確的自我體驗和有效的自我控制。

自我成長的心理學理論包括：（1）馬斯洛需要層次理論。該理論認為需求層次是人類行為動機的源泉。個體的需求從低到高分為五個層次，即生理需求、安全需求、愛與歸屬的需求、尊重的需求、自我實現的需要。（2）個人成長的選擇理論。該理論認為人們做事是為了試圖滿足基本需要，如生存、愛和歸屬感、能力和成就感、自由和獨立以及快樂。每個人都有基本的需要，但需要的程度卻不同。（3）埃里克森的心理社會發展階段論。該理論認為，人一生的發展，要經歷八個階段的心理社會演變，包括四個童年階段、一個青春期階段和三個成年階段。每個階段有相應的核心任務，大學生時期的核心任務是實現自我同一性。

個體的自我意識的成長與完善需要個體做到以下方面：（1）全面客觀地認識自我；（2）積極地接納自我，包括接納自己的人生處境以及接納自己的方方面面；（3）自我控制與自我超越，包括尊重客觀事實和延遲滿足。

思考題：

1. 請找出一件你認為很重要和有意義卻缺乏勇氣去做的事情。把這件事寫下來，在未來一週內對此進行嘗試和練習。練習後，你對自己是否有新的認識？

2. 在現階段，你認為自己還需要培養哪些品質？又有哪些習慣在阻礙你成長？請羅列出來，並製作一份改變計劃。

第三章
大學生人格發展

第一節　人格概述

在日常生活中，我們可能看到過這樣一些關於人格的描述：「某某人格高尚，具有人格魅力」「電影主人公具有多重人格」「我們要做一個人格獨立的人」……但是，人格到底是什麼呢？

正如世界上沒有兩片完全相同的樹葉一樣，也不可能有完全相同的兩個人。每個人都是獨特的個體，有著自己與眾不同的人格和性格特質。如何理解人與人之間的不同，又如何理解個體發展過程中的主要特點、受到哪些因素的影響、有沒有規律可循等，這都是我們關於人格的思考。

一、人格的內涵

人格這個詞最早是源於拉丁文的「persona」，本意是指面具，即演戲時應劇情的需要、為表現劇中人物的角色和身分所畫的臉譜。面具代表了一個人所特有的行為模式。例如，天使是仁慈、善良、助人的，其行為也與之匹配。面具還會反應不同人物的性格。例如，京劇中的紅臉代表忠義，白臉表示奸佞，黑臉表示剛強。這裡我們所要探討的人格，並不是一個人戴上面具後的角色，而是卸下面具後，人的獨特心理特徵的總和。

《心理學大辭典》對人格的定義是：人格，又譯「個性」，是個體在社會化過程中形成的給人以特色的心身組織，表現為個體適應環境時在能力、情緒、需要、動機、興趣、態度、價值觀、氣質、性格和體質等方面的整合，具有動態的一致性和連續性。需要注意的是，人格不是一個類似於控制人們行為、存在於人們內部的實體，而是一個推論性的概念。

人格有兩個重要的特徵，即氣質和性格。氣質依賴於個體的生理素質和身體特點，是個體與生俱來的、表現在心理活動上典型的、穩定的動力性特徵，是不可改變的。依據個體不同的氣質特點，氣質類型分為膽汁質、抑鬱質、多血質和黏液質四種。性格是個體後天形成的行為特徵，與經驗和社會適應密切相關，具有社會道德含義。它是個體對現實的穩定的態度和習慣化的行為方式，在某些情況下是可以

改變的。氣質與性格一起構成了穩定且具有可塑性的獨特人格。個體瞭解自己的氣質與性格，有助於幫助自己取長補短，在面對事情時做出更好的選擇。

二、人格的基本特性

人格具有獨特性、整體性、穩定性、社會性和功能性五個基本特徵。

（一）人格的獨特性

人格的獨特性是指人與人之間的心理與行為各不相同的。不同的遺傳、生存及教育環境，形成了各自獨特的心理特點。正所謂「人心不同，各如其面」，由於人格結構組合的多樣性，每個人的人格都有不同的特點。

人格雖然獨特，但人與人之間在心理與行為上也有共同性。同一民族、同一群體的人們具有相似的人格特徵。

（二）人格的整體性

個體的心理和行為並不由某個特定成分單獨運作，而是在自我調節和監控下，與其他部分緊密聯繫、協調一致進行活動的結果。人格具有能力、氣質、性格、認知、情感、意志等多種心理成分和特質，這些特質互相聯繫並整合為一個有機組織，使人格作為一個整體與個體的生活環境保持一致。

人格的整體性是心理健康的重要指標。當一個人的各種心理成分不協調時，就會引發心理衝突，產生各種困難，甚至出現心理疾病或心理障礙。例如，精神分裂症患者與外部環境的關係也是分裂的，其心理和行為就像失去指揮的管弦樂團，雖然沒有喪失感覺、記憶、思維和習慣等心理機能，但組合在一起卻讓人感到非常奇怪。許多大學生經常空虛迷茫，也都與人格的心理成分失調有關。

（三）人格的穩定性

人格的穩定性是指個體的人格特徵具有跨時間的持續性和跨情景的一致性。「江山易改，本性難移」，描述的就是人格的穩定性。隨著年齡的增長，兒童時代的人格特徵往往變得日益鞏固，也因為人格具有穩定性，我們可以通過其人格特徵來推論個體一生的人格狀況。要注意的是，個人行為中偶然表現出來的心理特徵和傾向不能表徵一個人的人格。例如，小明在學校內外都活潑開朗、善於交往，喜歡參加聚會和結識朋友。在某些環境下，他也會表現出安靜、與他人保持距離的一面。但我們不能因此說小明具有安靜內向的人格特點，安靜是他在某些情境下的行為表現。

人格的穩定性並不意味著人格是一成不變的，不能排除人格發展和變化的可能性。人格變化可能有兩種情況：第一，隨著年齡的增長，人格特徵的表現方式會有所不同。比如，同是特質焦慮，個體在少年時代表現為對即將參加的考試心神不定，憂心忡忡；在成年時則表現為對即將從事的新工作憂慮煩惱，缺乏信心；在老年時則表現為對死亡的極度恐懼。可以發現，人格特徵以不同行為方式表現出來的內在秉性的持續性是有其年齡特點的。第二，對個人有重大影響的環境因素和機體因素，如移民、嚴重疾病等，都有可能影響人格的某些特徵的形成，如自我觀念、價值觀、信仰等的改變。

（四）人格的社會性

人格是社會中的人所獨有的，人格的社會性是指個體會在與他人的交往中社會化、不斷習得社會經驗和行為規範，形成自我觀念和不同的價值觀。社會化的內容與個人所處的文化傳統、社會制度、種族、民族、階級地位、家庭有密切的關係。人格既是社會化的對象，也是社會化的結果。

人格是在個體的遺傳和生物基礎上形成的，受個體生物特性的制約。從這個意義上說，人格是個體自然性和社會性的綜合。但是人的本質並不是幾種屬性或所有屬性簡單相加的混合物。構成人的本質的東西是那種為人所特有的因素，失去了它，人就不能稱其為人，而這種因素就是人的社會性。實際上，即使是人的生物性需要和本能，也受到人的社會性制約。例如，人的食物需要的內容和方式會受具體的社會歷史條件制約。

（五）人格的功能性

「性格決定命運」指的就是人格的功能性。人格在一定程度上會影響個體的生活方式。當面對挫折與失敗時，堅強者能發奮拼搏，懦弱者會一蹶不振。當人格具有功能性時，表現為健康有力，支配著一個人的生活與成敗；而當人格功能失調時，就會出現軟弱、無力、失控、心理失衡甚至變態。

研究表明，聰明程度相同但人格不同的兒童，在遭遇挫折後的解決辦法明顯不同。一類兒童傾向於將問題看作一種挑戰，在遇到困難時更能採取堅持的態度；另一類兒童傾向於自我中傷，產生消極情緒，在困難中屈服。當兩組兒童面臨困難問題時，前者能更加專注地思考問題，能對問題提出新的解決策略；而後者則可能懷疑自己的能力，對任務感到厭煩。這說明不同的人格特徵會影響人的思維方向，進而影響人的行為結果。

三、人格的影響因素

遺傳與生理因素、家庭與早期經驗、學校與社會文化都會影響個體人格特徵的形成。這使得有些人高興，有些人悲傷；有些人衝動，有些人謹慎；有些人樂觀，有些人悲觀。

（一）遺傳與生理因素

心理學家在同卵雙生子的研究中發現，即便是被分開撫養，他們之間的相似性也大於異卵兄弟姐妹，這意味著遺傳的作用顯著；在腦科學研究中，科學家們也發現人類的一些穩定性行為表現存在生物學基礎。遺傳是人格不可缺少的影響因素，對人格的影響程度因人格特徵的不同而異，通常在智力、氣質這些與生物因素相關較大的特徵上，遺傳因素較為重要，而在價值觀、信念、性格等與社會因素關係緊密的特徵上，後天環境因素比較重要。同時，人格的發展過程是遺傳與環境交互作用的結果，不存在「全或無」的情況，遺傳因素影響人格的發展方向及形成的難易程度。

（二）家庭與早期經驗

俗話說，「有其父必有其子」，家庭對人格發展有著深遠的影響。精神分析流派

的心理學家榮格認為，在孩子最初的歲月，孩子還沒有獨立的人格，孩子的心靈完全反應著父母的心理狀態，也就是說，如果父母發生心理障礙，孩子必然受到影響。父母的人格特點在與孩子持續互動過程中會潛移默化地影響著孩子人格的形成。如果父母常常關注子女的生理、心理需要，提供支持、幫助等，子女內化了這些過程，也會表現得比較富有愛心、具有犧牲精神。

心理學家麥肯依就個體童年早期經驗對人格的影響力做了一個總結，即「早期的親子關係定出了行為模式，塑成一切日後的行為」。許多精神分析流派的心理學家也認為，一個人從出生到五六歲，是其人格形成的主要階段。早期經驗對人格的影響非常重大，但需要注意的是，它與人格形成不存在一一對應的關係。並且，早期經驗並不單獨對人格產生影響，而是與其他因素共同來影響人格形成的。早期經驗對人格是否造成永久性影響因人而異，一般來說，隨著年齡的增長、心理的成熟，童年的影響會逐漸縮小、減弱。

(三) 學校與社會文化

學校與社會文化因素對人格的塑造和形成具有重要影響。教師的言傳身教對學生人格發展具有指導定向作用，有著巨大的影響。美國心理學家羅森塔爾曾經做過一個實驗：在考查某校時，從6個班中隨機各抽3名學生寫在一張表格上，交給校長，極為認真地說：「這18名學生經過科學測定全都是智商型人才。」事過半年，羅森塔爾又來到該校，發現18名學生的表現確實超過班級其他人，再後來這18人全都在不同的崗位上干出了非凡的成績。這就是著名的「羅森塔爾效應」。它表明，學生需要老師的關愛，他們會朝向老師期望的方向發展。在學校，同伴群體對學生人格發展也有著很大的影響，在這個群體裡，他們的焦慮不安來自同輩團體的拒絕，在與同伴的相處中，他們學習待人接物的禮節與團體規範，瞭解什麼樣的性格容易被群體所接納。

社會文化也具有塑造人格的功能。不同的地域會產生不同的文化傳統，發展出不同的文化認同和民族性格。在不同文化背景下，人們的人格特點是有差異的。比如，我們常說的「以人為本」，在中西方文化下就具有不同的意義。西方人本主義理論中，「以人為本」是以「個人」為本，而中華文化中的「以人為本」則是以「社群中的人」為本；西方文化強調表達積極的自我，強調個人的獨特性，個人跟社會的界限非常清楚；中華文化強調自謙，責任先於自由，義務先於權力，集體榮譽大於個人榮譽。

四、人格與健康

人格與健康已經成為當今時代的一個主要問題。快節奏的社會給大眾造成種種壓力，面對各種可能危及每一個人健康的壓力，大家形成了獨特的應對模式。如果說以前對人類健康的威脅是饑餓、災荒和傳染病，那麼現在對人類健康的威脅更多的是個體自己的行為和生活方式。

(一) 人格與負面情緒

在人格的「大五」模型中，神經質反應個體情感調節過程，以及個體體驗消極

情緒的傾向和情緒不穩定性（關於人格的「大五」模型和神經質這一概念見本章第二節「大五」人格特質理論）。高神經質個體傾向於有心理壓力、不現實的想法、過多的要求和衝動，體驗到諸如憤怒、焦慮、抑鬱等消極的情緒。他們對外界刺激的反應比一般人強烈，對情緒的調節、應對能力比較差，經常處於一種不良的情緒狀態下。高神經質的個體在思維、決策以及有效應對外部壓力等方面的能力比較差。相反，神經質維度得分低的人的煩惱較少，比較平靜。

壓力是人們用來評價和應對環境威脅和挑戰的過程。人格特徵在調節壓力源影響中扮演著重要的角色。有研究表明，堅強、挑戰性、自覺控制力是抵抗較強壓力的重要人格特徵。這樣的人把生活的改變視為挑戰，覺得能對壓力事件加以控制，因而感覺不到壓力和無助感。還有研究表明，樂觀主義也是抵抗壓力、維護健康的一個重要人格變量，這樣的人對生活有積極的期望，能使自己更好地應對壓力，從而可以健康地享受生活。因此，我們常常可以看到，一些人對壓力有較強的抵抗力，雖然經歷接二連三的壓力事件，仍未崩潰；而另一些人即使經歷低水準的壓力事件，也會崩潰。

（二）人格與身體疾病

一些人格類型與疾病有著密切的聯繫，譬如美國兩位臨床醫生弗里德曼和羅森曼提出的概念——A 型人格。通過臨床觀察，他們發現 A 型人格與冠心病有較強的關係。A 型人格是什麼呢？具備 A 型人格的個體，具有競爭性強、語言和動作急迫，有時間緊迫感等特徵。與之相反的是 B 型人格，其主要特徵是悠閒自得，無時間緊迫感，不喜爭強，有耐心，能容忍，等等。此外，還有研究者提出了 C 型人格，其主要特點是不表現出憤怒情緒，把憤怒藏在心裡並加以控制，在行為上表現出與別人過分合作，原諒一些不該原諒的行為，在生活和工作中沒有主意和目標，不確定性多，對別人過分有耐心，迴避各種衝突，屈從於權威，等等。

連結：老年時的性格可能與童年時完全不同

假設在你 77 歲時，有人聯絡召開中學同學聚會，你將有機會再次見到那些畢業之後就再也沒見過的同學們。他們的外貌當然看起來會有很大的不同，但他們的人格是否會有變化呢？他們的人格會和他們當時的人格相同嗎？

在過去的研究中，研究者比較個體從青春期到中年、中年到老年的特質變化，發現人格具有趨於穩定的趨勢。因此，你可能會認為同學們的人格趨於一致性，並不會發生太多的改變。然而，馬修·哈里斯（Matthew Harris）和他在愛丁堡大學的同事們通過一項長達 63 年的心理學研究，提出了不同的看法。他們表示：「老年人的性格可能與童年的性格完全不同。」

故事開始於 1950 年。一組研究人員要求教師對蘇格蘭的 1,208 名 14 歲的兒童進行人格評估。兒童們參加了智商測試，並且教師對青少年的自信、堅韌性、情緒穩定性、盡責性、獨特性和學習的慾望六個維度進行了評定。

2012 年，哈里斯和他的團隊再次找到了當年在青春期時曾接受過評估的 195 人（其中 174 人現已 77 歲）參加新一輪的評估。和當年教師評估的內容一樣，他們需

要對自己在六個維度的表現做出評定，並且需要挑選一個他們身邊親密的親友一起參與評定。研究者們驚奇地發現，參加者14歲時獲得評分和在他們在77歲時給自己的評分之間不存在顯著的相關性，並且，14歲時獲得的評分也和他們在77歲時從親友處所獲得的評分之間不存在相關性。

由於這個研究長達63年，在實驗方法上（教師當年對青少年的評估可能是基於青少年的成績）和第二批研究對象的選取上（在2012年時能找到的樣本已經是原始樣本中各方面表現更高於平均水準的群體）都存在偏差，再加上人格理論在過去的幾十年裡發生了很大的變化，人們對於各個維度的解釋已經與幾十年前不同，因此實驗結果在信效度上存在一定的欠缺。如果參與者在14歲和再次在77歲時進行一個全面的、現代的人格測量，那麼至少在量表的分數上可能存在一定的相關性。

但研究結果也存在這樣的可能，即我們在老年時期的人格與青少年時期的人格不存在任何關係。青春期後期和成年早期是人格發展和改變的重要時期，老年也是我們人格發展的時期。經過長達63年的成長，參與者會經歷人生中兩個時期的重大變化，更不用說在他們整個生活中累積的微妙人格調整了。

小結：

人格是人的獨特心理特徵的總和。人格有兩個重要的特徵，即氣質和性格。氣質依賴於個體的生理素質和身體特點，是個體生來就具有的；性格是個體後天形成的，與經驗和社會適應密切相關，具有社會道德含義。人格具獨特性、整體性、穩定性、社會性和功能性五個基本特徵。人格說明了一個人的心理狀況與發展水準，受到遺傳與生理因素、家庭與早期經驗、學校與社會文化等因素的影響。不同的心理學派也從不同的角度對人格進行了研究。

思考題：

1. 你認為你的人格是如何形成的，受到哪些重要因素的影響？
2. 你認為你的人格是否發生過巨大的變化，若有，為什麼會發生這樣的變化？若沒有，為什麼沒發生變化？

第二節　人格理論與測量

「你祈求受到他人喜愛卻對自己吹毛求疵。雖然人格有些缺陷，大體而言你都有辦法彌補。你擁有可觀的未開發潛能，你尚未發揮你的長處。有些時候你外向、親和、充滿社會性，有些時候你卻內向、謹慎而沉默。你的一些抱負是不切實際的……」如果讓你用0~5分對上述情形進行評分，0分最低，5分最高，你會給幾分呢？

這是心理學家弗拉（Bertram Forer）於1948年對學生進行的一項人格測驗。結果平均評分為4.26，弗拉是從星座與人格關係的描述中搜集出的這些內容。從分析

報告的描述可見，很多語句適用於任何人。這種心理現象在心理學上叫巴納姆效應：人們常常認為一種籠統的、一般性的人格描述十分準確地揭示了自己的特點，當人們用一些普通、含糊不清、廣泛的形容詞來描述一個人的時候，人們往往很容易接受這些描述，認為描述中所說的就是自己。

這些一般性的描述，當我們對自己不瞭解或者自己情緒低落、失意的時候更容易受到影響。算命、星座、生肖等預測除了有心理方面的原因，還可以用概率學來解釋，事物的兩面性使得這些預測具有 50% 的勝算，其實並不能反應個人的真實心理情況。那麼，如何通過科學途徑認識自己的人格呢？

一、人格理論

人格理論是心理學家用來解釋人格的一套假設系統或參考框架。它回答了「人的本性如何」「人與人之間的不同」等問題，能夠幫助我們更科學地從認知、情感、發展等多個角度對一個人進行描述和解釋。

（一）精神分析理論

精神分析非常強調早期經歷對個體人格形成的影響，同時這個流派也是最早提出人格發展的階段理論。其創始人弗洛伊德認為，人格的結構包括本我、自我、超我三個部分，本我由原始的生物本能和慾望組成，按照「快樂原則」行事，不能忍受生理上或社會性的限制，要求立即得到滿足。超我是父母灌輸的傳統價值觀和社會理想的人格結構，具有良心和自我理想兩個部分，分別掌管獎與罰，良心是兒童受懲罰而內化了的經驗，當再次產生這些行為時，個體會感到內疚或羞愧；自我理想是兒童受到獎賞時內化了的經驗，與驕傲和自豪相連，超我按照「道德原則」行事。本我要求滿足本能需要，超我追求至善至美，都是非現實的，自我為了協調二者，既滿足本我的需要，又使這種滿足符合社會規範，遵循「現實原則」行動。人格就是這三個部分相互作用的結果，通過衝突達到微妙的平衡。

（二）人本主義理論

人本主義關注人格的積極方面，把許多人格研究者的注意力吸引到健康人格方面，擴大了對於人的切身問題有關的領域，如死亡、成長、幽默、親密感、孤獨等，第一次把人的本性、潛能、自我實現當作心理學的研究對象。人本主義與其他人格理論的區別在於，它假設個人應該對其行為負主要責任，有能力決定自己的命運和行動方向。

馬斯洛基於需求層次理論開創人格理論，他認為，人生來就具有趨向健康成長從而發揮其潛力的內在動力。人的基本需求分為五個層次，依次是生理需求、安全需求、愛和歸屬的需求、尊重的需求、自我實現的需求。前四種屬於缺失性動機，用以補充個體內部某種缺陷，自我實現的需求屬於成長性動機，對於擴大和豐富生活經驗，增進快樂和欣喜具有重要意義。因此，自我實現是成長的動力和目的。

羅傑斯的人格理論中的核心概念是「自我概念」，在他進行的大量臨床實踐中，患者的陳述如「我覺得我不像真實的我」「我不希望任何人知道真實的我」「我從來也沒有獲得表現自我的機會」，經過治療之後，患者的自我知覺有明顯的改變，如

「我對自己越來越感興趣了」「我的確有我獨特的地方，我有自己的興趣，我更能正視自己」。羅杰斯認為，自我是個人經驗中的一個很重要的成分，個人的目的就是成為他的真實自我，因此，他假設，個人唯一的動機就是朝向自我實現的基本趨向。

（三）人格特質論

（1）奧爾波特的特質理論。

奧爾波特的特質理論認為，特質是人格的基本結構元素，指人在行為上的規律性或廣泛一致性，代表了機能上的個體差異的基本類別。例如，當我們描述某人為慷慨大方的人時，就是在描述他的一個常見特徵，並以此把此人與那些有著吝嗇特徵的人區別開來。

奧爾波特將特質劃分為首要特質、中心特質和次要特質。首要特質是指個人生活中具有滲透性的占優勢的特質，幾乎影響個人全部活動的所有方面。例如，如果一個人具有壓倒一切的權力慾望，這種權力慾望就會滲透到他生活的各個方面。他不僅奮力去獲得社會中的權力地位，並以類似的方式與他的朋友、孩子、妻子爭強鬥勝，他會努力統治他的妻子，甚至盡力贏得與他的五歲女兒開展的一場乒乓球賽。

中心特質是指滲透性稍差一些，但仍具有相當概括性的重要特徵。譬如，讓你介紹自己熟悉的朋友，你可能描述他堅強、自信、有責任感等，這些特徵就是中心特質。每個人的中心特質是很少的，奧爾波特對學生開展的研究發現，平均數量為7.2個。

次要特質是指不太明顯的、一致性和概括性都較差的那些人格特質，接近於習慣或態度，但又比這兩者更具有概括性，主要包括個人的獨特偏好（如偏好某種食品或服裝）、一些偏向看法以及其他受情境制約的特性。

（2）卡特爾的人格特質論。

卡特爾運用因素分析技術，開創性地發現了16種人格因素，他將這16種因素稱為根源特質，以區別於表面特質。根源特質指的是內在的、決定表面特質的最基本的人格特質，是那些穩定的、作為人格結構的基本因素的特質。例如，一個學生在語文、數學、化學等學科的表現上有某種關聯，但這種表面特質可以歸於兩種獨立的根源特質——智力和受教育的年數。表面特質是指一群看上去是關聯的特徵或行為。例如，你與人打招呼、微笑、向對方致意，你看上去有一種友善的特質。

（3）「大五」人格特質理論。

「五因素模型」是當代人格特質理論學家關注的研究主題，也叫「大五」人格特質理論，涵蓋了人類領域的主要心理方面，具有廣泛性與代表性。近二十多年的研究表明，不論使用西方詞彙還是東方詞彙，不論是讓被測試者對自己進行描述還是對他人進行描述，不論採用什麼方法抽取，結果大多是得到以下五個主要因素：

神經質（neuroticism）代表人格特質方面情緒穩定的程度，涉及的是情緒領域。那些經常感到憂傷、情緒容易波動的人在此維度上得分較高，他們更易體驗到不同的消極情緒，更易產生心理壓力，有一些不切實際的想法，有過分的渴望，或者是無法容忍失敗以及無法做出克服困難的反應。在此維度得分低的人多表現為平靜、自我調適良好、不易出現極端和不良的情緒反應。

外向性（extraversion）代表個人在性格上外向的程度，涉及的是生理領域。外向者非常愛好交際，通常表現為精力充沛、樂觀、友好和自信；內向者含蓄、自主、穩健。外向性水準高的人表現為社會化、活躍、健談、樂觀、喜歡娛樂、充滿愛；外向型水準低的人表現為隱藏、嚴肅、冷淡、獨立、安靜。

開放性（openness）代表個人態度觀念開放的程度，涉及的是智能領域。這一維度的特徵包括活躍的想像力、對新觀念的自發接受、發散性思維和好奇。在此維度得分高的人是不依習俗、獨立的思想者，是好奇的、具有想像力的，喜歡娛樂性的新穎的想法，不跟從習俗的價值觀；得分低的人多數比較傳統，喜歡熟悉的事物勝過喜歡新事物，思維的開放度低。

宜人性（agreeableness）代表個人與他人相處的性格特質，涉及人際領域。宜人性水準高的人表現為有責任感、友好合作、樂於助人、可信賴、易被他人接納和富有同情心；宜人性水準低的人多抱有敵意，懷疑人生價值，粗魯甚至故意傷害他人，為人多疑，缺乏合作精神，性子急躁，喜歡控制他人，報復心強並且殘忍。

盡責性（conscientiousness）代表個人行事的審慎程度，涉及的是工作領域。該維度上的分數用來評估組織能力、持久性、控制能力。盡責性分數高的人表現為組織能力高，做事嚴謹、有條理、有計劃，並能持之以恒；分數低的人表現為無目標、不可信、懶惰、粗心、見異思遷以及愛享受。

這五個因素的字母縮寫為OCEAN，人格的海洋似乎意味著「大五」系統的廣泛代表性。有關五因素模型的問卷稱作NEO-PI五因素調查表。

（四）行為主義理論

行為主義從學習的角度強調，像其他習得行為一樣，人格也是通過經典條件反射和操作條件反射的過程形成的。社會學習理論家羅特強調心理情境、期望強化價值和自我強化在習慣習得中的作用。比如，面對一次考試的失敗，這個人接下來會做出的行為反應取決於這個人對這一結果的解釋和定義。如果他覺得自己不行，那麼他可能會放棄；如果他認為這是一種挑戰，那麼他就會繼續努力。在這個過程中，個人對於自己考試成績的看重情況、過往經驗等都會在這個過程中起到重要作用。羅特就是用心理情境—期望和強化價值—自我強化的綜合效應來解釋行為習慣的形成。

總之，上述的各種人格理論，都嘗試使用不同的視角去解釋人格，各自具有一定的優勢，也具有各自的局限性。每一種人格理論都為我們去瞭解人格提供了思路。

二、人格測量

理解和描述人格有兩個基本假設：一是個人的特點決定他們的行為，二是這些特點可以被評估和測量。因此，人格可以通過觀察法、訪談法、自陳測驗、投射測驗等方法進行評估。

（一）觀察法

觀察法是指我們在日常生活中或特定的場合中，通過觀察、記錄個人行為從而瞭解其人格的一種方法。從而瞭解其人格。常見的方法有兩類：一類是項目核查法，

另一類是等級評定法。前者對事先想要觀察的重要行為進行分類，對之後觀察到的行為進行核查；後者是對觀察到的行為，在符合某一人格特徵上的輕重程度進行評定，將其量化。個體使用觀察法時，一定要明確行為特徵，要加以考量情境特殊性。

（二）訪談法

訪談法是通過面對面直接交談的方式獲取受訪者人格資料的方法。訪員必須受過專門的訓練，掌握訪談專門的知識和技能，否則容易使訪談內容失真。在招聘面試時，或者在我們與人交往的過程中，我們也常常通過談話去迅速判斷一個人的人格，這樣雖然能夠收集言語和非言語信息，但是主觀性較大，會受對方穿著打扮、身分的影響。

（三）自陳測驗

自陳測驗就是我們常常體驗的填量表的形式，要求個體根據題目選擇符合自己行為或感受的題項，以進行人格測量的方法。自陳量表的編製以人格特質理論為基礎，建立有常模，編製時比較注重規範和標準化，是特質流派心理學家採用的基本形式，可以測量一種人格特質，但更多的用來測量多種人格特質。一些特質流派心理學家從辭典裡選出各種描述人格的詞語，設計成量表，讓你根據自己的真實情況填寫，通過分析你的答題情況，判斷你的人格特徵。這種測試要經過大量調查，確保量表的信度和效度，量表中的每一道題目都是經過篩選的，確保該題和要測量的人格維度高度相關。只要你真實作答，問卷就能夠相對準確地評估你的人格情況。常見的人格量表有：明尼蘇達多相人格測驗、大五人格測驗、卡特爾16種人格因素測驗。

（四）投射測驗

心理學研究發現，人們在日常生活中常常把自己的心理特徵（如個性、好惡、慾望、觀念、情緒等）不自覺地反應於外界事物或者他人身上，這就是投射。例如，經常說謊的人，常常會認為別人在欺騙自己。當將一些材料呈現給大家的時候，即使呈現同樣的材料，不同的人會說出不一樣的觀點。投射更多體現為無意識層面，很難用意識控制。投射測驗是精神分析學派心理學家採用的技術，通過一種曖昧的刺激（如墨漬、無結構的圖片），讓個體在不受限制的條件下對其做出自由反應，然後心理學家以自己的理論假設對參與測驗的人的自由反應做出解釋。

早期比較著名的投射測驗是羅夏墨跡測驗（見圖3-1）和主題統覺測驗（見圖3-2）。羅夏墨跡測驗是通過讓個體對這些模棱兩可的圖片做出的解釋，探索個體的人格特徵；主題統覺測驗則是由一系列模糊的圖片組成，讓個體根據情景講故事，故事的差異是其內在人格的線索，通常用來測查個體在支配需要上的差異，以及在人際關係中的情感問題。還有流行的房樹人繪畫測試、沙盤等，都屬於投射測驗。

以上四種或者其他測量方法都有其優劣之處，不論在人才測評還是心理診斷方面，人們越來越傾向於使用多種技術進行人格評估，可能既包括訪談，又會有投射測驗、自陳測驗、行為評鑒等。人格評估是複雜的，單從某個測試就能看清楚一個人是不太現實的。

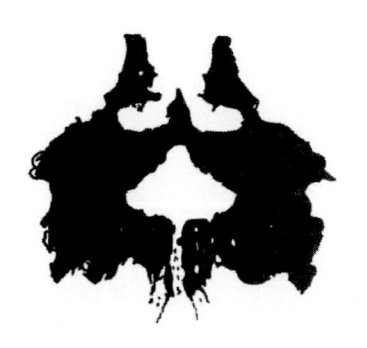

圖 3-1　羅夏墨跡測驗　　　　　　　圖 3-2　主題統覺測驗

連結：為什麼一些人會害羞？

最近的調查發現：超過50%的大學生認為他們自己是「經常害羞」的人。他們中的許多人認為害羞是一種令人不快的狀態，與它所帶來的積極效果相比，它對人格和社會後果具有更多的負面影響。另外一群學生說他們有「情境性害羞」，而不是大部分學生所具有的「氣質性的害羞」。他們認為：如果他們在一定情境，如新奇、窘迫、社會壓力下（看不到前途、單獨被拒絕或在沒有準備的情況下被推上舞臺給大家表演），「好像」會感到害羞。研究者對成年人的害羞進行調查，卻驚奇地發現，那些「不害羞」的人在美國和其他受調查的國家中非常少。

害羞可以界定為一種在人際環境中使人感到不舒服和壓抑的狀態，它影響了一個人的人際交往和是否能順利達到人生目標。害羞可能是緩慢的和氣質性的，作為一種人格特質起作用，是自我概念的核心。它可能是我們中的許多人到新環境後常感覺到的沉默寡言和窘迫，但是它也可能會發展成為對人害怕而引起的極端恐懼。許多害羞的人同時也是內向的人，他們採用獨居的方式生活，沒有社會活動。其他一些是「外向性害羞」的人，在公共場合表現活躍但內心是害羞的，他們喜歡參加社會活動，也有社交技巧來有效地完成這些活動。但是他們仍然擔心別人是否會真正地喜歡和尊重他們。

為什麼有些人害羞，有些人不害羞？其中一個解釋是天性。研究證據表明，大概有10%的幼兒「生來害羞」。從一生下來，這些兒童在與不熟悉的人或環境接觸時，顯得不同尋常的謹慎和緘默。關於天性的問題，有一個更為複雜的解釋。在兒童期，一些人被嘲諷，並且由於一時失誤，成為大家取笑的對象。另外一些人生長在這樣的家庭中，這些家庭認為「被愛戴」是在競爭中由於外表美麗或在活動中取得了成功帶來的結果。

害羞在亞洲國家和地區中比例最高，這是對9個國家和地區研究的結果。這些不同，一部分原因是文化所強調的內容不同。在一些亞洲國家裡，個體因社會活動中的失敗而屈從於權威，會被認為是一種恥辱；而在以色列，由於冒險而被表面上責備一番，會被認為是一種鼓勵。另外的原因或許來自美國最近出現的關於害羞普遍性的報告：年輕人都被電子產品包圍著，他們長時間獨自一人看電視、打電子游

戲、網上衝浪和發電子郵件，由此產生了社會隔離，減少了與人面對面接觸的機會。過量使用網路會使人們感到孤獨和更加害羞。

當害羞變得更極端化時，就會迫使人們的生活發生進一步的變化，使得一個人將其社會快樂最小化，使其社會不適和隔離感最大化。這裡提出一些簡單原則和策略，希望你們深入地思考，並嘗試去做：

①你要意識到，並不只有你一個人感到害羞。每一個你見到的人可能都會比你更害羞。

②即使存在著遺傳因素，害羞也是可以改變的。但是這需要勇氣和毅力，就像你要改變一個存在了很久的習慣一樣。

③嘗試對你所接觸到的人微笑，並與他們進行目光的接觸。

④與別人交談時，大聲說話，用最清晰的聲音，特別是當你說出你的名字或是詢問信息時。

⑤在一個新的社會環境中努力第一個提出問題或是發表觀點。你要準備一些有趣的東西去說，第一個去說。每一個人都會欣賞「破冰者」，以後也就不會再有人認為你害羞了。

⑥永遠不要小瞧你自己。相反，想一下為了達到你想要的成就，下一步你要採取怎樣的行動。

⑦注意要使別人感到舒服，特別是當你尋找其他害羞者時。這樣做會降低你的自我意識。

⑧在你去通常會使你感到害羞的地方之前，練習沉思和放鬆，使思想集中到理想的狀態。

如果你是個害羞的人，我們建議你採用上述辦法，一些學生採用了這些方法，已經從害羞的桎梏中擺脫出來，生活中充滿了新的自由。這是把一些簡單的心理學知識應用到生活中，並確實有所收益的例子。如果你不害羞，可以鼓勵那些害羞的朋友和家庭，鼓勵他們改變自己的生活方式。

小結：

人格理論是心理學家用來解釋人格的一套假設系統或參考框架。它回答了「人的本性如何」「人與人之間的不同」等問題。人格理論主要包括精神分析理論、人本主義理論、人格特質理論和行為主義理論。其中人格的特質理論中，「五因素模型」是當代人格特質理論學家關注的研究主題，也叫大五人格因素模型，涵蓋了人類領域的主要心理方面，具有廣泛性與代表性。我們要理解和描述人格有兩個基本假設：一是個人的特點決定他們的行為，二是這些特點可以被評估和測量。因此，人格可以通過觀察法、訪談法、自陳測驗、投射測驗等方法進行評估。

思考題：

1. 結合人格理論，談談你對自己的理解。
2. 簡述幾種人格測驗方法的優缺點。

第三節　大學生人格特點和健康人格塑造

不管是通過人格測驗的方式來測試自己，還是通過內省的方式來剖析自己，其實出發點都是我們想要更加清楚地瞭解自己。在瞭解自己的過程中，我們可能會發現有些人格特質是自己不想要的，有些人格特質是自己非常想要擁有的。

在當下外向價值體系中，似乎內向就是最笨，腼腆就會吃虧，開朗才是好孩子。在那些課堂展示失敗、面試被拒等情形中，也許很多人在想，自己是否不夠好，想要改變自己的一些人格特徵。有研究顯示，87%的人希望在大五人格的至少一個類別上有所改變。

那麼，處於大學階段的個體，人格有什麼階段性特徵？人格還可以改變嗎？如果可以改變，我們應該怎樣去做呢？

一、大學生人格特點及發展變化

（一）大學生所處的發展階段

埃里克森的心理社會發展階段理論作為發展心理學經典理論之一（詳細內容參考第二章第三節），較為詳盡地闡述了個體在成長的每一個階段的發展任務和可能面臨的心理危機。

大學生正處於青年期向成年早期過渡的階段，非常重要的發展任務是完成自我同一性，這影響著下一個階段的發展情況。什麼是自我同一性呢？「我是什麼樣的人？」「我為什麼是這樣的人？」「我將成為怎樣的人？」也許這些問題都是青少年的學習、生活、人際交往中的重要問題。埃里克森曾對同一性有不同的解說，如「一種熟悉自身的感覺」「一種知道自己將會怎樣生活的感覺」「在說明被預期的事物時出現的一種內在的自信」。自我同一性這個詞含義非常廣泛，包括社會與個人的統合、個人的主體方面與客體方面的統合、自己的歷史任務的認識與個人願望的統合等。因此，我們可以看到，其實同一性的形成是一個終身過程。

（二）大學生的人格特點

有學者對當代大學生核心人格結構進行了研究，得出構成大學生核心人格結構的七個因素：敢為性，體現了大學生在思想與行為層面的開拓進展和積極向上的心態；宜人性，人機交往領域中反應的大學生的人格特徵；道德感，體現了大學生自我完善的品質，正性特質表現為正直、愛國、奉獻、大公無私，負性特徵表現為自私自利、見利忘義；開放性，體現了大學生的有聰明才智以及朝氣活力的人格特徵；責任感，對大學生的學習與未來職業有重要作用的人格特徵；務實性，體現了大學生社會適應的人格特點；情緒性，體現了涉及大學生心理健康的人格特徵。這七個人格因素在大學生不同的生活領域發揮著各自的功能。

（三）大學生人格特點的變化及其原因

宏觀社會環境變遷是大學生人格特徵變化的主要原因。宏觀社會環境對人格的

影響僅次於遺傳的作用，甚至比家庭環境的影響更大，是影響人格變化的重要因素之一。有學者對2004—2013年採用五因素人格量表的研究進行了橫斷分析，發現大學生人格五個因子的得分10年期間明顯提高，人格特質發生了整體變化。研究結果顯示，近年來中國大學生在外向性、開放性、盡責性和宜人性四個方面明顯上升，越來越向良性方向發展。經過近幾十年的改革與發展，中國社會文化正處於明顯的轉型時期，社會安定、經濟快速發展，綜合國力提升、文化繁榮，尤其是高等教育的快速發展，為當代大學生的成長塑造了一個良好的政治、經濟和文化氛圍。這種宏觀的社會背景可能使得中國大學生變得更加外向、開放、盡責和宜人。

全球化與信息化時代的宏觀社會變化可能是大學生焦慮和抑鬱等負性情緒增加的社會原因。對上述研究進一步分析發現，中國大學生在人格上變得更加外向、開放、嚴謹和宜人的同時，神經質等也明顯上升，且男女生的變化趨勢是一致的，表明大學生的情緒也變得更為不穩定、波動較大。這與另一些學者的研究結論一致，即有焦慮狀態的大學生的數量明顯增多。還有研究比較「80後」與「90後」大學生人格特質發現，後者的神經質得分達到高分標準。這可能與中國宏觀社會急遽轉型，大學生在適應過程中面對各種壓力的一種反應，尤其是就業壓力、生活節奏加快、信息量劇增等情境有關。這種情緒穩定性變差的現象在美國經濟飛速發展的過程中在大學生群體中同樣存在。

二、健全人格的標準

曾經有人問弗洛伊德，怎樣才算是成熟人格？他思索一陣子後回答道：「一個成熟的人，應該能夠創造性地工作和愛。」這一回答是弗洛伊德在晚年不斷反思自我、對人性進行重新思考並結合個人親身體驗後得到的。創造性地工作需要個體忍受挫折和困難，抗拒分心，堅忍不拔，充分發揮自己的才能，工作本身會涉及專心、努力、計劃、訓練等人格特性；建立親密且真愛的關係，具備良好的人格特性。例如，個體要尊敬別人，能夠設身處地為別人著想，能為所愛的人犧牲個人的渴望，並毫無保留地奉獻自己。

特質理論流派的代表人物奧爾波特是第一個研究成熟的、正常的成人，而不是研究神經病患者的人格理論家，他提出健康、成熟的成年人應具有以下幾個標準，並作為衡量健康成熟人格的指標。

第一，具有自我擴展的能力，能夠將自我感覺擴展到自我周圍的人和活動上。成熟意味著脫離原來以自我為中心的，以滿足基本需要為重心的生活。成熟的人不再像嬰兒一樣只要滿足生理的需要、安撫的需要等，而是能考慮到現實的情況。

第二，能與他人建立溫暖的相互關係。健康成熟的個體能尊重他人的需要和要求，不抱怨、指責、諷刺他人，對人富有同情心，能忍耐或接納與自己價值與信仰不同的人，行事遵循這樣的原則：不污染別人也要呼吸到空氣。

第三，情緒安定和自我接納，有較高的挫折耐受力。生活本身就是不完美的，會帶給人喜怒哀樂各種感受，這是生活的原貌。健康成熟的人知道挫折和煩惱是生活中的一部分，情緒均衡是健康人格的一個重要特徵。

第四，具有實際的現實知覺。健康成熟的人能夠對外界進行準確的感知，不歪曲或曲解事物以迎合他們的知覺，能夠以問題為中心，而不是以自我為中心。

第五，對自身具有客觀的瞭解。健康成熟的人能夠客觀地認識自我，洞察自己的優勢和不足，正確看待自己的過錯，而不以偽裝欺騙自己。他們還有幽默感，能自嘲，很少靠一些攻擊方面的話題惹人發笑。

第六，具有統一整合的人生觀。健康成熟的人會「深刻領悟生活目的」，具有清晰的自我意向和行為準則，具有統一的生活哲學，指導人格朝向既定目標發展。

三、健全人格的培養

（一）人格的成熟定律

在沒有做出有意識努力的情況下，我們的人格也會發生改變。這既包括隨著年齡增長而表現出的自然成熟，也包括受外界因素的影響而發生改變。人格會在成年的過程中自然地發生變化（見表3-1）。

表 3-1　　　　　　　　　　隨年齡變化的人格特質

人格特質	變化情況
盡責性	有條理、始終如一、值得信賴。這些特徵往往會隨年齡增加而強化，因為人們對事業和感情會更加投入
宜人性	彬彬有禮，信賴他人，重合作而非競爭，富有同情心。這些特徵往往隨年齡增長而強化，以滿足同事和家庭成員的期望
開放性	求知欲強，有創造力，能敏銳地感知藝術和美，想像力活躍。這些特徵往往隨年齡增加會保持穩定，或者隨年齡增加而減弱，但有些人能夠有意識地培養這些特質
外向性	健談，愛交際，果斷自信，交往中表現強勢。這些特徵往往隨年齡增長而減弱，因為人們會維持現有關係，而不是尋找新的感情
神經質	擔憂，有壓力感，容易感到沮喪和焦慮，喜怒無常，情緒多變。這些特徵往往隨年齡增長而減弱，因為人們能學會控制負面情緒，並規避不愉快的場合

從表3-1中我們可以看到，隨著個體年齡增加盡責性等正面人格特質會增強，而神經質等負面人格特質會減弱。似乎隨著年齡的增長，人們的性格會變好，心理學家將這種現象稱為「成熟定律」。既然有這樣的定律，我們還需要做出努力嗎？但得到此研究表述的前提是，生活中的事件的變化或者進展。而大多數學者認為，人格具有跨情景的穩定性這一特點，似乎人格在很大程度是固定不變的，就像成年人的身高和鞋碼；但很多專家也說，人格可以改變，只是比較困難；有學者說，人的性格哪怕只出現稍許變化，也會對感情、職業、健康和幸福產生重大影響。專家們表示，就像努力減肥一樣，我們可以通過持續地努力來改變我們的人格，需要有意識地堅持一些行為，讓它們最終形成習慣。這一過程可能痛苦而尷尬，但卻是心理成熟的必由之路。

（二）主動提升人格的方式

除了被外界因素影響，人們也時常做出改變人格的努力，有研究表明，個體確

實可以通過自己的努力來改變人格。然而，如果個體擁有非常強烈的改變自己的願望，但僅僅停留在目標的層面上，而不去執行和實現，那它反而會降低生活幸福感。個體主動提升人格，可以嘗試從以下幾個方面進行。

第一，增強自我覺察，改變思維模式。首先個體要弄清楚改變哪些性格特徵對自己的發展最有利，如你發現自己喜歡發牢騷，好爭辯，還有點多疑，總是因為跟朋友吵架、老是責怪別人而失去一段關係，那這些也許就是你需要改變的地方。如果你渴望在人際關係上有所變化，期待自己變得更加健談，易於與人建立關係，但當你將自己標籤化為「害羞」「不善交際」，並覺得這是不可改變的時候，你就會給自己不去參加聚會找一個理所當然的借口。因此如果你決心改變，就需要先去掉自己身上的標籤，去掉這些非黑即白的想法，把自己看作可發展、可塑造的個體。

第二，設置具體計劃，並持之以恆。計劃越細越好，如「這個月參加四次聚會，在每次聚會上認識至少10個人」就比「這個月交3個新朋友」要好。改變始於一個行為，因此，個體可以先駕馭一項行為，再嘗試改變另一項行為，同時注意不要把期望值定得太高，別指望能在一天、一週、一個月甚至一年之內徹底改變你的人格。因為要把一種有意為之的行為變成習慣，需要花費很長的時間。定期回顧你取得的進展，為自己提供積極的心理強化暗示。在新的行為形成習慣之後，個體可以再找出一個新的、更重要的領域進行改進。

第三，增加社會性投入，即承諾和責任的投入。社會性投入是指在成人社會角色上的投入和承諾，比如在工作語境中，進入一個對自己來說很重要的崗位；在家庭語境中，進入婚姻或成為父母，這些都是社會性投入的增加，其核心是承諾。有學者用大五人格模型進行研究表明，個體進入一段對自身很重要、穩定的工作，在工作中的捲入程度和投入程度都在增加時，個體的盡責性會提高；成為新父母的人，宜人性和盡責性都會提升；投入一段長期的親密關係，個體的神經質水準會下降，情緒穩定性更強。對於大學生而言，投入地學習、在學生社團或學生組織中堅持承擔工作、建立親密的關係都是有助於增加社會性投入，進而改變人格的有效舉措。

第四，獲取社會支持，必要時尋求心理諮詢。每一個人都是生活在與別人的聯繫中，個人的改變離不開社會支持系統的幫助。增強內省、覺察固然重要，來自周圍重要他人的反饋對於個體的改變也是有所裨益的。此外，當你嘗試很多辦法都難以改變自己，並且苦於自己人格的某些部分時，可以尋求專業的心理諮詢的幫助，探索個人人格形成的原因，突破固有的思維、行為模式，獲得個人成長。

連結：內向的人如何建立人脈

性格內向的人的優勢

你不需要嘩眾取寵，不需要不停地握手取悅對方，不需要滔滔不絕地談論自己，因為事實上，交際的目的只在於認識新的朋友，建立新的關係，所以其目的是瞭解你對面的這個人最關心的是什麼，而你又能提供何種的幫助。在這種情況下，一個聆聽者（內向的人更容易勝任這種角色）更能恰如其分地體現出他的優勢。

在此，提供幫助並不是叫你去兜售你的服務，你應該全方位地去尋找能夠幫助

對方的途徑，從而扮演好你的支援角色。你能提供給他們有價值的建議麼？你能幫他們聯繫到可助他們一臂之力的人麼？因此在這個過程中，詢問應該多於敘述，3W1H（What, Why, Where, How）可以把問題更具體化，讓問題更容易實施。以下的幾個問題你可以在適當的場合試試：

你為什麼會參加此次活動？到目前為止，你最喜歡此次會議中的哪項議題？你的工作最近有什麼新的進展？你在工作能取得的最大樂趣是什麼？你工作中的最大的挑戰是什麼？

只問不說是一個很好的社交方法，而且在日常交流中也能起到很重要的作用，比如在鞏固現有的友情上，因此，假如你是一個內向的人，又不善言辭，那就多多地去想想如何做個好聽眾吧。

ROAD 法則

Relationship（關係）

他生活中最重要的關係是什麼？

Occupation（職業）

他們的職業是什麼？他們的喜好是什麼？他們所面臨的挑戰是什麼？

Activities（活動）

在私人生活跟公眾生活中，他的活動分別是什麼？他有加入什麼社團或組織？

Drive（動機）

他的動機是什麼？他的個人目標和專業目標分別是什麼？

我們應該以積極的態度去聆聽。問完問題後應該認真傾聽，我們不要錯誤地覺得傾聽是件很被動的事情，只要你提出了問題並做到了仔細傾聽，那你就是這次談話的主導者，是主動的那一方。

5個小提示

它們有助於讓你的談話對象覺得你在全神貫註地聆聽他們的話：

(1) 注視對方。當別人在說話時，眼神飄忽不定是最糟糕的事情。

(2) 常常地點點頭給予肯定。

(3) 適當時刻可以補充幾句話，表明你對對方談話內容的理解。最簡單的方法是重述並強調。

(4) 問些更進一步的問題。

(5) 結束一次談話。結束談話時我們可以詢問對方的姓名，交流一些對此次談話的感想，並交換名片。比如：××，我很享受今天與你的此次談話，很感謝你跟我分享一些你在工作上的心得體會，你能給我一張你的名片以便於之後我再跟你聯繫嗎？

在交際過程中，大多數人都在場所內不停走動，因此有時候我們沒必要刻意結束與某個人的一次談話，如果碰到老朋友想去打個招呼，或者想去拿杯酒，就直接說出來，誠信很重要，在談話10分鐘後就被人發現你在撒謊，這是件很尷尬的事情，更不用說要給別人留下良好的印象了。

後續的交流對關係的發展是至關重要的。只問不答的辦法能幫我們發現那些有助於繼續保持聯絡的理由。

十大秘訣提供給內向的人

（1）準備。我們應花費點時間提前準備一下。比如，參加活動的目的在於什麼，最佳的三個開場白問題是什麼，練習一下繼續對話以及結束對話的方法。

（2）記得一定要帶自己的名片。

（3）可以在活動開始後再去。

（4）到場後掃視一下全局，拿杯飲料，放鬆一下。

（5）如果在活動中根本一個都不認識，那就找那些跟你一樣獨處的人，自我介紹後把自己已經準備的問題問出來。

（6）把大多數時間花費在傾聽上。

（7）關注你與之交談的人，如果實在想觀覽一下全局，請在談話的間隙做。

（8）至少把握住一個值得後續交際的機會。

（9）不要最後一個離場，可以稍稍提早些離場。

（10）要有條理，把重要的信息記錄下來，並構建一個自己的聯繫人檔案。

獲得成功的第一機會來自於他人交際，如果你邁不出這一步，就意味著你不能有下一次推薦、下一次加薪或下一次晉升。善於和他人交際可以對個人內向心理進行有效暗示。

小結：

大學生正處於青年期向成年早期過渡的階段，非常重要的發展任務是完成自我同一性。這意味著社會與個人的統合、個人的主體方面與客體方面的統合、自己的歷史任務的認識與個人願望的統合。從人格的特點上看，大學生有七個核心人格構成因素，分別是敢為性、宜人性、道德感、開放性、責任感、務實性、情緒性。

對於成熟的人格，弗洛伊德認為，「一個成熟的人，應該能夠創造性地工作和愛。」奧爾波特認為健康、成熟的成年人應具有以下幾個標準：具有自我擴展的能力；能與他人建立溫暖的相互關係；情緒安定和自我接納，有較高的挫折耐受力；具有實際的現實知覺；對自身具有客觀的瞭解；具有統一整合的人生觀。大學生可以通過自己的努力改變人格，包括：增強自我覺察，改變思維模式；設置具體的計劃，並持之以恒；獲取社會支持，必要時尋求心理諮詢。

思考題：

1. 你最想在哪個人格特徵上進行改變？你認為可以做一些什麼來改變？
2. 人格有好壞之分嗎？為什麼？
3. 結合實例，談一談你對人格與健康關係的理解。

第四章
大學生生涯規劃

第一節　大學生生涯規劃概述

很多大學生都會上「職業生涯規劃」這門課程，但部分學生只是將它當作了一門課，並不會對自己的職業或者人生進行細緻的規劃。有人會認為計劃不如變化，如果時運不濟，再周密的計劃也無濟於事。但規劃不是指條條框框的限制，而是知道什麼是該去做的，什麼不值得去浪費時間。那麼，好的職業生涯規劃對大學生有哪些用處呢？

對自己的職業有著規劃的人，因為有著奮鬥的方向，他會很清楚自己學習的目標，知道要學習哪些知識、擁有哪些技能才能離想要的工作更進一步。清晰的職業生涯規劃能讓大多數人看清現在、掌握未來。只有通過各種數據和自己性格的分析，找到自己感興趣又適合的目標，我們才好為之奮鬥。對自己未來有規劃的人，會清楚知道自己未來幾年的職場方向，選擇權一直在自己手裡。

「一個人若是看不到未來，就掌握不了現在；一個人若是掌握不了現在，就看不到未來。」這兩句話道出了生涯規劃的本質與精髓：立足現在，胸懷未來。我們出門時若沒有設定好目的地，是走不遠的。人生亦是如此，沒有做好生涯規劃的人，是很難通向自我實現的人生的。你需要知道你要成為什麼樣的人，你的一生該如何度過，怎樣才能使自己的人生過得有意義、有價值。這一章，我們將熟悉「生涯規劃」這個會對我們一生產生重要影響的詞。

一、生涯規劃的定義

1. 什麼是生涯

漢語所說的「生涯」和「職業生涯」在英語中都是「career」，生是指生命或人生，涯是指邊際。生涯比較貼合中國文化中「志業」的概念，指致力於某種事業的意思。生涯在希臘語中有競賽的意思，隱含著未知與冒險。美國生涯理論專家舒伯（Super）考慮了職業與其他生活如休閒、退休等發展的統一，將生涯定義為：它是生活裡各種事態的連續演進方向；它統合了人一生中依序發展的各種職業和生活的角色，由個人對工作的投入而流露出獨特的自我發展形式；它也是人生自青春期迄

退休之後，一連串有酬或無職位的綜合，除了職業之外，尚包括任何和工作有關的角色，如學生、受雇者、領退休金者，甚至也包含了副業、家庭、公民的角色。

2. 生涯的特點

生涯雖大卻大不到與生命、生活畫上等號，但也沒有小到和工作、職業相同，它的特點可以概括為方向性、實踐性、空間性、獨特性、現象性和主動性六點。

（1）方向性，即生活裡各種事態的連續演進方向。著名作家黑塞說：「個人一生當中的生涯發展，宛如茫茫大海中破浪前進的航道，雖然視而不見，但是仿佛有其方向可循。」研究螞蟻世界的知名生物學巨匠魏爾森在其自述中提及，決定他生涯方向的是他性格中較為內在的那個男孩，「我只想成為第一個發現某些事物的人」，內在的聲音即魏爾森生涯方向的引導者。

（2）時間性，即一生當中連續不斷的過程。「生涯」的時間性的具體定義是「一生當中依序發展的各種時間位置的綜合體」。生涯是縱貫一生的發展，從過去到現在再到未來，如同圖5-1中約翰·洛克菲勒的生涯歷程：從他出生成長到對商業的初步探索，再到建立自己的公司，而後到他維持公司並將其進一步發展壯大，最後進入生涯的衰退階段，逐步退出職業生涯，開發他的社會角色——慈善家。從生物學的屬性來看，生涯演進是單向的，出生→成長→衰老→死亡，具有不可逆性。例如，我們從幼稚園、小學、中學至大學的一種依次發展。同時每一個「現在」的時間位置都受「過去」的時間位置的影響，也是為「未來」的位置預先準備。

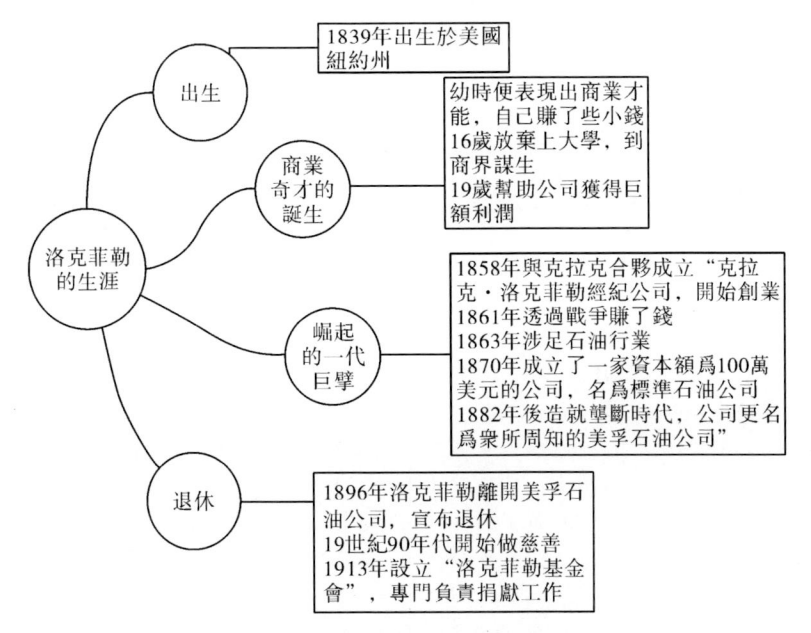

圖5-1　約翰·洛克菲勒的生涯歷程

（3）空間性，即以事業的角色為主軸，並包括其他與工作有關的角色。美國著名學者唐納德·薩珀認為，生涯是我們生活中各種事件的演進歷程，包括個人一生

中各種職業與生活的角色，以及由此表現出的獨特的自我發展形態。薩珀創造出「生涯彩虹圖」（見圖5-2），形象地展現生涯發展的時空關係，以便更好詮釋生涯的定義。

生涯彩虹圖最外的層面代表橫跨一生的生活廣度，又稱大週期，包括成長期、探索期、建立期、維持期和衰退期。生涯彩虹圖裡面的各層面代表生活空間，由一組角色和職位組成，包括子女、學生、休閒者、公民、工作者、持家者等主要角色。薩珀認為角色與年齡、社會期望以及個人涉及的時間和情緒程度有關聯，因此每一階段都有顯著角色。個體為了某一角色的成功付出太大的代價，可能導致其他角色的失敗。陰影部分表示角色的相互替換、盛衰消長。角色除了受年齡增加和社會對個人發展、任務期待的影響外，也跟個人在各個角色上所花的時間和感情投入的程度有關。

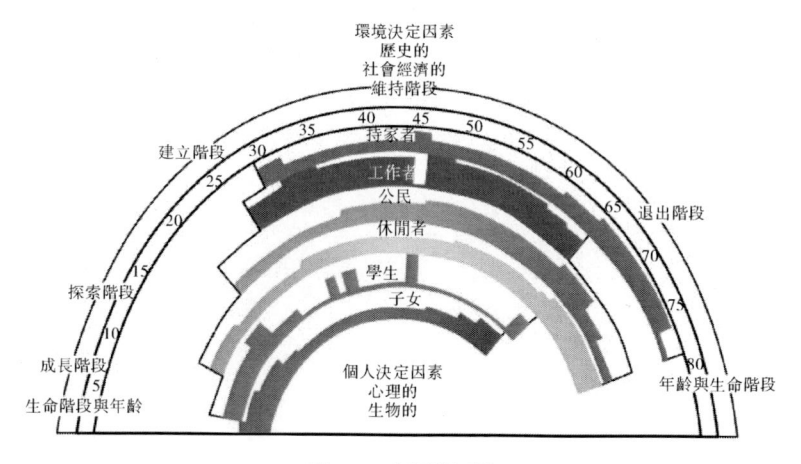

圖5-2　生涯彩虹圖

（4）獨特性，即每個人的生涯發展是獨一無二的。即使我們以類似的順序經歷著類似的職位或角色，如同世界上沒有兩片完全相同的葉子一樣，每個人的生涯發展都是獨一無二的。例如，美國前總統約翰遜和福特，他們都是工人階級出身，都獨任過海軍指揮官、國會議員、國會秘書長，直到總統，雖然他們經歷著類似的角色，但兩人在國會與總統任內的表現不同，各人的生涯經驗也有差別。

（5）現象性，即只有個人在尋求生涯時才存在。生涯不是生命，生命是客觀的存在，生涯卻是個人主觀意識所認定的存在。生涯定義了我們如何在工作環境框架內看自己——從過去的成功或失敗看，從現在的能力或才干看，從未來進一步的計劃看。因此，人生的意義得以在生涯發展過程中彰顯、完成。

（6）主動性，即人是生涯的主動塑造者。我們在現象性中就可以看出人是生涯的主動塑造者。我們知道，生涯的原意是冒險、奮進。在過去20年心理學的發展中，學者們將人的行為機制從被動提升至主動。換句話說，隨著心理學逐步發展，研究者發現人不是被動地受環境的制約，而是能主動地去思考、計劃，進而改變、創造環境。因此說我們通過決定來主動塑造自己的生涯。

3. 什麼是生涯規劃

生涯規劃亦稱職業生涯規劃，是指個人與組織相結合，個體對自己的職業選擇與發展進行設計、執行、評估、反饋和修正的過程。對大學生來說，生涯規劃是個人對自己的職業選擇與發展進行設計、執行、評估、反饋和修正的過程。生涯規劃是一個人自青春期到退休期，對個體一生的理念、工作、生活、家庭及社會等目標所做的妥善計劃與安排，從而達到追求理想人生的目的。

大學生生涯規劃可以從這幾個問題入手：「我在未來做什麼？我的人生方向與目標是什麼？我的理想與抱負是什麼？」一般而言，職業生涯規劃包括「安身」「立命」兩個部分。其中「安身」的重點在於職業，而「立命」的重點在於前程。生涯規劃是一個動態的過程，而規劃的功能在於為生涯設定目標，做出計劃和形成行動步驟。

二、生涯規劃的意義

1. 規劃可以確定方向

每個人的生涯旅行都是獨特的，一些旅行者有明確的目的地，一些人在未知領域中冒險，一些人一直遵循常規路線，一些人經常改變路線。你是哪種旅行者？這取決於你內心對自己的看法、期望和追求，以及你對生活的理解。進行生涯規劃的使命就是確定旅行的方向。

生涯規劃是對自己生活的排列組合，你想去哪裡，決定你會如何安排生活中的事件，而這些行動會帶我們去不同的地方。有目標的生活更有方向感，有目標的人有更少的焦慮、更多的快樂和更多的成就感。

2. 規劃可以挖掘潛能

當今社會處在變革的時代，到處充滿著激烈競爭。物競天擇，適者生存。職業世界的競爭非常激烈。要想在這場激烈的競爭中脫穎而出並立於不敗之地，我們必須設計好自己的生涯規劃，充分挖掘自己的潛能，提升自己的核心競爭力。

一份行之有效的職業規劃可以引導你正確認識自身的個性特質、現有與潛在的資源優勢，幫助你重新對自己的價值進行定位並使其持續增值；引導你對自己的綜合優勢與劣勢進行對比分析；引導你評估個人目標與現實之間的差距；引導你設定與實際相結合的職業定位，搜索發現新的或有潛力的職業機會；使你採取可行的步驟與措施，不斷增強你的職業競爭力，實現自己的職業目標與理想。

三、生涯規劃相關理論

1. 認知信息加工理論

蓋瑞·彼得森（Gary Peterson）、詹姆斯·桑普森（James Sampson）、羅伯特·里爾登（Robert Reardon）受認知科學和人類思維過程研究的影響，將認知信息加工的觀點用於職業決策過程的研究，提出了認知信息加工理論。該理論認為，職業決策是一個始於初步確定可能的職業選項，搜索職業信息，比較各種可能選擇的職業，最終選擇一條適合自己的職業道路的決策過程。

認知信息加工理論提出了八個關於職業決策的假設作為其理論基礎，這些假設的核心內容包括：①職業選擇源於認知過程和情感過程的交互作用。②進行職業選擇是一種問題解決活動。③職業問題解決者的能力取決於知識（自我知識和職業知識）和認知操作的有效性。④職業問題解決是一項記憶負擔很重的任務。⑤職業決策要求有動機，這種動機源於個體渴望通過更好的理解自我和工作領域做出令人滿意的職業選擇。⑥持續進行的職業發展是我們畢生學習和成長的一部分。⑦我們的職業在很大程度上取決於我們思維的內容和思維的方式。⑧我們職業的質量取決於我們對職業決策和職業問題瞭解的程度。

認知信息加工理論包括兩個重要內容：一是信息加工金字塔模型（見圖5-3），二是在這個模型中部的CASVE循環。

(1) 信息加工金字塔模型。

職業生涯規劃的基礎是瞭解自我和環境的相關知識。自我知識指興趣、能力和價值觀等；環境知識指職業選擇的相關方面，如瞭解職業的發展趨勢、收入水準和生活方式等。根據信息加工的特性，我們可以構建一個信息加工金字塔。位於塔底的領域是知識領域，包括自我知識和職業知識。中間領域是決策技能領域，包括溝通—分析—綜合—評估—執行五個階段。最上層的領域是執行加工領域，也稱為元認知，元認知是一個人所具有的關於自己思維活動和學習活動的知識及其實施的控制，是任何調節認知過程的認知活動，即是任何以認知過程與結果為對象的知識，包括自我言語、自我覺察、控制與監督。

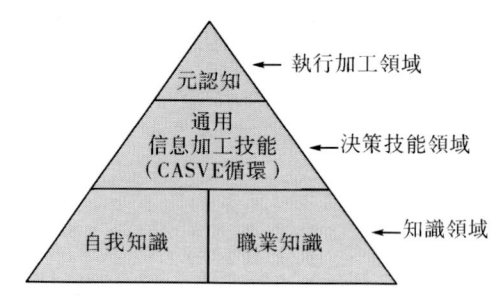

圖5-3 信息加工金字塔模型

(2) CASVE循環。

CASVE循環位於信息加工金字塔中部，是職業規劃的核心。CASVE循環是做決策的過程，良好的決策包括五步，分別是：溝通（communication）、分析（analysis）、綜合（synthesis）、評估（valuing）、執行（execution）。這五個步驟是不斷循環的，因此也叫CASVE循環。①溝通，包括內部和外部信息的交流，通過交流，個體逐漸意識到問題和差距。②分析，是對自我知識和各方面的知識進行分析，進而更好地理解差距和問題。③綜合，是把信息放在一起，擴展開來，再逐步縮小選擇範圍，形成可能的解決方法並尋求實際的解決方法。④評估，是對篩選出的方法和選項進行對比，排出優劣次序。⑤執行，是依照選擇的方案做出行動。如果我們在執行之後依然沒有解決問題，那就要重新啓動CASVE循環。

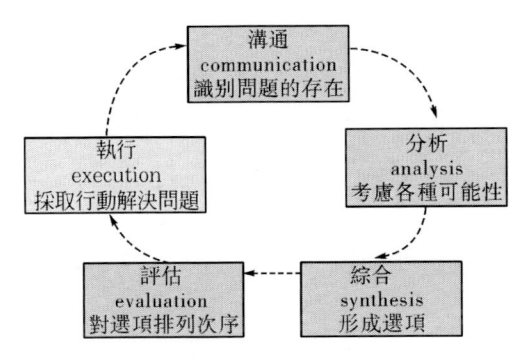

图 5-4　CASVE 循環

2. 「人格與職業類型學說」理論

美國著名職業指導專家霍蘭德提出「人格與職業類型學說」理論，該理論認為職業選擇與個人人格息息相關，研究人員通過社會觀察發現，同一職業群體的人在人格特徵上較為相近。霍蘭德理論把職業人格分為六種類型，分別是現實型、研究型、藝術型、社會型、企業型和常規型。特定人格類型的人會對相應職業類型中的工作或學習感興趣，具體性格特點和匹配職業如表 5-1 所示。

表 5-1　　　　　　　　霍蘭德職業興趣人格類型

性格類型	性格特點	匹配職業類型
現實型	喜歡具體任務，按規則做事，動手能力強	工程師、司機
研究型	喜歡抽象思維，善於分析，有智慧	科研人員、科技工作者
藝術型	喜歡自我表現和想像，追求自由和美感	藝術工作者、演員、編劇
社會型	喜歡社交活動，善於瞭解並幫助他人成長	導遊、社會工作者、教師
企業型	喜歡領導，精力旺盛，喜歡冒險、競爭	推銷員、管理者、創業者
常規型	喜歡條理性強的工作，不喜歡冒險或領導	記帳員、出納、操作員

同時，六種職業性格類型構成六角模型（見圖 5-5），從事務處理、心智思考、與物接觸、與人接觸四個維度，對職業人的人格特徵進行分析和區分。研究人員通過社會觀察發現，同一職業群體的人在人格特徵上較為相近。霍蘭德理論把職業人格分為六種類型，分別是現實型、研究型、藝術型、社會型、企業型和常規型。特定人格類型的人會對相應職業類型中的工作或學習感興趣。

霍蘭德認為大部分職業人都可以歸結為六種人格型態中的某一類或某幾類。現實社會中存在與六種人格型態相對應的環境，不同環境中的職業人的人格型態在六角模型上的距離較遠；相反，同種環境中的職業人的人格型態在六角模型上的距離較近。職業人在選擇社會環境時，傾向於選擇與自身人格型態匹配，有利於發揮所長，實現自我價值的環境，職業人的個體行為也是由自身人格特徵和環境共同決定的。

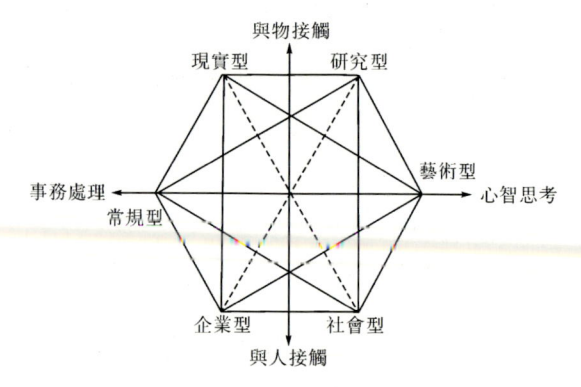

图 5-5　霍蘭德職業興趣六角模型

四、職業生涯規劃的過程

職業生涯規劃的過程如下：
(1) 明確自己的願景和理想；
(2) 分析個人自身情況；
(3) 考慮眼前機遇和制約因素；
(4) 為自己確立發展方向或目標；
(5) 設定發展路徑；
(6) 實施行動方案；
(7) 進行評估反饋和調整。

需要特別注意的是，這是一個循環的過程（見圖5-6），當情況發生變化，或者方案經過評估並不適合自己的需求時，我們就要重新考慮自己的願景，再次啓動整個規劃過程。這提醒我們，生涯規劃不是一勞永逸的事情，需要我們不斷調整、更新。

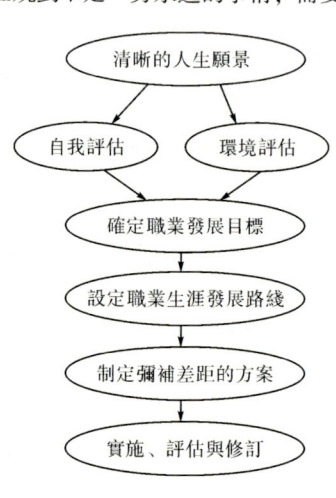

圖 5-6　生涯規劃流程

連結：李開復：大學只能學到人生的5%，為了夢想離開谷歌[①]

1. 大學生最好先就業再創業

記者：對於忙著找飯碗的大學生，你有什麼忠告呢？

李開復：大學生找工作一定要明白一點：第一份工作主要是學習，不要功利地只看能賺多少錢，在什麼公司等。大學只能學到人生的5%，95%要在工作中學習。大學生找工作要多方面地衡量，固然要看待遇和品牌，也要考慮自己的天賦和興趣，更重要的是在崗位上能學到什麼。

記者：呼籲大學生自主創業的呼聲一直很高。在就業壓力這麼大的情況下，大學生自主創業真是一條通往羅馬的大道嗎？

李開復：大道是通羅馬的，但大道上可能充滿著風險，因此大學生要走得小心點。一個真正的創業者，必須要有一定經驗。創業成功的因素應該是經驗、團隊和點子。團隊是最重要的，其次是經驗和執行力，點子是最不重要的。

先就業再創業是更好的選擇，大學生累積經驗之後再創業，這樣成功的概率會更大。就好像創新工場，我們會招聘大學生參加創業的活動，但絕對不會把一家公司交給一個大學生管理，因為他沒有經驗。還有很重要的一點，大學生不能因為無法就業就選擇創業。創業者心裡都有一個渴望，非常想擁有自己的企業，並不是因為找不到工作才去創業。

2. 選人要符合四個要件

記者：很多年輕人都希望得到你的幫助。請問你篩選對象的標準是什麼？

李開復：第一，一定要是公司需要的人才。我不可能去招聘一萬個人、十萬個人，因此還是要挑那些特別熱情的。第二，一定要非常努力，拼命投入，熱愛自己的工作。第三，希望有創意。第四，人品要好，團隊合作能力強。

3. 思維方式「中西合璧」

記者：在中美融合的教育背景下，你更傾向於用哪種思維方式思考？

李開復：西方的積極主動和東方的以誠待人並不衝突。和教育背景一樣，我的思維方式已經「中西合璧」了，沒必要去刻意分開，它們並不是兩極化的。

4. 希望墓誌銘上被稱為「開復老師」

記者：你在招聘的時候，經常會做「墓誌銘測試」。那麼，你認為你的墓誌銘應該是什麼？

李開復：在科技界打拼了多年，從加入蘋果的那一天起，我認為我的墓誌銘應該是：科學家、企業家。但近年來，當我看到在教育界裡我可以做的貢獻，還有那麼多願意接受我幫助的學生。我想，如果只能有一個墓誌銘，我希望是：開復老師。我通過寫作、演講，在中國崛起的時代，幫助了眾多青年學生，他們親切地呼喚我「開復老師」。

（本文轉載自2009年10月20日華商網，該稿記者：吳成貴）

[①] 吳成貴．李開復：大學只能學到人生的5%，為了夢想離開谷歌［EB/OL］．(2009-10-20)［2019-07-30］．finance.ifeng.com/a/20091020/1356759_1.shtml．

小結：

　　生涯是生活裡各種事態的連續演進方向。生涯統合了人一生中依序發展的各種職業和生活的角色，是個人投入工作時流露出的獨特自我發展形式；它也是人生自青春期迄退休之後，一連串有酬或無職位的綜合，除了職業之外，尚包括任何和工作有關的角色，如學生、受雇者、領退休金者，甚至也包含了家庭成員、公民的角色。生涯具有方向性、空間性、時間性、現象性、獨特性特點。生涯規劃亦稱職業生涯規劃，指個人與組織相結合，個體對自己的職業選擇與發展進行設計、執行、評估、反饋和修正的過程。

　　生涯規劃的理論主要有認知信息加工理論和「人格與職業類型學說」理論。生涯規劃的過程包括：①明確自己的願景和理想；②分析個人自身情況；③考慮眼前機遇和制約因素；④為自己確立發展方向或目標；⑤設定發展路徑；⑥實施行動方案；⑦進行評估反饋和調整。

思考題：

　　1. 請想一想你為什麼上大學？在紙上寫出你之所以上大學的十大理由，明確你上大學的初衷。

　　2. 職業生涯規劃和「混碗飯吃」有什麼區別？談一談你對職業生涯規劃的理解。

　　3. 安靜下來，找到自己呼吸的節奏，想想自己一直想擁有的一次旅遊是什麼樣的，並為自己制定一個詳細可行的旅遊計劃。這個旅遊計劃包括：①旅遊計劃的具體內容。②你制定這個計劃的步驟。③你將如何落實這個旅遊計劃？④這個過程與職業生涯規劃有哪些相似之處？然後找個同學或朋友，與他/她交流一下你的旅遊計劃。

第二節　大學生生涯規劃任務

　　對大學生而言，職業不僅提供生存的基礎條件，也為他們提供施展才華的舞臺，人的追求其實可以概括為三個問題：「我是誰？」「我能幹什麼？」「我要怎麼做？」。對於這些問題，我們思考得越早、越清楚，那麼在大學階段的學習目標便會更明確，也有助於將來職業理想和人生價值的實現。如果你現在仍舊迷茫，不妨花幾分鐘想像一下，假如你已經年老，有一個給年輕的自己寫信的機會，你會寫些什麼？可以考慮從下面幾個問題著手：

　　（1）為了擁有滿足、愉快的狀況，你想在未來如何經營你的生活？

　　（2）在未來的日子中，有什麼會阻礙你達到滿足、愉快的狀態？

　　（3）當這些阻礙出現時，你會如何用自己寶貴的特質來協助自己、帶領自己？

　　（4）你希望我如何記得你，希望我如何感謝年輕的你？

給未來的自己寫完信後，希望你能從現在開始對自己的生涯進行一個完整的規劃，在規劃的時候和未來實施的時候請記住：人生是自己創造的。

約翰·霍蘭德（John Holland）曾說過：「預測個人職業選擇的最有效的方法，是詢問這個人想要做什麼。」那屬於你自己的人生是你想要成為的人生，是為自己創造的人生。這需要你能正確地認識自己，瞭解自己的興趣，並將其和自己的專業、職業結合。

一、有效的生涯探索

1. 探索「理想我」與「現實我」

青年學生的自我意識發展，大部分會經歷分化、統一和轉化的過程。分化是自我意識發展的起源，也是自我意識走向成熟的標誌。此時的「我」被分成了「理想我」和「現實我」兩部分。比如有的同學會說「我希望自己是無所畏懼的」，但事實上，他們在與異性講話時會臉紅；「我希望自己有毅力」，但他們做事時卻虎頭蛇尾；「我希望自己樂觀看待每一件事」，他們卻時時為小事生悶氣。於是便帶來了自我意識的矛盾。一般來說，自我意識統一會出現下面兩種情況：

一種是積極的統一。其特性是對「現實我」的認識比較清晰、客觀、全面、深刻。這樣的「理想我」比較正確、積極，既符合社會要求，也符合自己的能力，而且經過努力可以達到，統一後的自我完整而有力，有助於自身健康成長。另一種是消極的統一。其特徵是對自我評估不正確、「理想我」不健全、缺乏實現「理想我」的手段。而其形成的自我是虛弱且不完整的，不能很好地適應社會，也不利於自身發展。因此我們需要全面認識自己、探索自我。

2. 探索職業興趣

興趣是人們積極探究某種事物的認識傾向。伴隨著對事物的認識和獲得，人在情緒體驗上得到滿足，進而產生興趣。興趣以需要為基礎。興趣可分為直接興趣和間接興趣。例如，個體喜歡跳舞、打球，可能是因為這些活動會讓人產生愉悅和滿足感，這就是直接興趣；個體覺得學數學是一件很枯燥的事情，但仍舊會努力學習，這可以幫助自身繼續攻讀學位。這不是活動本身而是這些結果在吸引你學習，這就是間接興趣。直接興趣與間接興趣之間可以相互轉化，也可以相互結合，進而達到調動你積極性的目的。

3. 探索職業價值觀

舒伯認為，價值觀是個人追求的、與職業有關的目標，也是個人的內在需求及在從事活動時所追求的工作特質或屬性，它是人生價值觀在職業問題上的反應。換句話說，價值觀就是一個人對周圍的人、事、物的態度、評價和看法。價值觀一方面表現為價值取向、價值追求，而後凝為價值目標；另一方面表現為價值尺度、價值準則，這成為判斷事物有無價值或價值大小的標準。

我們可以借鑑舒伯的工作價值觀量表來幫助我們理清學業和職業上的價值追求，為選擇職業提供理論依據。該量表可分為三個價值維度：①內在價值維度，指工作本身的一些特徵；②外在價值維度，指與工作內容無關的外部因素，如工作環境、

氛圍、人事關係等；③外在報酬維度，指在職業活動中能獲得的因素，如報酬、地位、福利等。

4. 探索性格類型

性格是一個人在生活中對人、事、自己、外在環境表現出的一致性因應方式，受生理、遺傳、家庭教育、文化、學習經驗等因素交互影響形成的。性格好比自己內心深處那個黑暗房間裡的一個物體，而許多學者探索出的人格理論如同一束束光，從每一個角度照亮你性格的某一點。

目前國際上權威的、使用廣泛的 MBTI 性格類型理論認為一個人的個性可以從四個角度進行分析，用字母代表如下：

驅動力的來源：外向 E—內向 I；

接受信息的方式：感覺 S—直覺 N；

決策的方式：思維 T—情感 F；

對待不確定性的態度：判斷 J—知覺 P。其中兩兩組合，可以組合成 16 種人格類型（見圖 5-7）。該理論深入系統地把握了人的性格，揭示了不同類型的人的不同本能且自然的思維和行為模式。在該理論中我們可知道，同類型的人會有著相似的思維和行為模式，這也解釋了為何不同的人對不同的事物感興趣，不同的人擅長不同的工作。

ISTJ 檢查員型	ISFJ 照顧者型	INFJ 博愛型	INTJ 獨立自主型
ESTJ 管家型	ESFJ 主人型	ENFJ 教導型	ENTJ 統帥型/CEO
ISTP 冒險家型	ISFP 藝術家型	INFP 哲學家型	INTP 學者型
ESTP 挑戰型	ESFP 表演者型	ENFP 公關型	ENTP 智多星型

圖 5-7　MBTI 16 種人格類型

二、科學的生涯決策

決策就是做選擇，我們在生活中基本上一直在做這樣或那樣的選擇，小到選擇讀這本書，大到選擇人生伴侶或職業。請回想一下，你是根據什麼來做判斷的？平時的表現是理性的還是感性的？事情是自己做主，還是交由別人安排？

1. 瞭解自己的決策風格

理性和情感的結合使人們形成了各種不同的決策風格，使我們做出不同的選擇。這種後天在學習經驗中逐漸形成的，並且在決策情景中採用的一致的、習慣性的行為方式就是決策風格。美國職業生涯專家斯科特（Scot）和布魯斯（Bruce）把決策

風格分為五種類型：理智型、直覺型、依賴型、迴避型和自發型。

（1）理智型。

理智型以周全探求和系統分析、評估為特徵。理智型決策風格是比較受推崇的決策方式，強調綜合全面地收集信息、理智地思考和冷靜地分析判斷。但是執拗於理性和計劃有可能產生僵化。

（2）直覺型。

直覺型以依賴直覺和感覺為特徵，比較關注內心的感受。直覺型的決策風格以自我判斷為導向，在信息有限時能夠快速做出決策，當發現錯誤時能迅速改變決策。直覺在環境信息不確定的情況下往往能幫助你做出最佳選擇。但是如果這是你進行判斷的唯一方式，那就比較危險了，因為直覺可能出錯。

（3）依賴型。

依賴型以尋求他人的指導和建議為特徵。依賴型的決策者更願意採納他人的建議與支持，他們往往不能承擔自己做決策的責任，而允許他人參與決策並共同分享決策成果，因此決策者通常會得到他人的正面評價。但是如果個體過度從眾或相信命運就等於放棄了自己的權利，也犧牲了對自己的認可，在看似輕鬆的生活中很容易感到空虛和無力。

（4）迴避型。

迴避型以試圖迴避做出決策為特徵。迴避型的決策風格是一種拖延的方式，面對決策問題會產生焦慮的決策者，往往因為害怕做出錯誤決策而採取這樣的反應。

（5）自發型。

自發型以渴望即刻、盡快完成決策為特徵。自發型的人往往不能夠容忍決策的不確定性以及由此帶來的焦慮情緒。自發型決策者常會基於一時的衝動，在缺乏深思熟慮的情況下做出決策，此類決策者通常會給人果斷或過於衝動的感覺。

就做簡單的決定而言，個體經過思考做出的決策通常比較合理，而當遇到比較複雜的情況時，採用直覺的方式可能更好。

2. 掌握生涯決策方法

生涯決策需要科學的決策方法。因此，想要做出科學的生涯決策，我們有必要掌握一定的生涯決策方法。具體的生涯決策工具和方法有很多，以下我們僅對「生涯平衡單」和「職業組合卡」進行簡單介紹：

（1）生涯平衡單。

生涯平衡單（Janis & Mann, 1977）能幫助我們具體分析每一個可能的方案，把雜亂的想法整理排序，從而做出選擇。平衡單主要是將重大事件的思考方向集中到四個主題上：自我物質方面的得失、他人物質方面的得失、自我精神方面的得失、他人精神方面的得失。

（2）職業組合卡。

職業組合卡是由泰勒（Tyler, 1961）與杜立佛（Doliver, 1967）設計的，他們最初的意圖是測量個別差異，他們認為觀察一個人的個別差異就要看他們的決定以及做決定的過程。它的基本形式是卡片組合。每張卡片正面有一個職業名稱，反面

是有關這個職業的敘述資料。通常在使用過程中,來訪者針對每個職業的喜好做出反應,施測者根據來訪者的反應歸類,經由交互討論,可以幫助來訪者瞭解自己的職業興趣,以及選擇這些職業的理由。

3. 調整決策過程中的心態

一個人的成長成熟和決定息息相關,當你開始自己做出決定,並為之負責時,正是你成熟的表現。仔細探討決策的過程正是正視自己的過程。

(1) 看似「取」實為「合」。

選擇也叫取捨,看似我們討論的決策過程都是教大家「選取」你所喜愛的,但其實真正的結果就是捨棄了眾多其他的可能。決策勢必要取捨,我們想什麼都得到,往往什麼都得不到,為自己負責也意味著能夠承受選擇帶來的喪失。

(2) 目標的堅定與浮動。

新的決策理論提醒我們,其實你堅定了一個目標就意味著失去了其他目標,你越是堅定目標就越難以發現新目標。你可以對目標保持一種不確定性,讓目標保持浮動,圍繞著你想做的事情,根據形勢調整你的目標,這種調整的歷程,反而激發了你的反思力與創造力。

(3) 勇敢與耐心。

總之,決策勢必要冒些風險,沒有絕對安全的選擇。做決定是種技能,當你越敢於自己決定,承擔選擇的結果,就越可以自由地選擇。而在這個過程中,最重要的是我們要理解每個人的成長環境和情緒感受力並不一樣,要對自己保持耐心。

三、生涯目標設定與執行

1. 生涯目標設定

(1) 目標的重要性。

目標是人們想要達到的結果、境況、目的或狀態,是引發我們行為的動力之一。尼克爾斯(Nicholls, 1984)和德韋克(Dweck, 1988)等人提出成就目標理論,按照目標傾向對行為的影響,把目標導向分為掌握目標導向和成績目標導向。在掌握目標導向下,人們專注於當前的學習任務,表現出一種積極的、適應的動機模式,他們能有效地運用深層加工策略,如努力發掘新舊知識之間的聯繫等,面對失敗仍然能夠保持積極情緒,努力不懈。而在成績目標導向下,人們把成敗歸因於自身的能力,成功固然能提高個體的自信,且失敗就容易導致低能評價,個體會產生焦慮、羞愧、沮喪等消極情緒,從而干擾綜合策略的運用。因此,掌握目標更能激發一個人的內在學習動機,產生持久的推動力並促使學生取得更大的成就。

(2) 目標的分類。

個人目標包括社會和家庭生活、興趣愛好、身心健康、職業及個人收入等方面,按照實現的時間順序劃分,可以分成以下五種類型(見表5-2)。我們要瞭解不同目標的特點,這樣才能更好地利用目標管理,從而給我們的生活增添動力。

表 5-2　　　　　　　　　　　　不同的目標類型

目標類型	解釋
長期目標	涉及你想要的生活類型，和事業、婚姻、生活方式有關。在大學期間最好保持這些目標的寬泛性和靈活性，你需要更多的探索
中期目標	5年左右的時間，包括你所尋求的教育類型，或者你對事業的規劃。你對這些目標有一些控制能力
短期目標	可以從下個月開始到1年以後。你可以設立非常實際的目標，並努力實現他們
小型目標	涵蓋1天到1個月的所有事情。你對這些目標具有很大的控制能力，應該使它們盡量詳細
微目標	涵蓋15分鐘到幾個小時的時段。實際上，這些目標才是你可以直接控制的

從表 5-2 中不難發現，目標間是聯繫的。目標形成了一個金字塔形的目標群，相互促進，相互制約。微型、小型和短期目標是金字塔的底座，更接近行動層面，個體完成它們才能逐漸實現中長期目標。中期目標在金字塔的中部，更像是計劃方案，是長期目標的任務分解。而長期目標在金字塔的頂層，是我們對生活的願景，它的實現是金字塔的底層和中間層實現後的結果，同樣也對整個生涯目標群起著決定作用，如果長期的目標不符合自己的內在要求，或者模糊，很可能會產生行動拖延，導致理想目標無法實現。

2. 制訂計劃與執行

（1）制訂行動計劃。

行動計劃就是把目標分解為具體的行動，把長期目標和短期目標聯繫起來。計劃越具體，越能夠落實，目標越容易實現，越能夠避免陷入上文提到的目標設定的陷阱。行動計劃不能只體現在頭腦中或者口頭上，而是要寫下來，把對自己的承諾落實在紙面上更有約束力。計劃實現的關鍵因素之一就是合理性。我們在制訂行動計劃時要特別反思是否圍繞目標進行，綜合考慮自己的期望、能力和時間安排。具體來說計劃的制訂要考慮以下因素：行動計劃要有時間期限，計劃要考慮自己的現實，計劃中的留白。

（2）執行監控與評估。

①開始與聚焦。我們制訂了目標計劃後，事情不會自然進行。為了讓自己動起來，起步越小越好。小的步驟更容易獲得成功，而且就算失敗了也不會給自己太大的壓力，反而更容易實現。

②自控與自我激勵。自控力，即自我控制的能力，是指當個體遇到一些新鮮事物、錢權誘惑、突發事件、感情問題時，對個人的衝動、感情、慾望等進行自我控制的能力。在執行計劃的過程中，我們會遇到分散注意力的誘惑，自控力可以讓我們朝向目標，不至於偏離。

自我激勵是指個體具有不需要外界獎勵和懲罰作為激勵手段，能主動努力去實現既定目標的一種心理特徵。自我激勵是一個人邁向成功的引擎。自我激勵的關鍵是找到真正推動你實現目標的內在動機，即你真正願意從實現這個目標的過程中獲

得什麼，從而擴展個人能力，不斷探索和學習，之後不斷獲得實施過程的反饋，知道自己努力的結果，自我促進。

③監控與評估。我們要對目標實行情況進行監督，既要利用自律不斷調整行為來促進目標的實現，又要根據環境改變計劃。對大學生來說，在實現自己目標的過程中，可以獲得兩個方面的反饋。

一是自我的反思，自己通過任務的進度、親身感受來獲得自己做得怎麼樣的認識；二是把自己的計劃和進度與他人進行分享，獲得來自他人視角的反饋。但是不管是來自自己還是他人的反饋，都有客觀的反饋和主觀的反饋之分，客觀的反饋是基於事實的反饋，這是需要被重視的。

（3）開放與穩定的平衡。

在職業生涯越來越向著無邊界方向發展的今天，就算我們把設定目標和制訂計劃描述得再具體、可操作，實際情況還是避免不了發生變化。如何在多變的職業生涯中保持自己內心的穩定和安全感，是所有人都需要修煉的個人素質。

①對中斷保持開放。

大學還處於人生的探索階段，進行職業規劃的核心目的並不是找到或者實現人生的目標，而是不斷提高能力，進而讓自己有能力在進入職場後實現自己的目標。從這個角度來說，計劃的中斷和重新設計並非壞事。不管你是中斷了自己的實習，還是中斷了轉專業的目標，意味著你對自己又多了一份瞭解：理解哪些是自己不喜歡的，哪些是需要調整的，從而更接近真實的自己。

②學會欣賞自己。

欣賞自己並不是對自己的局限和弱點視而不見，不思進取，而是願意相信自己，願意看到自己在努力實踐的過程中的努力和不容易。個體只有帶著欣賞自己而不是挑剔自己的眼光，才更容易看到自己在追求目標過程中展現的能力和偏好，這些都將成為未來職業生涯的財富。

③對嘗試保持熱情。

為達成目標，我們需要提高自控力，保持專注，要對目標進行管理。但是從大學期間心理發展任務的角度說，個體勇於嘗試新的挑戰、新的領域也是非常重要的探索。在大學期間，勇於探索和嘗試顯得尤為重要。編者在此鼓勵大家不斷地學習，再學習，不斷在實踐中累積和使用自己的經驗，讓自己的選擇可持續發展。

連結：MBTI 性格理論

MBTI 性格理論起源於心理學家榮格提出的心理類型理論。美國心理學家布里格斯和邁爾斯母女在榮格心理類型理論的基礎上，發展出了 16 種性格類型。MBTI 理論認為一個人的性格可以從四個角度進行分析，用字母代表如下：

驅動力的來源：外向 E—內向 I；

接受信息的方式：感覺 S—直覺 N；

決策的方式：思維 T—情感 F；

對待不確定性的態度：判斷 J—知覺 P；

以上兩兩組合，可以組合成 16 種性格類型。實際上這 16 種類型又歸於四個大類之中：

1. SJ 型——忠誠的監護人

具有 SJ 偏向的人的共性是有很強的責任心與事業心，他們忠誠、按時完成任務，推崇安全、禮儀、規則和服從，他們被一種服務於社會需要的強烈動機驅使。他們尊重權威、等級制度，持保守的價值觀。他們充當著保護者、管理員、穩壓器、監護人的角色。

在中國傳統文化人物中，孔子就具有這樣的特質。孔子開創儒學，編纂《春秋》，修訂六經，提倡以道德和禮教治理國家。在現代社會裡，很多在企業、政府等機構裡兢兢業業工作的人都具有這樣的特質。

2. SP 型——天才的藝術家

有 SP 偏向的人有冒險精神，反應靈敏，在技巧性強的領域中游刃有餘，他們常常被認為是喜歡活在危險邊緣尋找刺激的人，他們為享受現在而活著。

我們熟悉的歌星麥當娜、籃球魔術師約翰遜、音樂大師莫扎特等都是具有 SP 性格特點的例子。一些極限運動員、很有創意的藝術家都可能具備這樣的特質。

3. NT 型——科學家、思想家的搖籃

有 NT 偏向的人有著天生的好奇心，喜歡夢想，有獨創性、創造力、洞察力，有興趣獲得新知識，有極強的分析問題、解決問題的能力。他們是獨立的、理性的、有能力的人。

除了科學家、思想家，一些具有開拓創新精神的企業家也具備這樣的特質，如馬雲。馬雲在創業初期，在互聯網技術才開始萌芽階段，就具備超強的洞察力，堅持自己的夢想。

4. NF 型——理想主義者

有 NF 偏向的人在精神上有極強的哲理性，他們善於言辯、充滿活力、有感染力、能影響他人的價值觀。他們幫助別人成長和進步，具有煽動性，被稱為傳播者和催化劑。

中國現階段有不少領域內優秀的人，逐漸會成為這樣的「精神領袖」。比如，中國著名的小說家王小波，他的創作就對中國廣大熱愛文學的青年產生深刻的影響。他的文字具有極強的哲理性，散發著活力和感染力。

大部分人在 20 歲以後會形成穩定的 MBTI 類型，此後基本固定。當然，MBTI 的類型會隨著年齡的增加、經驗的豐富而發展完善。根據 MBTI 理論，每種個性類型均有相應的優點和缺點，有其對工作環境、崗位有不同要求。個人使用 MBTI 進行職業生涯開發的關鍵在於如何將個人的人格特點與職業特點進行結合。

小結：

本節主要介紹了大學生在生涯規劃中面臨的任務。我們在進行生涯規劃時首先要進行自我探索和職業世界探索。自我探索主要包括認識「理想我」和「現實我」、職業興趣、性格類型和職業價值觀，對職業世界的探索主要是瞭解不同行業的前沿

以及其發展趨勢。種種探索之後,個體還要瞭解自己的決策風格,掌握科學的決策方法,做出最優的生涯決策。在做出規劃後,個體還要有切實的執行措施,以保證規劃的落實。

思考題:

1. 回想你大學期間的選擇,在每一個選擇中,你是根據什麼原則或基本價值觀做出決定的?在什麼樣的情況下,你可能改變決定?

2. 職業興趣對個人職業發展有何意義?談談你的職業興趣。

3. 想想是否每次都是你自己決定了自己的人生選擇?如果不是,那麼影響你決策的因素有哪些?

第三節　大學生生涯規劃問題與應對策略

教育部原副部長吳啓迪女士曾在採訪中談及「大學生就業難」這個話題。吳女士說:「在這個時候就說大學生已經太多了,他們找不到工作了,我覺得不符合邏輯。大學生找不到工作,其實是一個結構上的問題。有些地方崗位沒多少,但是大家都想去,有的地方很需要人才,但大家又不願意去。這個問題能怪年輕人嗎?我覺得不能怪他們。他們想的很多問題都很現實,不光是工資高低的問題,還考慮到將來,如將來家庭怎麼樣啦,孩子上學怎麼樣啦。我覺得大家考慮這類問題很自然,不能總說他們沒有理想、抱負不夠高什麼的。」

大學生就業難的原因有很多,其中一個重要原因就是大學生在生涯規劃這一環節出現了問題且沒有得到解決。大學是我們進行自我探索、改變和成長的一段時期,我們的角色也逐漸轉變為規劃者和決策者。這一時期,如果個體生涯探索的經驗不足,對自我和外部世界缺少正確的認識,就很可能出現各式各樣的問題。那大學生在生涯規劃方面到底存在哪些問題?我們又該如何積極應對呢?

一、大學生生涯規劃存在的問題

1. 自我認知不足

希臘的德爾菲神廟刻著這樣一句話:「認識你自己。」在進行職業規劃時,每個人都要進行自我分析,要正確、全面、客觀地評價自己、認識自己,探索自己的能力、興趣、性格以及價值觀。個體也需要對自己所學的專業、愛好特長、優劣勢以及實際能力有一個完整準確的把握,知道自己喜歡做什麼、可以做什麼。這樣一來,個體在進行職業規劃時就可以揚長避短,進行合理定位。

不少大學生自我認識的內容片面且方式單一,可能妄自菲薄,過低評價自身素質和競爭力;可能自命不凡,認為自己在各方面都非常優秀。自卑心理和自負心理是大學生不能正確進行自我認知的兩種典型表現。無法完整準確地認識自我會極大阻礙生涯規劃的進行,致使生涯規劃出現偏差,影響個人未來的職業發展道路。

2. 對職業世界認識不足

如果認識自我是「知己」的過程，那麼對職業世界的探索就是「知彼」的過程。生涯規劃離不開職業世界，離不開整個大的社會環境。部分大學生對職業世界缺乏動態認識，不能及時把握現實職業環境的變化發展。例如，隨著科技不斷進步，互聯網行業迎來發展熱潮，許多大學生期望畢業後可以進入互聯網行業工作。但當他們戰勝了眾多競爭對手，接觸這個行業的具體工作時，卻發現自己不喜歡，最後只好選擇更換工作。還有部分大學生存在職業歧視或者根本不瞭解新興勞動力市場，典型表現就是一些熱門職業過熱，而一些職業卻無人問津，這就造成了結構性失業。上述情況的出現正是由於當代大學生對職業世界缺乏準確的、動態的認識。

在這個經濟飛速發展、科技不斷變革的時代，職業世界是不斷變化著的。如果大學生用靜止的觀點看待外部環境，對科技發展、社會需求及政策法規等保持傳統的刻板印象，那麼就會導致大學生就職後突然發現現實職業與自己想像中的職業相差甚遠，影響個人的職業生涯發展。

3. 規劃意識弱且行動力差

「凡事預則立，不預則廢。」職業生涯規劃的生命週期理論將個體生命週期分為五個職業生涯階段：成長與探索期、建立期、職業中期、職業後期和衰退期。這些階段是連續的、相互影響的，前一個階段的成功與否勢必影響下一個階段。大學生正處於生涯探索期，這一階段對職業的定位以及對職業能力的培養關乎未來職業生涯的發展方向，是至關重要的一個時期。當前，部分大學生對職業生涯規劃有一定的瞭解，但缺乏自我規劃的主動性。在職業規劃的過程中，常常存在簡單複製他人職業生涯的問題。這就使職業規劃缺少獨特性與創新性，影響生涯規劃的實際效果。

還有一部分大學生有了切實的計劃與準備，但未能落實到具體行動當中。這其實是一種怕苦心理。一些大學生沒有經歷過艱苦生活的磨煉，缺乏艱苦奮鬥的精神。他們不能做到堅持不懈，結果往往也是不盡如人意的。長此以往，這些同學就變成了所謂的「常立志而一事無成者」。任何職業規劃的實現都要有具體的行動措施來保證，沒有行動，職業規劃永遠只能是一個無法實現的美夢。

二、如何應對生涯規劃存在的問題

1. 積極進行自我探索

自我探索是個人生涯的關鍵。大學生在生涯規劃中，可以借助一些科學測試、專業人士的指導，結合周圍人的評價，全面瞭解個人的內在因素（如需要、興趣、價值觀等）以及生涯信念。個體通過綜合考慮職業性格、職業技能、職業興趣和職業價值觀，形成全面科學的自我分析，選定最適合自己的職業生涯道路。

（1）自我評估內容。

個人價值觀評估：價值觀是一種持久的信念和原則，一個人的價值取向是決定其職業生涯方向的重要指標。但當個體所處的生涯發展階段或社會環境不同時，價值觀可能發生變化。因此，價值觀需要不斷被審視和澄清。

興趣與特長評估：興趣和特長被認為是預見事業是否成功的兩大心理特徵。研

究表明，如果一個人對某種工作感興趣，他能夠發揮出全部才能的80%~90%，而且可以長時間保持高效率；反之則只能發揮全部才能的20%~30%且效率低下。特長即特別的長處，是完成某特定活動所具備的潛在能力。如果個人從事與自己興趣特長相吻合的職業，往往可以較快取得成功。

專業知識與能力評估：專業知識即內容性知識，常常與我們的專業學習、工作分工直接相關。能力是完成一項目標或者任務所體現出來的綜合素質。專業知識與能力可以讓我們明確自己能做什麼，以及當我們盡力工作時能夠做到什麼程度。

(2) 自我評估方式。

自我的經驗評估：自我的經驗評估包括兩方面內容。一方面來自自己過去的經驗、體驗，另一方面則是來自別人對自己的評價。我們可以通過這兩部分的內容評估自己的興趣愛好、特長、價值觀、個性、能力等。我們可以問自己以下幾個問題：你曾經做過什麼？你最成功的經歷是什麼？你周圍的人如何評價你？

關於第一個問題，我們可以梳理自己在學校擔任的一些職務，參加過的學生組織等，從側面反應個人的綜合素質狀況。關於第二個問題，我們可以對自己最成功的經歷進行分析，挖掘自己的閃光點與動力之源。關於第三個問題，我們可以將別人對自己的評價與自我評價進行對照，形成一個更客觀的自我認識。我們可以利用這些過去的經驗選擇，推斷未來的工作方向與機會。

科學測試評估：個體對自己的認識往往帶有主觀色彩。因此，為了更客觀準確地認識自己，我們可以借助一些科學的測量手段，對自己的能力、興趣、性格、價值觀等進行評估。常用的測試包括明尼蘇達多項人格測試（MMPI）、艾森克人格問卷（EPQ）、韋克斯勒成人智力量表（WAIS）、庫德職業興趣調查表（KOIS）、霍蘭德職業傾向量表等。

2. 主動探索職業世界

當前職業環境是複雜多變的。大學生要打破刻板印象，主動瞭解目標行業的前沿，經過周密分析，預測未來發展趨勢，制定合理的生涯規劃，有針對性地提升個人能力。在執行生涯規劃過程中，大學生還要根據動態信息即時調整自己生涯規劃中過時的部分，不斷填充新的內容。下面主要介紹職業環境評估的內容以及探索職業世界的方法。

(1) 職業環境評估。

行業環境評估：個體對目標行業的環境分析應當包括行業自身發展狀況、行業發展優勢、行業現存問題、國內外形勢對行業的影響以及行業未來發展趨勢等。

職業評估：個體在進行職業規劃時要考慮職業所在區域以及崗位特徵。在考慮職業所在區域時，個體要綜合分析當地的自然環境、社會環境、政策環境和個人偏好等。不同的職業崗位對從業者有著不同的能力和素質要求，我們可以比較一下自己與目標職業要求之間的差距，然後有針對性地進行提高。

企業環境評估：企業是從業者直接生存和發展的土壤。企業環境評估包括企業在行業中的地位、發展前景、企業的文化與制度、企業的運作模式等。通過對企業環境進行分析，個體可以初步預測自己以後在企業的發展空間以及自己的職業目

在該企業中實現的可能性。

（2）探索職業世界的方法。

情報整合：我們可以從眾多渠道收集職業世界的相關信息，然後去粗存精、去偽存真，對這些繁雜的信息進行整合。大學生需要在生活中處處留心關於職業世界的信息，並且有意識地進行收集、整合，這些看似不起眼的信息都可以幫助你逐漸瞭解職業世界。

實際體驗：在進行職業世界探索時，個體可以到目標職業的工作地點實地參觀，觀察工作人員實際的工作狀態。還有一種名為「工作跟隨」的探索形式，即在感興趣的職業崗位上選擇一名員工，通過一天或一段時間的跟隨，觀察他是如何開展工作的，我們在這一過程中也可以獲取相關職業的各種信息。通過實際體驗這種方式，可以親身體驗職場的真實狀態，從感性的角度對目標職業有一個直觀認識。

人物訪談：人物訪談是個體通過向已經參加工作的目標人物進行訪談，直接瞭解工作環境、工作內容、工作待遇等信息。獲得訪談機會以及訪談的過程也是非常重要的學習經驗。

3. 提升生涯規劃能力

想要提升生涯規劃能力，個體需要掌握一定的生涯規劃方法。具體的生涯規劃方法有很多，下面我們僅對「5W法」進行簡單介紹。

5W法採用歸零思考的模式，設計了五個問題，個體通過自問自答對「自我、目標、能力、條件、計劃」這五個方面進行探索，進而理清自己設計生涯規劃的思路，最終做出自己的生涯規劃。

這五個問題分別是：

Who am I?（我是誰？）

What will I do?（我想做什麼？）

What can I do?（我會做什麼？）

What does the situation allow me to do?（環境允許我做什麼？）

What is the plan of my career and life?（我的職業與生活規劃是什麼？）

第一個問題涉及自我評估，我們需要深入瞭解自己的生理條件、心理條件、價值觀、性格、能力等。同時我們也要明確自己扮演的社會角色、理清社會關係，進而找到我們在社會關係網中所處的位置。

第二個問題涉及自我目標。我們可以回憶一下從小到大真心希望從事的職業，並對這些職業按照意願強弱進行排序。同時我們還要深入瞭解整個大的社會環境與職業世界，避免過度主觀、盲目決策。

第三個問題涉及自我能力。個體將自己證實過的能力和自己認為尚未開發的潛力一一列出來，並根據能力強弱進行排序。個體根據自身能力揚長避短，選擇真正適合自己的職業。

第四個問題涉及資源條件。資源條件包括兩部分：一部分是客觀條件，如國情、政策等；另一部分是主觀條件，即自己可以利用到的所有資源和條件，如親戚關係、領導態度等。

回答完前面四個問題，第五個問題涉及的具體生涯規劃也就浮現出來了。我們剩下要做的就是將長遠目標細化為階段性目標，注重計劃的具體性和可操作性。

4. 將規劃轉化為行動

歌德曾說過：「僅有知識是不夠的，我們必須應用；僅有願望也是不夠的，我們必須行動。」為實現職業規劃，大學生應當充分利用好自己的四年大學時光。一般我們將大學分為四個階段：大一為試探期，大二為定向期，大三為衝刺期，大四為分化期。

在試探期，學生可以通過一些測評、與老師溝通等途徑進行自我評估以及尋找職業方向，也可以通過瀏覽各種職業網站初步瞭解目標職業或者與專業對口的職業。在定向期，學生應當以提升個人素質為主，可以參加社團、學生組織以鍛煉自己的各種能力。也可以嘗試著在老師指導下，加強對專業課的學習或者輔修一些其他專業知識來充實自己。在衝刺期，學生主要任務是提高自身的求職技能，尋找實習，並確定自己是否要考研，是否要出國留學。在分化期，生涯規劃方向已經確定。這一階段可以對前三個階段進行總結，檢驗一下自己確立的職業目標是否明確，準備是否充分。

以上僅僅是大學四年的計劃，更為重要的是進入工作崗位後的計劃。面對經濟社會的飛速發展，僅制定一個長遠規劃顯然是不實際的，我們需要即時根據自身情況以及社會發展趨勢對規劃進行調整、補充。我們應將整體規劃分解，制定出階段性規劃並將其細化，再通過不懈努力一步一步去實現。個體只有在行動中不斷分析自己與目標職業要求的差距，提高個人能力，才可能按照制定的規劃步入職業生涯的正軌。

連結：大學生常見的關於生涯規劃的錯誤認知

（1）一個人一輩子只能有一個適合他的職業。
（2）工作能夠滿足一個人所有的需求。
（3）工作職位越高，我就越有價值。
（4）有一份心理測試能夠準確地預測我適合做什麼工作。
（5）父母的經驗更豐富，因此他們更清楚我適合什麼樣的工作。
（6）一個人必須做他喜歡的工作。
（7）如果想要成功，就不能把精力放在家庭方面。
（8）這個世界上，有些職業根本不適合女性，也有一些職業根本不適合男性。
（9）這個世界變化太快，製作生涯規劃是不現實的。
（10）我的生涯規劃做得很好，我必須按照這個規劃來行事。
（11）我現在做不了決定，還是等到未來再說吧，船到橋頭自然直。
（12）在職業發展中，一個人只能有一次最重要的機會。

錯誤的認知會導致錯誤的行為，如過於焦慮、逃避、不做決定、無法為自己的生涯規劃負責。大學生需要不斷反思和審視自己的思維，看看是否有不合理的想法，是否存在極端、僵化、過度概括等問題，然後在批判性思維的指導下，集思廣益，

進行認知調整，更靈活、全面地處理問題。

小結：

大學生就業難的原因有很多，其中一個重要原因就是大學生在生涯規劃這一環節出現了問題且沒有得到解決。當代大學生在生涯規劃方面存在一定的困難，包括不能正確進行自我認知、對職業世界缺乏動態認識、缺少自主規劃意識且行動力差。要更好地應對生涯規劃的問題，大學生需要積極進行自我探索，主動探索職業世界，提升生涯規劃能力，將規劃轉化為行動。個體只有在行動中不斷分析自己與目標職業要求的差距，提高個人能力，才可能按照制定的規劃步入職業生涯的正軌。

思考題：

1. 請想一想你在生涯規劃的過程中遇到了哪些問題？你是如何解決的？
2. 你探索職業世界的方式是什麼？你對自己的目標職業瞭解多少？
3. 你有沒有主動地進行生涯規劃？如果有，你是否按照規劃切實行動了呢？

第五章
大學生人際交往

第一節　大學生人際交往概述

　　馬克思曾說過：人是各種社會關係的總和，每個人都必須存在於各種社會關係中。良好的人際關係是大學生保持身心健康的重要條件。

　　美國心理學家沙赫特曾做過「人際剝奪實驗」：讓參與者在一個與外界完全隔絕、沒有任何社會信息流入、有空調但是沒有窗戶的房間裡盡量長的時間。參與者每小時可獲得 15 美元（在當時不是小數目）。一開始大部分參與者都認為任務非常容易，簡單得像「天上掉錢」，但是其中一個人兩小時後就退出了實驗，另外三個人待了兩天，時間最長的一位待了八天。這位待了八天的人出來說：「如果讓我在裡面再多待一分鐘，我就會瘋掉」。實驗結果表明：人作為社會動物，離不開與別人的交往。

一、人際交往的含義

　　人際交往是指人們在社會生活中交流信息、溝通感情、相互作用和相互知覺的過程，它表現為人與人之間的心理距離，反應著人們尋求滿足需要的心理狀態。

　　人際交往從古至今都是人們生活中必不可少的活動之一，社會是一個大家庭，每個人都不可能孤立地存在。與家人、親戚的親情交流，與同學、朋友的友情交流，與伴侶的愛情交流，等等，這一切的交流活動都是在處理人際關係，都需要我們與他人進行人際交往。

二、人際交往的階段

　　人們從互不相識到建立親密關係，需要一個由淺入深的發展過程。從交往的深度來看，個體往往會經過定向、情感探索、情感交流和穩定交往四個階段。

　　1. 定向階段

　　定向階段是人際交往最初的階段，這一階段的人們對交往對象具有很高的選擇性。個體不會與遇到的人都建立人際關係，通常只有那些具備某種會引起我們興趣的人，才會引起我們的特別注意，從而開始進一步的瞭解與溝通。

定向階段決定了個體選擇誰作為交往對象，包含著對交往對象的注意、抉擇和初步溝通等多方面的心理活動。若在這期間未能形成有效溝通和交往，個體僅處在觀察階段，不會存在相互的情感捲入。

2. 情感探索階段

在經歷了定向階段後，雙方開始了最初的表面接觸。一方或雙方會主動與對方接近，出現相約上課、參與活動、聊天等一般性的人際接觸。但此時幾乎沒有情感捲入，雙方的話題會盡量避免涉及對方私密性的領域，自我表露也會避開自己內心深處的方面。

情感探索階段決定了是否與對方深入發展關係。若在這期間共同情感領域得到發展，溝通的深度與廣度也會逐漸增加，交往的雙方會開始探索在哪些方面可以建立真實的情感聯繫。

3. 情感交流階段

當發展到情感交流階段時，雙方的關係已經開始出現實質性的變化。雙方開始有了更多的情感捲入，彼此間建立起了信任和安全感，願意進行思想和情感的交流、接納和理解，關係較為密切。當個體遇到困擾時，會期待對方陪同並給予情感支持；若關係破裂，個體會出現焦慮、痛苦等負性情緒。

情感交流階段決定了個體與對方的關係是否長遠發展。雖然在這一階段雙方已經建立較為親密的情感關係，但是各人性格和處事方式不同，時空位置和地理環境的變化會使雙方產生誤會與嫌隙。

4. 穩定交往階段

當情感交流階段持續且穩定之後，雙方關係進入下一階段，可能會成為莫逆之交或親密伴侶。在這個階段，彼此之間能給予對方足夠的安全感和心理上的相容性，允許對方進入自己高度私密性的個人領域，分享自己的生活空間和財產。

在實際生活中，只有一部分關係能夠達到這一階段。許多關係並沒能在第三階段的基礎上進一步發展，僅僅在第三階段的水準上簡單地重複。

三、人際交往的意義

人際交往是個體獲得友誼，分享思想，交流情感、觀念和信息的重要方式。一旦人際交往方面的需求無法滿足，個體就會失去安全感，幸福指數就會下降，並且影響身心健康。開篇提到的人際剝奪實驗便證明了社交對於人類的重要性。

1. 人際交往有利於完善自我意識

人際交往能幫助我們更加全面和客觀地認識自己，從而更好地實現自我成長和自我完善。個體在成長過程中離不開同伴，只有在人際交往中共同學習、集思廣益、取長補短，才能拓寬眼界、彌補自身的不足。雙方會從對方的言談舉止中認識對方，並從對方對自己的反應和評價中重新認識自己。在這一個過程中，個體會逐漸和志同道合、興趣相投的人成為親密的朋友，也就是古話常說的「物以類聚，人以群分」。

只有對他人認識全面，對自己認識深刻，我們才能得到別人的理解、同情、關

懷和幫助，自我完善才可能實現。大學生可以在與他人的相處過程中，參考他人的反應，更清楚地認識自己的價值和優缺點，不斷發展和完善自我意識。

2. 人際交往有利於個體的身心健康

現實療法的心理學家威廉·格拉瑟認為，個體所有的心理問題都是缺乏滿意的人際關係造成的。一項超過30萬人參與的綜合調查顯示，與他人交談可以減少孤獨感和隨之而來的疾病；一天僅需短短十分鐘的社會交往，就能改善個體的記憶力，並增強智力功能；與家人、朋友有著密切聯繫的社會個體，其壽命比社會孤立者平均長3.7年。

人們最重要的支持是來自周圍親人、朋友等重要他人的關心與理解。融洽的人際關係能使人心境保持輕鬆平穩、態度樂觀，不良的人際關係則會使人產生焦慮、不安和抑鬱，甚至驚恐、痛苦和憤怒。在日常生活中，人際關係緊張的大學生，其學業不但容易受阻，而且情緒起伏大，極易陷入痛苦的情緒中。

3. 人際交往有利於促進個體的社會化

人們在社會中擔任著不同的社會角色，承擔相應的責任，並構建出錯綜複雜的關係網路。人際交往是社會發展的必然產物，也是社會發展的基本前提。身處社會中的個體，通過人際交往不斷成長，獲取將來在社會立足和為社會做貢獻的基本技能。

良好的人際交往能力是個體社會化的起點。處於青年期的大學生，思想活躍、精力充沛，這一時期的人際交往能使得他們進行信息交換，感情聯絡，建立歸屬感和認同感等，對大學生目前的生活狀況，甚至是往後的目標實現都有著不可代替的意義。

四、人際交往的理論

1. 社會交換論

社會交換理論由美國社會學家霍曼斯在1958年提出。該理論認為，人際交往實際上類似於商品交換，不僅是特質的交換，還包括愛、聲望、知識、服務等精神的交換。在該理論的框架中，交往中的付出稱為損失，交往中的得到稱為收益。霍曼斯認為每個人都希望收益最大化、損失最小化。而人際關係便是個體或者集體彼此尋求滿足的需要狀態。人們得到的好處越多，相應的行為就會被不斷強化，從而持續出現，成為一種習慣甚至是本能。

基於社會交換理論的角度分析，為了吸引別人和你交往，你就要證明自己也有吸引力、有與他人交換的價值。朋友之間的交換可以是不同層面的。有的人看中情感方面的交換，互相給予溫暖、理解和支持；也有人看中精神方面的交換，志同道合就是指這樣的關係，彼此對未來、對世界的看法保持高度的一致；還有人看中能力、資源的交換，那些在人群中擁有卓越能力的人，總是不缺乏朋友。因為別人都會因他高超的能力仰慕於他，希望與之靠近，學習、交換彼此有價值的部分。在大學期間，每一個同學都有機會開發自己，培養自己，讓自己擁有維繫人際關係的重要價值和能力。

2. 人際需要的三維理論

美國社會心理學家舒茨提出人際需要的三維理論。他認為，當人們聚集在一起的時候，有三種基本的需要，即包容需要、支配需要和情感需要。這三種基本的人際需要決定了個體在人際交往中所採用的行為，以及如何描述、解釋和預測他人行為。

包容需要指個體想要與人接觸、交往或隸屬於某個群體，與他人建立並維持一種滿意的相互關係的需要。支配需要指個體控制別人或被別人控制的需要，是個體在權力關係上與他人建立或維持滿意人際關係的需要。情感需要指個體愛別人或被別人愛的需要，是個體在人際交往中建立並維持與他人親密的情感聯繫的需要。

人際需要三維理論中的「包容」「支配」和「情感」三因素都是在人際交往中被慢慢培養和提高的，孤立的環境不需要「包容」，不可能出現「支配」行為，更不可能有「情感」交流。因此，在良好的人際關係中，個體需要滿足以上三種需要的基本條件。

3. PAC 理論

PAC 理論由加拿大心理學家伯恩提出，又被稱為交互作用分析理論。該理論認為，兩人在相互交往時都會處在某種狀態中，可以將這些不同的狀態歸納為三種自我狀態，分別是父母自我狀態、成人自我狀態、兒童自我狀態。

父母自我狀態就是個體在生命早期和父母的互動中，內化了父母的狀態而發展出來的穩定的特徵。因為父母對嬰幼兒主要提供身心的照顧和行為規範的指導，個體在長大後，也會內化這兩個部分，表現在人際互動中，既可能呈現出著眼於對方生理、心理等需要，提供溫暖、支持、幫助、理解的養育型父母自我狀態，又可能呈現出著眼於對方是否遵守規則、秩序，是否符合社會規範、良心的控制型父母自我狀態。

成人自我狀態是一個人在成長的過程中，通過與現實環境的不斷互動，而發展出來的理性、根據現實做合理判斷的狀態。這種狀態反應出個體對環境要求的客觀評價，是有能力區別父母所灌輸的觀念及自己所體驗的觀念，並建立思考觀念的過程與結果。

兒童自我狀態是一個人從嬰兒時就有的自我狀態，我們在不斷成長的過程中保留了這些狀態。當個體處於嬰幼兒期，既有兒童愉快、自由、創造性的天性，又有聽話、乖巧和順從的部分。這兩個部分都被保留了下來，呈現在現在的人際互動裡，就表現為自由自在、自我中心、投入的自由型兒童自我狀態，以及遵守規則、順應配合的適應型兒童自我狀態。

成人自我狀態、父母自我狀態和兒童自我狀態，是我們每個人在與人交往時都會展現出的狀態。只不過在不同的情景、不同的對象和不同的身心狀態下，這三種狀態出現的比例程度有所差異。對大學生而言，會有一個心態的適應和轉變的過程。在這個階段，我們在學習、社會實踐方面需要更多的使用成人自我狀態，以更加理性的方式面對和解決問題。同時，每一種自我狀態都是不可或缺的。比如，在與朋友玩耍時，個體能夠徹底放鬆，像孩子一樣自在快樂；在室友生病的情況下，個體

能夠提供關懷和照顧，像父母一樣帶給對方安全感。重要的是，個體要知道在什麼情境下、什麼角色中使用何種自我狀態。

連結：人際交往中的黃金法則：像你希望別人如何對待你那樣去對待別人

在心理學上，有這樣一個人際交往的交互原則：決定一個人是否喜歡另一個人最強有力的一個因果關係是，另一個人是否喜歡他。人際交往中，喜歡與厭惡是相互的，你會發現，那些喜歡你的人，你往往也喜歡他們。而對你冷淡和疏遠的人，甚至厭惡你的人，你的反應也是相應的。

心理學家曾做過實驗，互不相識的被試者被分別安排參加一系列合作性活動。每次活動以後，一名研究者的助手（偽裝為被試者）會對研究者評價其他被試者，或誇獎、或抱怨、或先褒後貶、或先貶後褒，並讓各組被試者聽到。

最後，被試者自己選擇下一階段實驗的合作者時，受到表揚的被試者，都傾向於選擇原來的夥伴（研究者的助手），而受到抱怨的被試者，則傾向於拒絕選擇原來的搭檔（研究者的助手）。

心理學上對此的解釋是，任何人都有保持自己心理平衡的穩定傾向，會要求自身同他人的關係保持某種適當性、合理性，並根據這種適當性、合理性使自己的行為以及和別人的關係得到調整。因此，當別人對人們做出一個友好行為，如表示接納和支持時，人們會感到「應該」對別人報以相應的友好應答。這種「應該」的意識，會使人們產生一種心理壓力，迫使人們也表示相應的接納行為。否則，人們的行為就是不合理的，會妨礙自己以某種觀念為基礎的心理平衡。

因此，在生活中，當我們對別人做出了一個友好的行為，對別人表示接納以後，我們也會產生一種要求別人做出相應的回答的期望。如果別人的行為偏離了我們的期望，我們會認為別人不友好，不值得我們友好對待，從而產生一種不愉快的情緒體驗，產生排斥的情緒。支持別人，是贏得別人的必經之路。

沒有人會無緣無故地喜歡你，即使一個人能力再強，再有魅力，如果對周圍人總是表現出一副冷若冰霜、目中無人的樣子，這個人的人際關係也會出現危機。因此，要想建立良好的人際關係，個體要表現出對他人的尊敬和喜愛，主動與人交往，肯定他人的價值和優勢，學會換位思考。

小結：

人際交往是指在共同活動中，個體之間彼此交流思想、感情、知識等信息的過程。人際交往的發展一般會歷經由表及裡、由淺及深的複雜過程，分為定向階段、情感探索階段、情感交流階段、穩定交往階段。人際交往有利於完善個體的自我意識、有利於個體的身心健康和促進個體的社會化。

美國社會學家霍曼斯提出社會交往理論：人際交往實際上類似於商品交換，這不僅是特質的交換，而且是愛、聲望、知識、服務等精神的交換。這個理論對社會交往中的報酬和代價進行了分析。社會心理學家舒茨提出人際需要的三維理論：每一個個體在人際互動過程中，都有三種基本的需要，即包容需要、支配需要和情感

需要。加拿大心理學家伯恩提出 PAC 理論：個體的個性由三種心理狀態構成，即父母（Parent）、成人（Adult）和兒童（Child）這三種狀態。

思考題：
1. 請用人際交往理論分析你自己體會最深的一次人際交往實踐。
2. 影響人際交往的因素還有哪些？
3. 如何運用你所學的人際交往理論和方法處理宿舍人際關係？

第二節　大學生人際交往特點及問題

在上大學以前，很多學生的生活是被家長和老師安排好的，自己能夠支配的時間不多，人際關係的範圍也局限於同班同學。這既是一種保護，也是一種限制。當同學們把主要的精力放在學習上時，人際交往中的問題也被隱藏起來。進入大學後，每個大學生需要對自己的生活和學習進行更多的自主安排，和來自五湖四海的同學和室友相處，自己還要去面對和處理一些事情，和更廣泛的人打交道。在這個過程中，人際交往的範圍越來越廣泛，人際交往的影響因素也越來越複雜。總之，大學階段的人際交往，有其自身的特點和常見的問題。

一、大學生人際交往的特點

當代大學生的人際交往，無論是個體性的人際交往，還是群體性的人際交往，均受身心發展水準、群體規範與活動方式以及社會文化環境的影響，從而表現出一些典型特點：

1. 交往意識的迫切性

當代大學生在追求人際關係的個體性交往中，表現出強烈的迫切性，表現為大學生對人際交往的強烈需求，渴望與人交往。大學生在初入大學的新鮮感淡化之後，失落感和孤獨感就會愈加明顯，這個時候他們非常希望得到周圍人們的關心、體貼、信任和理解，尤其是來自於室友和同班同學的友情。

2. 交往對象和交往內容的開放性

大學生思想活躍、情感豐富，為了更好地認識社會、適應社會，他們在人際交往中持有積極的心態，主動勇敢地與他人進行交往。首先，這表現在受到社會的發展和來自多方面相關因素的影響後，大學生對於與異性交往的看法會比高中階段開放；其次是大學生的交往範圍較寬，校際之間的交往也很頻繁，與陌生人的交往也更加落落大方。

3. 交往方式的多樣性

現代計算機、通信、網路技術為當代大學生的交往提供了先進的信息傳遞手段，為大學生在傳統的交往方式基礎上又增加了許多新的內容，打破了時空的局限，開闢了超時空的廣闊天地，大部分的學生不再抱有狹隘的交友觀念，轉而追求建立更

加廣泛、多樣的人際關係。

二、大學生的人際交往類型

個體總是處於一定的社會關係中，並扮演著不同的角色。個體在家庭關係裡扮演子女的角色，在師生的關係中扮演學生或者老師的角色，在同學的關係中可能扮演著好友或者普通朋友的角色，在戀愛關係中扮演著情侶或未來人生伴侶的角色。依據不同的人際交往類型，大學生的交往也存在著不同的方式。

1. 親子交往

親子關係是一個人最重要的關係，也是人們生命過程中最早參與、一生中最為持久的人際關係。進入大學階段，我們與父母的交往也會隨之發生變化。大學生活是住宿生活，在物理距離上，我們遠離了父母的照顧。很多大一的新生會在剛進入大學時有較強的思鄉情緒，或者過於想念父母，導致很難融入大學的集體生活。這種時候，作為大學生要更積極主動地轉變自身角色，意識到自己與父母的分離是一個人邁向獨立的必然歷程。

心理學家馬勒提出的分離個體化階段，指孩子在 6 個月到 3 歲這個階段，不再老老實實地待在母親懷裡，而是想要掙脫母親的懷抱，要看世界或周圍其他的人，開始探索周圍的環境。其實分離個體化階段不僅在幼兒時期發生，也會持續終身。大學生需要更多地在心理上與父母分離，更多地進行自主自立、自我負責。在很多重要的事情上，大學生需要自己收集資料、尋找資源、徵集多方面意見，在這個基礎上去思考和抉擇。而不再像過去那樣更多地聽從父母的安排。同時，大學生也要站在父母的立場上理解他們，不要貿然否定父母。總之，大學生與父母的交往，是一個從依賴到不斷獨立的過程。

2. 師生交往

師生關係在大學生關係中占據了一定比重。大學時期是人格發展的重要時期，大學教師不僅是知識的傳授者，還可能是大學生的人生引導者。大學學習方式的特點，決定了大學生與老師之間的交往沒有過去那樣頻繁和密切，大學老師與學生的互動中也更加有界限感，更多地尊重學生的自主選擇，更少地主動干預。大學階段，大學生與老師的交往可以積極主動、平等真誠，又不失禮儀，把握人際交往的分寸。在這樣的人際交往中，師生之間可以平等地交流學術問題，真誠地交流人生的困惑。大學生可以在老師身上學習知識，以及為人處事的方法。

3. 朋友交往

大學生活最難忘的回憶，莫過於三五好友一起談天說地，一起上課學習。大學生更容易與有相同興趣和價值觀的同學成為朋友，但對於那些與自己有較大差異的人，也可以嘗試瞭解和交往，拓展自身的眼界，消除既定的思想偏見。另外，在擇友過程中大學生要考慮對方的道德風貌，「近朱者赤，近墨者黑」，盡量同那些為人正直善良的同學交朋友。

與中學相比，大學生在交友的選擇上可能更具有目的性。部分同學交友並不純粹在情感層面上考慮，而是取決於其功利性，比如不愛搭理普通同學，只去跟有錢、

有權的同學套近乎，或者純粹從利益的角度出發，為了「建立人脈」而考慮交往。這樣的方式，或許體會不到真正的友誼之樂。

4. 情侶交往

愛情美好且讓人向往，大學階段的戀情也非常的真摯和純粹。心理學家斯騰伯格認為愛情包含親密、激情及承諾三個部分。大學生的戀情中，往往既有浪漫的、怦然心動、帶有性興奮的激情成分，也有彼此信任、支持的親密成分，不少大學生情侶也會山盟海誓，決定共同面對未來，承諾對彼此的感情。與步入社會的情侶交往相比，大學生情侶的交往，較少有結婚的目的性，更多是自主自發的真情流露，更加純粹和美好，同時也較少受到現實的影響，有更多的理想化的成分。大學階段的情侶交往，需要協調好學業、愛情、社會實踐、經濟等多方面的關係，做到在學業上相互促進，情感上相互支持，發展出彼此尊重、信任、健康的愛情關係。

三、常見的人際交往問題

1. 不敢交往

每個人在交往中都有自身的特點，不會有所謂正確的模板。部分大學生由於性格羞怯或自卑等，害怕與交往。還有部分大學生因為曾經遭遇過被孤立、被嘲笑等，或受到好朋友的言行傷害，對人際交往不信任，進而害怕交往。對於不敢與人交往的大學生，他們的內心是希望與人建立關係的，但由於恐懼等情緒，阻礙了自己踏出交往的第一步。

實際上，研究表明大部分因羞怯等而不敢與人交往的學生，都是因為自身假想了一些別人的內心活動，認為對方不喜歡自己，所以產生恐懼和擔憂。過去經歷導致不信任、膽怯的大學生，則需要意識到過去不等同於現在，過去的經歷也不會決定現在的生活。如果他們能夠跨越心理障礙，就會更加解放自己，投入到人際交往中，享受友誼的快樂。

2. 不願交往

大學階段，每個人都在自主地管理自己的生活。部分大學生卻並不重視人際交往，他們或過度看重學習，或對大學期間的人際關係持有一些偏見，或擔心人際交往會讓自己受到傷害，總之不願意敞開心扉，不願為人際交往投入時間和精力。然而人際交往不僅是大學精彩生活中不可或缺的一頁，也是身心健康的重要保障。一段良好的親密關係能夠為個體帶來面對困境的勇氣和力量。人際交往不僅能夠為生活增添色彩和樂趣，還能夠鍛煉大學生的社交能力和溝通表達能力。

3. 不善交往

人際交往是一門高深的學問。部分大學生因缺乏必要的人際交往知識和技能，在交往中過於生硬、呆板，不易被他人理解，顯得格格不入。究其原因，一方面，在成長的過程中，一些大學生長期習慣於「學習第一」的教育方式，不曾重視人際交往的技巧，在勸說他人、提出批評建議、拒絕他人等方面顯得笨拙，在人際交往中容易碰壁；另一方面，大學階段的同學來自五湖四海，每個同學有自己的生活文化習慣。部分不善交往的大學生，可能會不分場合地開玩笑，或不尊重對方的風俗習慣，或不懂

裝懂地誇誇其談……這些表現都會影響他人對自己的印象，有損於進一步的交往。

四、產生人際交往問題的原因

產生人際交往問題的原因複雜多樣，從發展心理學的角度看，與個體的家庭養育環境和教養方式有關；從學習心理學的角度看，與個體的過去經歷中的模仿對象有關；從認知心理學的角度看，與個體的思維方式和認知風格有關。下文主要從大學生的認知、情緒和性格出發，探討產生人際交往問題的常見原因。

1. 認知偏差

人際交往中的認知偏差指不能夠正確地看待他人和自己，主要包括對自我的認知偏差和對他人的認知偏差。對自我的認知偏差，即沒有擺正自我在人際關係中的正確位置，過低或者過高地評價自己。有些大學生可能自視過高，目中無人，習慣於自我中心。有一部分大學生則相反，他們在與他人的交往中看不到自己的價值，認為自己處處不如人，低估自己，從而產生自卑心理。

對他人的認知偏差主要表現為社會刻板印象，指人們對某一類人產生的固定、概括、籠統的看法。例如，在對人的品質的看法方面，一些大學生認為女生學習計算機很困難、漂亮的人難以接近等。這都是一些刻板印象。個體沒有對他人進行全面深刻的瞭解，缺乏充分依據，且過於主觀和片面，會導致交往受阻。

2. 過度情緒化

情緒化，指一個人的心理狀態，容易因為一些因素發生情緒波動，在喜怒哀樂的情緒中經常不經意轉換，表現出喜怒無常的特點。情緒的過度波動會導致甚至加深個體的認知偏差，使得個體出現行為失控，並造成人際交往惡化。大學生感情豐富，心境易變，有時對人對事過於敏感，容易憑一時的好惡改變對一個人的看法，使得人際交往缺乏穩定性和理智性。此外，情緒具有感染性，一方的不良情緒往往會使得另一方產生消極情緒。因此，交往過程中的情緒反應影響交往的發展方向。個體情緒反應過激的話，會給人以輕浮不實之感；情緒反應太冷淡，則容易被人視為麻木無情。

3. 自我封閉

大學生在人際交往中也經常表現出膽小、害怕的情緒，進行自我封閉。有些大學生性格比較膽小或者內向孤僻，因此在與人交往的過程中會誠惶誠恐、迴避退縮。個體在社交場合過分拘謹，言詞舉止扭扭捏捏、生硬不自然，會影響正常交往的效果。這種羞怯必然會導致個體自我封閉，不主動與人交往，將自己獨立和封閉起來，讓本就不算好的人際關係更加糟糕。

4. 猜疑和戒備

個體在交往過程中不信任別人，就是在自身與他人之間設置一堵無形的牆。個體處處防範他人，在與人交往中仿佛戴著面具，會讓個體和他人都產生不舒服的交往體驗。有的大學生在交往的時候，喜歡主觀猜測，懷疑對方，室友之間、同部門之間容易出現此類問題。例如，自己和室友一起競選幹部，室友被選上，而自己落選，懷疑是對方在背後搞小動作；寢室活動中，自己沒參加上，懷疑是室友對自己

的一種排斥……久而久之，這樣的猜忌會讓個體內心產生對別人的防禦的心理，導致雙方都非常不愉快，加大人與人之間的心理距離，造成心理隔膜和感情上的疏遠，致使交往停留在表淺狀態，因此猜忌是人際交往的一大障礙。

連結：小測試——你的交往能力怎麼樣？

人際關係自我評定量表

請你仔細閱讀下列16個問題，每一個問題後面，各有三個答案，請你按照自己的真實情況任選其一。

1. 在人際交往中，我的信條是（　　）。
 A. 大多數人是友善的，可與之為友
 B. 人群中有一半是狡詐的，一半是友善的，我將與友善的人交友
 C. 大多數人是狡詐虛偽的，不能與之為友

2. 最近我交了一批朋友，原因（　　）。
 A. 我需要他們
 B. 他們喜歡我
 C. 我發現他們很有意思，令人感興趣

3. 旅行時，我總是（　　）。
 A. 很容易交上新朋友
 B. 喜歡一個人獨處
 C. 想交朋友，但又感到很困難

4. 我已經與一位朋友約定去看望他，但我因太累而失約了。在這種情況下，我感到（　　）。
 A. 這是無所謂的，對方肯定會諒解我
 B. 有些不安，但又總是在自我安慰
 C. 很想瞭解對方是否對自己有不滿意的情緒

5. 我與朋友結交的時間，一般是（　　）。
 A. 數年之久
 B. 不一定，合得來的朋友能長久相處
 C. 時間不長，經常更換

6. 一位朋友告訴我一件極有趣的個人私事，我應該（　　）。
 A. 盡量為其保密，不對任何人講
 B. 根本沒考慮要擴大宣傳此事
 C. 當朋友剛一離去，隨即與他人議論此事

7. 當我遇到困難時，我（　　）。
 A. 通常是靠朋友解決的
 B. 要找自己可信賴的朋友商議
 C. 不到萬不得已，決不求人

8. 當朋友遇到困難時，我覺得（　　）。

A. 他們大都喜歡找我幫忙

B. 只有那些與我關係密切的朋友才來找我商量

C. 朋友都不願意來麻煩我

9. 我交朋友的一般途徑是（　　）。

A. 班級

B. 各種社團活動

C. 花費大量的時間，並且還相當困難

10. 我認為選擇朋友時他們最重要的品質是（　　）。

A. 具有吸引我的才華

B. 可以信賴

C. 對方對我感興趣

11. 我給人們的印象是（　　）。

A. 經常引人發笑

B. 經常在啟發人們去思考問題

C. 和我相處時別人會感到舒服

12. 在晚會上，如果有人提議讓我表演或唱歌時，我會（　　）。

A. 婉言拒絕

B. 欣然接受

C. 直截了當地拒絕

13. 對於朋友的優缺點，我喜歡（　　）。

A. 誠心誠意地當面讚揚他的優點

B. 會誠實地對他提出批評意見

C. 既不奉承，也不批評

14. 我所結交的朋友（　　）。

A. 只能是那些與我利益密切相關的人

B. 通常能和任何人相處

C. 有時願與同自己興趣相投的人和睦相處

15. 如果朋友和我開玩笑，我總是（　　）。

A. 和大家一起笑

B. 很生氣並有所表示

C. 有時高興，有時生氣，依自己當時的情緒而定

16. 當別人依賴我的時候，我是這樣想的（　　）。

A. 我不在乎，但我自己不喜歡依賴別人

B. 這很好，我喜歡別人依賴我

C. 要小心點！我願意對一些事物的可靠度持冷靜、清醒的態度

各題評分標準

選項　A　B　C

第1題：3, 2, 1

第 2 題：1, 2, 3
第 3 題：3, 2, 1
第 4 題：1, 3, 2
第 5 題：3, 2, 1
第 6 題：2, 3, 1
第 7 題：1, 2, 3
第 8 題：3, 2, 1
第 9 題：2, 3, 1
第 10 題：3, 2, 1
第 11 題：2, 1, 3
第 12 題：2, 3, 1
第 13 題：3, 1, 2
第 14 題：1, 3, 2
第 15 題：3, 1, 2
第 16 題：2, 3, 1

參考結論：

（1）總分介於 38~48 分，說明你的人際關係很融洽，在廣泛的交往中你很受眾人喜歡。

（2）總分介於 28~37 分，說明你的人際關係並不穩定，有一定數量的人不喜歡你，如果你想受人喜愛，還要做很大努力。

（3）總分介於 16~27 分，說明你的人際關係不融洽，你的交往圈子太小了，很有必要擴大你的交往範圍。

小結：

當代大學生的人際交往，均受身心發展水準、群體規範與活動方式以及社會文化環境的影響，表現出一些典型特點：交往意識的迫切性，交往對象、內容的開放性，交往方式的多樣性。依據不同的人際交往類型，大學生有不同的交往方式，包括親子交往、師生交往、朋友交往、情侶交往。大學生常見的交往問題包括不敢交往、不願交往、不善交往。人際交往問題的原因複雜多樣，從發展心理學的角度看，與個體家庭養育環境和教養方式有關；從學習心理學的角度看，與個體過去經歷中的模仿對象有關；從認知心理學的角度看，與個體的思維方式和認知風格有關。

思考題：

1. 當你處於不同的角色時，你有不同的表現。請談談你在與父母、老師、同學、親密朋友的互動中，分別有哪些表現。

2. 認知偏差是產生交往問題的重要原因之一。調整認知偏差是一個持續的、自我成長的過程。你在人際交往中存在哪些認知偏差？請嘗試寫出並嘗試調整。

第三節　大學生人際交往技能提升

自古以來中國的文化就重視交往和禮儀，並在人際交往方面發展出不少智慧。比如，以下兩條「人際交往法則」，就反應出中國的交往文化：

其一，情不可密，密交則難久，中斷則疏薄之嫌。這句話的意思是，個體與人交往時，不要太過親密。過於親密，走得太近的關係很難長久，一旦中斷就會產生疏遠與嫌隙。莊子有雲：「君子淡以親，小人甘以絕。」有時，平平淡淡甚於熱情。

其二，恩不可過，過施則不繼，不繼則怨生。這句話的意思是說，個體與人交往時候，不可輕易地過多施舍恩惠於別人，因為過多的施舍如果不能長久保持下去，一旦中斷不能繼續，反而會讓對方產生怨恨之心。俗話說：升米恩，鬥米仇。關鍵的時候給予他人幫助，如同雪中送炭，人會心懷感恩。但如果缺乏分寸和界限的給予，不僅不能幫助他人，還會縱使他人滋生貪婪之心，一些人會把這些視為理所當然，一旦不能持續得到，就會心生怨恨。

作為當代大學生，我們又如何在日新月異發展的社會中保持健康和諧的人際交往，不斷提升自己的交往能力呢？

一、遵循人際交往的基本原則

1. 尊重他人

尊重他人是人際交往中個體被人尊重的基本前提。不論對方的職業和角色如何，在「人」的層面都是平等的，都需要尊重。這裡的尊重包括了對他人的人格、個性、習慣、地位、興趣愛好等方面的尊重，尤其是在大學中很多人都是來自五湖四海，在地域文化、飲食方面、生活習慣等各個方面都存在差異，我們不能因對方與我們的生活習慣不同，就要求對方去改變，或是在背後議論他人。

尊重他人還包括能清晰地認識和把握雙方的界限。界限是人和人之間無形的邊界，它區分了個人與他人的責任和權力範圍，也保護彼此的空間不受侵犯。不論在何種人際關係中，個體都應意識到自己和對方是獨立且不同的人，並尊重這種差異性。每個人都有自己的生活節奏和方式，尊重他人，要允許別人與自己不一樣，並且不把自己的想法強加於他人身上，也不過多地干預對方。

2. 寬容平等

寬容平等能夠避免衝突，是對人、對事的包容和接納，是在人際交往中與對方處於同等的位置。儘管由於主客觀的因素，人和人在能力、家庭背景等方面確實存在差異，但是在人格上都是平等的。在人際交往的過程中，因彼此的差異而產生矛盾和摩擦在所難免，大學生要能夠以寬容的心態面對，避免小事化大。此外，在人際交往中個體既不能覺得自己低人一等，也不能覺得自己高人一等。不管是什麼樣的長相身材、學習情況、家庭背景，每個人都應該得到平等的對待。

3. 真誠待人

真誠待人是獲得友誼的基礎。真誠要求我們在對待每件事、每個人的時候，都能以一顆赤子之心，帶著由心而發地為他人著想的情感，這體現在方方面面中。當別人遇到困難時，我們能主動伸出熱情之手，雪中送炭般地給別人以物質或者精神的支持。

在人際交往中我們要切記不能將真誠助人曲解成功利原則。比如，「我今天幫助了你，你明天必須報答我」，這就是對真誠助人的曲解，因為幫助他人的關鍵是真誠。我們用心觀察就會發現，真誠存在於我們與人交往的各個細節之中，如果一個人能夠真誠待人，必然會得到他人真誠的回報。

4. 具備同理心

同理心也叫換位思考、共情，指的是進入並瞭解他人的內心世界，並將這種瞭解傳達給他人的一種技術與能力。情商理論認為，情商有五個方面：自我情緒認知、自我情緒控制、自我激勵、同理心、人際關係處理。同理心是情商的一個重要組成部分。大學生在交往過程中，要學會站在對方的角度理解問題，將心比心，從而更能理解對方的做法，做到己所不欲，勿施於人，這可以減少交往過程中的許多誤會和衝突。

二、善用人際交往的心理效應

為了讓自己以及同伴在交往的過程中能夠愉悅和諧地相處，個體應該熟悉和掌握人際關係中的各種心理效應和技巧，瞭解它們的重要作用，並加以運用。

1. 首因效應

當人們第一次與某人或某物接觸時，僅僅幾秒鐘，便會產生對某人或某物的第一印象，被稱為首因效應。首因效應由美國心理學家洛欽斯首先提出，個體在社會認知過程中，「第一印象」最先輸入的信息會對客體以後的認知產生影響，反應了人際交往中主體信息出現的次序對印象形成所產生的影響。

社會心理學表明，人們對於初次印象中獲得的信息更為重視，初次印象好的話，雙方之後的交往會產生正向優化效應；初次印象不好的話，在以後的交往中，雙方更可能關注對方的缺點，甚至會把對方的優點也當成缺點。因此，在進入大學後，我們與他人初次交往時，首先應該打理好個人的形象，塑造良好的第一印象，以便於之後的交往。

2. 近因效應

近因效應和首因效應相反，是指最新出現的刺激物促使印象形成的心理效果；也可以說，在交往中最後一次見面給人留下的印象會在對方腦海中存留很長時間。近因效應是心理學家盧琴斯於 1957 年首次提出，他的實驗證明，在有兩個或兩個以上意義不同的刺激物依次出現的情況，印象形成的決定因素是後來新出現的刺激物。

我們可能會有這樣的體驗：一些交往多時的朋友，在自己的腦海中最深刻印象是上次離別時的場景；一個朋友總是讓你覺得和他在一起很開心，但是談及原因，卻只能說上兩三條，這便是近因效應。在大學人際交往中，我們不妨利用好近因效

應，在每一次與朋友分別時，都給出我們真誠的微笑和熱情的話語，這樣形象就會在他們心中美化起來。

3. 刻板印象

刻板印象是指個體對某個群體產生一種固定的看法和評價，並對屬於該群體的個人也給予這一看法和評價。刻板印象雖然可以在一定範圍內幫助個體快速洞悉概況並進行判斷，節省時間與精力，但往往容易忽略個體差異性，形成偏見和歧視。

在刻板印象的影響下，人們往往把具體的某人或某事看作某類人或某類事的典型代表，並把對他們的評價擴散到對群體的評價。要避免刻板印象，我們就要在正式交往過程中保持清醒的認識，注重個體的差異性，並在原有的認知上進行修改和重塑，盡力做到全方位、真實客觀地認識對方。

4. 投射效應

投射效應指的是個體以己度人，把自己的情感和意志特徵投射到他人身上，認為他人也應如此的一種心理現象。投射效應是一種自我防禦的反應，有時候會利於雙方的互相瞭解和心理調節，但是也很可能因投射效應而產生種種誤會和疏遠。

投射效應往往使得個體對他人的情感、意向做出錯誤評價，歪曲他人願望，造成人際交往障礙。人們常說的「以小人之心，度君子之腹」，便是如此。要避免投射效應，我們就要在人際交往中充分照顧對方的感受，學會使用同理心，做到急人所急，換位思考，盡量克服自我情感投射到他人的傾向，做到客觀、真實地瞭解對方的情感和意志。

三、增強人際交往技巧

1. 學會傾聽

傾聽是有效溝通中非常重要的部分，它不僅僅是用耳朵去聽對方講的話，更是全身心地去感受對方在談話過程中表達的言語信息和非言語信息。很多時候，我們以為自己做到了傾聽，而對方卻沒有感受到我們的情感支持。因為在聽別人傾訴時，我們可能會急於表達自己的想法和意見，卻沒有給對方留下表達的空間，對方沒有感覺到被理解和傾聽，導致溝通失敗。

要想做到良好的傾聽，我們要注意以下幾點：首先，要學會尊重別人的觀點，在別人沒有講完話之前，不要隨意打斷別人；其次，當對方沒有詢問你的解決辦法時，不要主動給予建議，對方可能只是希望你能夠聽他講完並理解他；再次，要試著站在對方的角度思考他們所處的情緒狀態，適當地採納別人的觀點，並給予一定的回饋；最後，傾聽需要一定的耐心，傾聽者需要給對方傳達的信息是「我一直在聽你說」。

2. 注重語言表達

正確的語言表達有助於促進人際交往中的溝通和交流。語言表達包括口頭語和書面語。口頭語指人們的有聲言語，書面語指的是文字、圖像等。我們需要注意以下方面：

（1）人際稱呼要恰當。對於老師和長輩，我們需要表現出尊敬，可以用敬語

「您」；對於關係尚淺的人，則不要過分親昵，準確叫出對方名字即可；對於親密的家人和朋友，則不要連名帶姓地稱呼，以免過於生疏。

（2）客觀地表述事件。很多時候，我們說出的話和內心真實的想法大相徑庭，就是因為沒有運用正確的表述方式。客觀的行為描述要求盡可能具體地指出對方的某一事件行為，而不是對其整個人進行評價和指責。例如，我們應用「你昨天遲到了」替代「你老是遲到，你不重視我」。

（3）使用第一人稱進行表述。在表達感受時，多用表達感情的「我」，而不是抱怨指責的「你」。比如我們應用「你昨天遲到，讓我有些失望和難過」來替代「你老是遲到，你不重視我」。我們對自己情緒和感受的表達能減輕對方的被攻擊感，並且能幫助我們厘清該事件給自己帶來的影響。

3. 注重非言語溝通

非言語溝通是指在人際交往中，個體通過肢體語言、面部表情、語音語調等非語言的形式傳遞信息，進行溝通。研究表明，人的肢體語言能傳遞超過55%的信息，表情表達內心，身體傳達態度，距離決定情感，聲音演繹內容。個體在人際交往中，要注意對自己的非言語形象進行管理。

（1）談話時正視對方。在闡述自己的觀點時，我們應用眼睛與聽眾產生眼神的交流和接觸，這樣會增加話語的信服力，讓對方有繼續聽下去的動力；在別人講話的時候，禮貌的做法是盯著對方眼睛及鼻子的三角區域，表示在認真傾聽。

（2）適當的面部表情和肢體動作。我們在聊天的過程中配合動作適當的肢體與表情，能夠讓聽者知道我們的情緒體驗，有助於雙方產生情感的交流。比如，我們說到開心的事時，可以面帶微笑；說到苦惱的事情時，可以微微皺眉，音量適當地往下降。

（3）注意說話的語音、語調和語速。在日常聊天中我們要盡量做到語速適中、語調平緩。過大和過小的聲量都會讓聽者覺得難受，會降低雙方人際交往的體驗感。

4. 管理人際衝突

人際衝突是指兩個及以上相互依賴的個體在實現目標的過程中，覺察到彼此的目標互不相容或存在來自另一方的阻撓，並通過鬥爭的形式表達出來。但需注意，只有當兩個個體都察覺意見不合時衝突才能成立。例如，小李近期一直為小明晚上玩遊戲的聲音而感到煩躁、失眠，但在小明知道這件事之前，他們之間是沒有衝突的。

（1）正確認識衝突。

不管彼此間多麼親密無間，在人際交往中都可能存在著衝突，個體要能夠理性看待，承認衝突存在的必然性。衝突是有意義關係中的組成部分，個體可以改變處理和看待衝突的方法，從而產生不同的結果。

衝突的存在能夠給個體和對方一個檢視自身與對方的機會，解決衝突的第一個步驟就是要有「這是我們兩個人共同的事」的態度。衝突過程中的有效溝通能讓原先的好關係變得更加強韌。避免衝突是不可能的，我們要做的，就是在其產生時妥善處理它們。

（2）正確處理衝突。

面對衝突，每個人都有著不同的處理方式。但是這些方式並不適用於所有的情境。個體要能夠依據實際情況，靈活選擇處理衝突的方法。下面以小張和小潔的衝突為例，對五種常見的處理方法進行介紹。

小張和小潔常常相約去操場跑步，每週三次，每次一個小時以上。她們因跑步而逐漸親密，慢慢開始談論起彼此的心事。最近小潔開始邀請她的一些朋友加入跑步，小張雖然不反感小潔的朋友，但總覺得不夠默契，而且小張擔心會失去和小潔一對一的談心時間。小張跟小潔吐露了自己的擔心，但是小潔不以為然，她回答說：「我看不出有什麼問題，反正都是在一起跑步，而且你自己說過不討厭我的朋友。」

這個情境中出現了所有的衝突元素：表達出來的鬥爭，感覺到不相容的目標，不足的資源，兩個相互依賴的個體。下面列出了五種處理該問題的方法：

①她們可以說「那就算了吧」，然後不再一起跑步。

②小張讓步，放棄跟小潔獨處的時間和有默契的跑步方式。或是小潔讓步，只維持跟小張的友誼。

③其中之一發出最後通牒：「照我的意思做，否則就不再一起跑步。」

④他們可以互相妥協，有些時候邀小潔的朋友一起跑，有些時候不邀那些朋友。

⑤小張和小潔頭腦風暴所有可能的方法，想出一個既跟她的朋友一起跑，又同時保有獨處的時間的辦法。

以上五種處理問題的方式分別是逃避、調適、競爭、妥協與合作。

①逃避。選擇逃避的方式，意味著個體認為把事情擱置會比直接面對並解決它更容易些，或者認為放棄比較好，免得一直要面對困境。逃避可能是身體上的（在與朋友發生爭執之後故意繞開不見他），或者是語言上的（改變話題、開玩笑或否認問題的存在）。逃避會導致輸—輸的結果。

在小張和小潔的例子中，逃避的方式就是兩個人直接放棄在一起跑步（放棄面對這個問題）。雖然兩人不會再因此爭執了，但這也意味著兩人都會失去跑步搭檔和雙方的友誼。從這個意義上，逃避者既不關心自己的需要，也不關心很可能同樣被未解決問題困擾的對方的利益。但逃避並非總是個壞主意。假如說出來的風險太大，比如會引發一場令人難堪的公開爭執，甚至讓人遭受身體的傷害，或者你認為涉及的這段關係不值得你付出努力去維繫，那麼逃避某些特定的議題或情境也許是合理的。

②調適。調適意味著個體不再固執堅持自己的意見，願意接受別人的意見行事。調適者一般較少關切自己，卻比較關切別人，導致輸—贏的結果。

調適者常說「我就按你的方法做」。在跑步的例子中，小張雖然可以調整自己配合小潔，讓她的朋友加入他們的跑步活動，但這樣會使小張在跑步的過程中降低了很多樂趣，並失去與小潔默契相處的機會。或是小潔調整自己配合小張，只跟小張一個人跑步，但是總有一方會因此犧牲自己的利益。

③競爭。競爭作為一種解決問題的手段，意味著一方必須擊敗另一方才能獲得自己想要的。人們用這種競爭的方法解決衝突，通常是因為他們感覺到一種「不是

……就是」的情況：不是我拿到我想要的，就是你拿到你想要的。競爭的風險在於，它通常會滋生攻擊。這種攻擊有時候是顯而易見的，有時候則是隱藏著的。選擇競爭的個體較多地在乎自己而較少關切別人，競爭者常以「都聽我的」來解決衝突。這是種對沖突的贏—輸取向。

當一方傳達批評或者一方要求直接威脅到對方時，就產生了直接攻擊。直接攻擊可以使對方感覺窘困、無能、丟臉、絕望。當一方用一種隱晦或具操縱性的方式表達敵意時，就可能產生被動攻擊。採用被動攻擊方式的一方，不會自己消化這些感覺，而是以一種不易察覺的迂迴方式發送攻擊信息。這種做法雖然維持了溝通者間表面上的友善關係，但是這友善的表象注定要瓦解。在跑步的例子裡，小潔可以對小張的期待做出被動攻擊反應，表面上順從小張，可是卻經常遲到以激怒他。小張也可以對小潔做出被動攻擊反應，表面上接納小潔的朋友，然後故意拉開距離，擺出難看的臉色。

④妥協。妥協其實是協調出一個解決方法，滿足了他們的部分需求，但是兩人也都失去了一些他們重視的東西。當事情看起來只能做到部分滿足時，人們通常會選擇妥協。雖然雙方都犧牲了一部分目標，但妥協至少給了雙方一部分想要的東西。但在一些情況下，妥協也能使得雙方需求都得到滿足。

在小張和小潔的案例中他們就可以直接採用「各取半，輪流滿足」的方式達成一致，有時只有兩人一起跑，有時跟小潔的朋友們一起跑，就不會像逃避方式那樣，兩人都因為不去直面問題而有所損失。只要涉及的每個人都對結果感到滿意，妥協就是一種解決衝突的有效途徑。

⑤合作。合作的目標是找到讓衝突各方都滿意的解決之道，合作者同時高度關心自己和別人，會盡量避免以對方利益為代價取得勝利，重視的是用「我們的方法」解決問題。最佳合作狀況會帶來雙贏的結果，大家都從中得到自己想要的。

在這個例子中，小張和小潔他們可以商量一些方式進行合作，讓小潔的朋友可以遵循這些跑步方式，增強這個團隊整體的默契度，並且在這個過程中，彼此保持著足夠的溝通交流時間。

當你決定使用哪種適合的溝通方式時，要考慮下列幾點：

第一，關係。當某人顯然比你擁有更多的權力時，調適也許是最好的方式。

第二，情境。不同的情境對應不同的衝突處理方式。

第三，對象。雙贏是個不錯的方式，但是有時候對方不見得願意合作。

第四，你的目標。有時候你首要關心的是讓憤怒或不安的人冷靜下來。

連結：人際交往訓練

人際交往訓練——「存款」練習

每一個和我們相關的人，無論是伴侶、父母、子女，還是兄弟姐妹、朋友，在他們心中都給我們留了一個情感帳號。

如果我們讓他們開心，讓他們感覺被欣賞、被肯定，或者讓他們感覺到被愛，我們就在這個情感帳號上有存款了。

如果我們讓他們痛苦，讓他們感覺到被批評、被誤解，或者感覺被傷害，那麼我們就在這個情感帳號上取款了。

如果我們情感帳號上的存款比較豐富，那麼就能大事化小、小事化了；如果我們在這個情感帳號上債臺高築，任何小事都可能變成大罪，導致這個關係不穩固。存款練習是要求個體用肯定的言語給「愛的銀行」存款。

具體步驟：

（1）找一個存款對象：在你的親密關係中，找一個你很想感恩的人，對他（她）「存款」。

（2）身體語言：手拉手，眼對眼。

（3）欣賞、讚美這個存款對象：用三個描述正面人格特質的形容詞，最好能夠找出一些具體的例子說明。例如，愛心——「你捐錢給貧困學生」。

（4）說一兩件你感激對方所做的事。例如，「感謝你在我生病期間這樣照顧我」。

（5）結束時，互相擁抱。

我們在存款練習中需要注意：

說的一方要真誠，發自內心，不要在讚美和感激的時候打折扣，切忌說「不過……」「但是……」例如，「謝謝你主動幫忙洗菜，但是為什麼弄得到處都是水呢，怎麼不順便把菜切了呢？」這樣就會把剛剛存好的款又取走了。

聽得一方專心接受對方的讚美和感激。中國人不習慣被讚美，心中喜歡但表面總是要客氣一下，要學習接納這份「愛的存款」，不要拒絕，或者「減縮」存款者的愛心。例如，我們說一些「好肉麻啊，哪裡有啊……」這樣會讓對方心裡覺得不好受。這樣兩人就順利交換「存款」了。

小結：

大學生需要學習人際交往的原則、心理效應、交往技巧以及管理衝突能力，以提高自己的人際交往能力。人際交往的基本原則是：被人尊重的前提——尊重他人、避免衝突——寬容平等、獲得友誼的基礎——真誠待人以及換位思考的同理心。在遵守交往原則的同時，大學生如果想讓自己以及同伴在交往的過程中能夠愉悅和諧地相處，還需要熟知人際關係中的各種心理效應：首因效應、近因效應、刻板印象、投射效應。

大學生需要掌握人際交往的技巧，主要包括傾聽、注重語言表達和非言語溝通，以及談話時正視對方、加入適當的面部表情和肢體動作、注意說話的語音語調和語速。在交往中難免出現衝突，面對人際衝突，個體要能正確認識衝突，然後運用好處理衝突的方式。

思考題：

1. 你認為人際交往的心理效應中，哪些是可以充分利用，哪些是要極力避免的？

# 第五章 大學生人際交往

第六章
大學生學習心理及學習策略

第一節　大學生學習心理概述

　　學習，是我們最熟悉的一個詞。從小學開始，老師就教育我們「好好學習，天天向上」。然而，雖然我們學習已有十餘年，卻很少停下來思考這個問題：什麼才是學習？

　　作為大學生，我們目前的主要任務是學習，經營好自己的學業，不僅是掌握專業能力的證明，也是個人學習能力的體現，不容忽視。現今，我們生活在一個瞬息萬變的時代，每天都有大量的新知識誕生，海量的知識、碎片化的信息反而引發了越來越多的焦慮。甚至隨著科學技術的日益迭代，一些傳統的行業逐漸被人工智能所替代，我們很難預測未來會出現什麼樣的新興產業和社會需求。正如莊子所雲：「吾生也有涯，而知也無涯，以有涯隨無涯，殆矣。」因此，作為大學生，應對變化的最好方式就是培養高效的學習能力。

一、學習的理論基礎

（一）學習的定義

　　古往今來，很多先哲都對學習進行了研究和探討，現代科學也在不斷完善對學習及其過程的研究。孔子雲：「學而時習之，不亦說乎？」可見，學習是一件很愉悅的事情。那麼，究竟怎樣才算是學習呢？

　　現代學習心理學指出，學習是由經驗引起的能力或傾向的相對持久的變化，具體包括三層意思：

　　第一，學習是「由經驗引起」的，即學習首先要與自身經驗、體會產生聯繫。正是因為經驗關聯的不同，不同的人聽同樣的課會產生不同的效果，好的效果即個體能把所學的新知識與自己的經驗結合起來。簡言之，沒有經驗的調用和關聯，就沒有真正的學習。

　　第二，學習要有「能力或傾向的變化」。這裡的變化既可以指外在的、真實的能力發生了改變，也可以是看待一件事的傾向發生了變化。因此，改變是學習發生的關鍵，「只有能夠改變行動的信息才是知識」。

第三，學習的效果是「變化相對持久」，即學習的變化必須有一定的存在時間。關於具體的持續時間，目前心理學家未能給出確定的答案，但多數專家認為，行為改變持續的時間太短（如幾秒鐘），就不能算作學習。

(二) 學習的三大理論

1. 行為主義學習理論

行為主義學習理論提出，學習的起因在於對外部刺激的反應，是一種可以觀察到的行為變化，個體能學到什麼都是由外部刺激決定的。行為主義學習理論代表學說有巴普洛夫的經典條件作用、桑代克的聯結試誤說、華生的刺激反應說和斯金納的操作性條件反射。該系列學習理論不關注刺激引起的內部心理過程，認為學習與內部心理過程無關，強化才是學習成功的關鍵，個體所學到的都是習慣，而習慣是反覆練習和強化的結果。

2. 認知主義學習理論

認知主義學習理論認為，人的認識不是由外界刺激直接給予的，而是外界刺激和認知主體內部心理過程相互作用的結果，學習的過程不是漸進的嘗試與錯誤的過程，而是突然的領悟和理解的過程。代表學說有格式塔心理的完形說、托爾曼的認知目的說和布魯納的認知發現說。該理論強調人的主觀能動性和認知結構變化的重要性，學習發生的本質是內在認知模式的改變與優化。

3. 建構主義學習理論

建構主義學習理論認為知識不單純是通過教師傳授得到的，而是學習者在一定的情境下，借助其他人的幫助，利用必要的學習材料，通過意義構建的方式展開學習的過程。該理論強調學生在學習過程中主動建構知識的意義，並力圖在更接近、更符合實際情況的情境性學習活動中，以個人原有的經驗、心理結構和信念為基礎建構和理解新的知識。

二、學習的生理基礎

大腦是我們學習發生的生理場所，分左右兩個半球。大腦半球的表面布滿深淺不同的溝或裂痕，它們將大腦半球分為額葉、頂葉、枕葉和顳葉幾個區域。額葉主要負責複雜的人類活動，包括語言、持續注意、計劃、推理、問題解決、自我調節、對身體運動的有意控制以及對他人行為的解釋。頂葉的功能是接受並解釋軀體感覺信息——關於溫度、壓力、質地和疼痛的信息，也積極參與加工詞語的聲音信息，思考物體與事件的空間特徵等活動。枕葉主要負責解釋和記憶視覺信息。顳葉負責解釋和記憶複雜的聽覺信息（如演講、音樂），在信息的長時間記憶上也有重要作用，特別是對概念和一般生活知識的記憶。不同類型的學習活動能幫助我們激活不同的腦區，提高學習效率。

大腦有三個功能區，分別是腦幹、大腦邊緣系統和大腦皮質。其中，腦幹是進化過程中最先出現的，主要參與生存需要的基本過程，如呼吸、吞咽、睡覺、心率調節等；大腦邊緣系統是隨後進化而來的，負責情緒等複雜心理活動，掌管感動、憤怒、恐懼等一些情緒；大腦皮質是最後發展而來，掌管人的思維、分析和邏輯。

大腦皮質是與學習最密切相關的功能區，是認知活動發生的關鍵腦區。

三、學習的心理階段

在心理上，學習可以劃分為感知、理解、鞏固和運用四個階段。

1. 感知階段

感知是學習的第 階段，包括直接感知和間接感知。直接感知是通過觀察、實驗、調研等直接獲得認知；間接感知是通過老師講解、他人闡述、教材閱讀等間接獲得認知。感知階段只是認知的基礎和學習的開始，但很多大學生卻把它當成學習的全部，對知識淺嘗輒止，不願進入更深層次的學習，使得學習效果也相對有限。

2. 理解階段

理解是學習的第二階段，是在感知的基礎上思考和加工，將知識進行關聯和整理，產生基於自身體驗的獨到見解和深刻體會，並最終形成屬於自己的個性化版本和知識體系，以解決生活中不期而遇的難題。理解階段是知識能學以致用的基礎。

3. 鞏固階段

鞏固是學習的第三階段，也是學習最為關鍵的一個環節。鞏固的作用主要來自兩方面：一方面，根據艾賓浩斯記憶曲線，大學生所學知識會隨時間而逐漸遺忘，鞏固能幫助我們高效恢復記憶；另一方面，溫故而知新，鞏固階段也是個體產生靈感和深度思考的重要環節，不容忽視。

4. 運用階段

運用是把經過前三階段獲取的知識付諸實踐的過程，也是知識真正發揮作用的階段。曾有人把知識定義為「能夠改變人行動的信息」，可見運用才是知識最大的價值，也是學習得以真正完成的標誌。因此，大學生在學習過程中尤其要注重知識運用的過程。

不同於中學的學習，大學的學習更加系統全面。深度的學習有利於個體瞭解問題的本質，不斷培養其解決問題的能力。大學生如果不打通知識阻塞，一味追求感知更多的信息，就像不斷去挖新的井卻不願深挖一口井，即便挖了很多口，也很難挖出水，只是緩解了「知識焦慮」。有效學習的秘訣在於在真問題上花慢功夫。

四、影響大學生學習的心理因素

心理學家認為學習活動有一套完整、系統的心理結構，由智力和非智力因素組成，這也構成了大學生學習的心理基礎，影響大學生的學習效果。

（一）智力因素

智力因素指個體在智慧活動中直接參與認知和處理信息等認知性心理機能，包括觀察力、注意力、記憶力、想像力、思維力五種能力。

觀察力就是觀察的能力，是指個體全面、深入、正確地認識事物特點的能力，是一種知覺同思維相結合的能力。注意力是將心理活動指向和集中於一定事物的能力，在智力活動中起著維持和協調的作用。記憶力是人腦儲存和再現以往知識經驗的能力，是整個智力因素結構的基礎。想像力是人們在已有的記憶表象基礎上創造

新形象的能力。思維力是人腦間接概括反應客觀事物本質與規律的能力，它是整個智力活動的核心。

在學習活動中，它們相互區別，又相互聯繫和貫通，作為一個整體發揮作用。一般來說，智力水準的高低對學習效率和質量有直接影響。因此，智力是學習的必要心理條件，更是大學生成才的基本要素。此外，人的智力水準的高低既有先天的因素，也有後天的作用。先天因素決定一個人的智力潛能有多大，後天因素決定一個人能否充分開發自己的智力潛能，達到自己智力潛能上限。

（二）非智力因素

1. 興趣因素

興趣是人認識某種事物或從事某種活動的心理傾向，是推動我們認識事物、探索真理的重要因素。我們常說「興趣是最好的老師」，是因為濃厚的興趣能推動探索性學習，幫助大學生主動克服困難，排除干擾。

興趣分為三個等級，由低到高分別是有趣、樂趣和志趣，這三個層級構成了興趣的金字塔。有趣是興趣發展的低級水準，一般是被新奇現象所吸引而產生的直接興趣，也被稱為感官興趣，如愛吃火鍋、愛聽誰的歌等，其特點是毫不費力，簡單短暫。樂趣是興趣發展的中級水準，是在情緒的參與下，把興趣從感官推向思維，也叫自覺興趣。例如，個人吃完美食，對烹飪產生興趣並願意逐漸嘗試。樂趣的特點是基本定向，持續時間較長。志趣則是興趣發展的高級水準，與崇高的理性和遠大的奮鬥目標相結合，是在樂趣的基礎上發展起來的，也叫潛在興趣或者「夢想」，特點是積極自學，持續時間長。

在日常的大學學習中，大學生容易陷入感官興趣的泥潭，滿足浮淺的快樂，偶爾上升到樂趣的階段，卻不能進一步堅持和思考，很難抵達「志趣」。因此，當代大學生需要進一步反思當下自己的興趣狀態，逐步培養自己的人生志趣。

2. 情感因素

情感是我們對客觀事物是否滿足自己的需要而產生的態度體驗，在需要的基礎上產生和發展，可以調節一個人的需要。大學生的情感並非與生俱來，而是隨著年齡的增長、經驗的增加、學習的加深逐漸發展起來的。根據表現及持續時間的不同，情感狀態分為心境、激情和應激三類，心境是有感染性的，是微弱而持久的情感狀態；激情是具有爆發性的，是強烈而短暫的情感狀態；應激是出乎意料的緊張危急情況下的情感狀態。

一般而言，高興、快樂、喜悅的情感推動著大學生積極自覺地去完成一項學習任務，對學習有著良好的促進作用；而痛苦、厭惡、憤怒則容易抑制學習熱情，讓大學生產生更多的情緒內耗，最終阻礙學習。不過，情感與學習的關係並非絕對，有時高興過度也會影響學習效果，而「化悲痛為力量」「化壓力為動力」也可能產生驚人的學習效果。

因此，為了高效的學習，我們需要先處理好自己的內在情感，客觀認識學習對我們的價值，以積極平和的情感狀態面對大學的學習。

3. 意志因素

意志是人自覺地確定目的，並支配行動去克服困難以實現預定目的的心理過程。有一項對大學生學習的調研發現，大學生之間差別最小的是智力，最大的是意志。可見，意志在大學生學習中的重要地位。

意志力的大小是隨著經歷的增加、目標的建立、知識的豐富逐漸發展起來的。學習本身是一項艱苦的、需要走出舒適區的腦力勞動，如果沒有頑強的意志，很容易被輕鬆的娛樂活動干擾，個體的學習容易半途而廢。

意志的培養與行動密不可分，大學生在鍛煉意志力時，切記停留在嘴上功夫，紙上談兵，一定要通過行動切實發展起來，通過行動不斷突破思想障礙，不斷培養一個更頑強的自我。

4. 性格因素

性格是一個人對現實的穩定的態度，以及與這種態度相應的、習慣化了的行為方式中表現出來的人格特徵。性格既具有穩定性，也具備可塑性。大學生可以有意培養自己的良好性格，為學習奠定穩定的基礎。

性格的差異也使大學生在學習活動中擅長的領域不同。比如，外向型大學生性格開朗，遇到問題善於向別人請教，但往往缺乏深度學習，而內向型大學生遇到問題認真沉著，善於思考，但也可能固執保守，缺乏創新性探索。瞭解了自身性格的優劣勢，大學生就可以通過各種途徑培養和改善自身，尤其在面臨特殊技能的學習時，不能被自己的慣性應對方式所限制，應積極優化、耐心處理。這個過程不僅能幫助我們完成學習任務，還有機會進一步完善我們的性格狀態。

連結：學習金字塔

學習金字塔是美國學者愛德加·戴爾通過研究得出的關於學習留存率的結論。以語言學習為例，在初次學習兩個星期後，閱讀能使學生記住學習內容的10%；聆聽能使學生記住學習內容的20%；看圖能使學生記住學習內容的30%；看影像、看展覽、看演示、現場觀摩能使學生記住學習內容的50%；參與討論、發言能使學生記住學習內容的70%；做報告、給別人講、親身體驗、動手做能使學生記住學習內容的90%。

愛德加·戴爾提出，學習效果在30%以下的幾種傳統方式，都是個人學習或被動學習；而學習效果在50%以上的，都是團隊學習、主動學習和參與式學習。

美國緬因州也做過類似的研究，結論跟戴爾的非常接近，只是把閱讀和聆聽調換了，認為閱讀能比聆聽記住更多的東西，這個結論也與我們的經驗更加貼近。

第一種，「講授、聽講」的方式。老師講，學生聽，這種學習方式效果最低，兩週以後學生只能記住內容的5%。

第二種，「閱讀」的方式。這種方式學到的內容，學生可以記住10%。

第三種，「聲音、圖片或視頻」的方式。這種方式學到的內容，學生可以記住20%。

第四種，「演示或示範」的方式。這種方式學到的內容，學生可以記住30%。

第五種，「分組討論」，的方式。這種方式學到的內容，學生可以記住50%。

第六種，「做中學或實踐演練」的方式。這種方式學到的內容，學生可以記住75%。

第七種，「教別人或對所學知識進行立即應用」的方式。這種方式學到的內容，學生可以記住75%。

根據這個「學習金字塔」（見圖6-1），老師採用講述的方式教學，學生兩週以後記得的內容只剩5%。為什麼會這樣呢？因為這是最被動的學習方式，學生的參與度是最低的，學生基本記不住什麼東西，當然，如果老師思路清楚，語言感染力強，效果可能會增強。從第一項至第四項的學習方式都是被動式的，學生的參與度非常低，因此學習的保存率都無法超過30%。金字塔的最底端，其教學效果可以高達90%。如果學生有機會把上課內容立即應用，或是讓學生有機會將所學的知識傳授給其他人，效果可高達90%。

從學習金字塔可以看出，學習方法不同，學習效果就不一樣。學生需要自覺地參加合作學習，努力轉變學習方法，被動聽轉為主動學，學習過程中可以綜合使用多種器官，如耳、眼、口、手等。

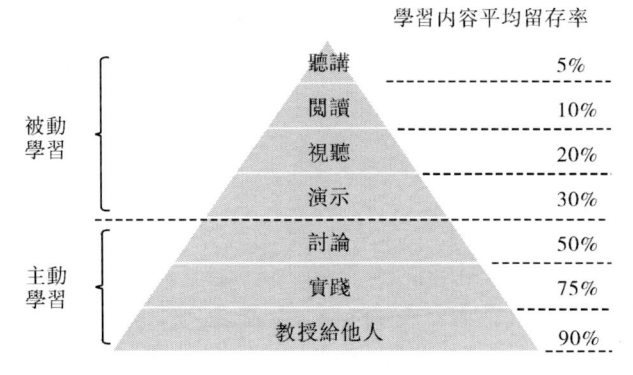

學習內容平均留存率

被動學習：聽講 5%；閱讀 10%；視聽 20%；演示 30%

主動學習：討論 50%；實踐 75%；教授給他人 90%

圖6-1　**學習金字塔**

小結：

學習是大學生最重要的功課之一，也是大學期間需要重點培養的一項能力，但大學生很少研究什麼才是真正的學習，往往在「偽學習」的圈層裡低效地努力。而今，由於互聯網技術的發展，信息傳遞越來越沒有障礙，傳統的「知道式」的學習已經很難增加我們的競爭力。因此，大學生需要重新認識學習，意識到它是指由經驗引起的能力或傾向的相對持久的變化，瞭解真正的學習要和自己的經驗關聯，要通過認知或行動產生相對持久的變化。當然，這一切都離不開學習生理基礎和心理機制，對大學生而言，感知、理解、鞏固和運用是學習中不可缺少的四個階段。在這個過程中，智力因素和非智力因素也對大學生的學習產生著深遠的影響。

思考題：

1. 反思自己的學習成長過程，哪些經歷是真正的學習，哪些是「偽學習」？
2. 觀察你周圍的「學霸」同學或者學習效率很高的同學，看看他/她的學習和我們所講述的學習的定義有哪些對應關係？
3. 嘗試去對所學專業的核心知識進行真正的深度學習，去體會它和傳統學習有怎樣的不同？

第二節　大學生學習特點及常見困擾

小楓，大學二年級學生。小楓剛上大一時覺得一切自由、新鮮，過上了「傳說中的大學生活」。然而，兩學期下來，小楓的成績都在及格線上，他自己也覺得好像沒什麼收穫。

於是，小楓打算重新找回學習的節奏，但是做計劃很輕鬆，真正開始踐行卻很不容易。小楓剛找到學習的節奏就接到社團活動策劃的消息；好不容易完成了社團的活動，看到室友在組隊參加學術比賽，自己怎能落後；於是小楓又加入到了新一波的比賽準備中，但他對研究的課題不太感興趣，因此參與的過程並不喜悅，學業安排一再拖延。

不知不覺又到了期末考試，看到很多同學準備開展假期的實踐，小楓又陷入深深的迷茫，不知道該如何選擇，心想：我的大學生活為什麼會是這樣呢？其實，進入大學以來，很多同學都出現了和小楓相似的困惑，自己的時間和安排總處於失控狀態，需要學習的內容越來越多，想要體驗的活動也層出不窮，一方面都不想錯過，但另一方面似乎都沒收到成效。因此，大學生想要安排好自己的大學生活，就需要先瞭解一下大學生學習的主要特點、常見的困擾以及基本的應對方式。

一、大學生學習的主要特點

大學學習作為進入社會前的最後一段集中學習的時光，學生需要為未來就業、創業等做好初步的準備，而每個大學生畢業後的選擇千差萬別，很難通過統一的課程去開展教學，需要根據自己的規劃進行合理安排。因此，大學學習具有較大自由度，給學生的個性化發展和成長提供了空間，同時需要我們付出更多的努力。歸納而言，大學生的學習主要有以下幾個特點：

（一）學習方式的多樣化

大學之前，個體的學習方式較為單一，學習目標較為機械。進入大學後，雖然課堂教學仍是主流學習方式，但學校也會為學生提供多種其他類型的學習成長路徑，如社團活動、各類比賽、社會實踐、學術活動等。

與此同時，隨著信息技術的不斷發展，網路和社會上也出現了越來越多的學習成長平臺，如大學慕課，學生利用手機或者電腦就可以學習世界頂級名校的課程。

此外，大學生學習的方式已不再局限於理論知識層面，學校也鼓勵學生開展創新創業活動，在實踐中學習，不斷豐富自己的知識體系並提升實踐技能。豐富的學習資源和多樣化的學習方式，給大學生提供了充分的選擇空間，使學生能夠結合自身發展需求靈活開展學習，但也讓部分沒有合理規劃的學生不知所措，淺嘗輒止。

(二) 學習過程的自主化

學習過程自主化是大學生學習的顯著特徵。大學是為了培養更符合社會發展需求的綜合型高素質人才，所以大學生必須培養良好的自學能力、分析問題能力及解決問題能力。

不同於中學相對強制的學習安排，大學的學習雖有一定規範，但仍給了學生很大的自主選擇空間。這主要表現在：課外學習時間的自主安排，學習內容的自主掌握，選修課程的自主選擇，學習方法的自我適應與自主總結，等等。因此，在大學學習中，個人的主動性、自覺性、積極性起主導作用。

此外，伴隨中國高等學校學分制的進一步完善，學生還可以通過交換的方式在國內外其他高校開展學習或者通過一些平臺在網上修讀學分，大學生學習的自主性空間將會越來越大。

(三) 學習內容的專業性

大學生是接觸社會新技術、新思想的前沿群體，也是國家培養的高級專業人才，畢業後需要投入各個領域開展工作，這必然離不開過硬的專業本領。因此，大學的學習內容也需要體現較強的專業性和一定的難度，在廣博的基礎上也要追求精深。這給大學生帶來了一定程度的挑戰，因為專業學習非一日之功，往往伴隨著系統的學科體系、複雜的技能操作以及不斷更新的研究成果。這需要我們投入足夠的精力和持續的思考，否則，對專業的理解就只能停留在信息層面，無法建立系統的知識體系，也很難解決具體的現實問題。

如今，我們處在一個人才高度流動、社會分工加速細化、行業競爭日益激烈的時代，專業的知識技能儲備是我們走向社會的立足之本，也是我們迅速融入社會角色的關鍵保障。

(四) 學習評價的複雜性

大學是學生走向社會的最後一個系統學習場所，因此，學業仍然是主要任務，學校也會對相關專業知識進行定期考察，但學業已不再是優秀的唯一標準，大學生參與比賽、開展學術研究、加入社會調查與實踐等也都被納入評價體系之中。大學生不僅需要完成學業，還需要全面提高自己的綜合素質，才能獲得良好的評價。

除學校本身多樣化的評價體系，社會對畢業大學生也提出了多維化、專業化以及個性化的要求，相關品質和工作技能也成為大學生學習期間需要修煉的重要功課。此外，隨著各領域人才選拔的自由化，學校標籤已不再成為學生進一步深造或就業的單一標準，其他諸如創新思維能力、人際溝通能力、領導管理能力、實踐操作能力以及適應時代發展的新技能等也成了重要的考量標準。

基於如此多維的評價指標，大學生的學習已不能停留在單純埋頭做題的階段，還需要在更多的領域提升自我、修煉能力。

二、大學生學習時常見的困擾

面對大學學習的自主化、專業化以及學習方式和評價體系的多元化，大學生一方面獲得了學習自由度，但另一方面也容易在這個過程中迷失自我，產生學習困擾，主要包括學習動機不當、學習方法不科學以及學習習慣不良。

（一）學習動機不當

學習動機是引發與維持學生的學習行為，以達到一定目標的一種動因或力量。學習動機不當會導致大學生學習效率下降並引發諸多心理問題。其中，學習動機不足和學習動機過強是最主要的兩種表現。

個體學習動機過強的主要表現是：急於求成，好高騖遠，對自身能力缺乏恰當估計，對學習結果抱有太高期望，容易忽略學習和成長本身的樂趣及意義，造成學業自我效能感下降，心理壓力增大。此外，動機過強，大學生易受表面學業動機驅使，渴望外在獎勵和肯定，因而學業強度過大，引起心理疲勞。

個體學習動機不足的主要表現是：沒有明確的學習目標，為學習而學習甚至厭倦逃避學習，懶惰懈怠。大學期間學生的自主學習空間較大，學習動機不足的大學生很容易沉迷於娛樂和遊戲無法自拔，不僅蹉跎了寶貴的青春，還容易產生虛無感和挫敗感。

作為大學生，我們的學習動機既不必過強，也不能太弱。根據耶克斯—多德森定律，學習動機強度與學習效果呈「倒 U 形」關係，中等強度的學習動機最佳。此外，不同性質的活動最佳動機水準略有差異，較容易的任務，學生的學習效率隨動機提高而上升；而難度較大的任務，較低的動機水準更有利於任務的完成。

（二）學習方法不科學

大學階段學習任務多樣，學習內容更專業，學習深度和難度加大，這些變化要求大學生不僅要刻苦努力，還需要不斷探索和優化適合自己的學習方法，高效應對學業挑戰。然而，很多大學生並沒有意識到學習方法轉變的重要性，仍保留著中學階段的學習慣性和思維定式，對不同學科、不同任務、不同目標採取同樣的學習方法，如機械記憶、題海戰術等，很少對學習內容進行高水準的、深度的加工，也就難以將所學知識內化到自身思維體系，真正產生新價值。

此外，大學期間學生的學習時間較為自主，部分學習內容和技能練習需要自己探索，但很多學生仍採取被動式學習，缺乏目標規劃、時間管理，甚至平時不認真，靠考前突擊、死記硬背勉強完成學業，根本無法建立系統的知識結構和專業技能。部分學生只滿足於書本知識，不願意走出舒適區開展實踐練習，結果不得要領。

（三）學習習慣不良

進入大學以後，外界約束變小，大學生若缺乏自制力，很容易養成不良習慣。比如，有的同學習慣拖延，本可以用心完成的作業，結果囫圇吞棗；還有同學習慣熬夜，長期睡眠不足，學習狀態不佳，效率低下。不良的學習習慣長此以往就會消磨意志，嚴重影響大學生的學習狀態。大學生在大學期間要培養良好的學習習慣，這樣學習效率和學習狀態就能得到持續保障，因為習慣會讓我們自然而然去做很多

事情，無需內耗，無需糾結。

三、大學生學習心理調適

（一）優化學習理念

大學生常見的學習理念主要有兩種，一種叫固定性學習理念，另一種叫成長性學習理念。固定性學習理念是把學習能力看作一種固定的、不再進步的狀態。比如，期末考試線性代數成績不好，固定性思維的學生就會告訴自己：我就不是學數學的料，別人學得好是因為天生適合。這種思維理念會把我們做一件事情的能力歸為與生俱來的、無法改變的特質上，個體持有這種理念容易產生急躁心理，遇到困難會選擇放棄，覺得沒有辦法改變。

成長性學習理念與此相反，成長性思維的學生認為事情的結果與努力程度和付出狀態相關，是自己相對可控的。比如，線性代數成績不好，學生就會提醒自己：不是我數學能力不行，而是沒有掌握合適的方法，只要繼續努力，下一次就可以做得更好。持有成長性學習理念的大學生有勇氣迎接挑戰，因為他們相信事情是可以通過自己的努力變得更好。因此，想要高效學習，個體就要先評估一下自己目前的學習理念究竟是固定性的，還是成長性的，如果是固定性學習理念，就要嘗試覺察練習，不斷修正到成長性學習理念的軌道上。

（二）重視學業指導

學業指導是大學生化解學業困擾的重要途徑。大學生對很多領域的瞭解不夠全面，難免會產生思維局限和學業困擾，大學生需要有尋求學業指導的意識。

大學有一項非常重要的資源，即教師，在學習的過程中，雖然任課教師專業方向各異，教學方法不同，但對於大學學業生活皆有獨到的見解和體系化的知識。此外，同學也有值得學習和借鑑的地方，一個人的經歷是有限的，但一群人的經驗是豐富多彩的。因此，大學生遇到自己難以克服的障礙，應謙虛謹慎、勤學好問，主動尋求指導。這對解決學習上的心理困擾尤為重要。

（三）拓寬學習視野

大學生的學習不僅關乎成績，也關乎未來就業，大學生不能僅僅局限於書本和專業知識的學習，還需要不斷拓寬學習視野。比如，大學生要學會關注社會發展和市場需求，學習最新技術和理論，理解市場的運作邏輯。

在高科技迅速發展的今天，知識本身的界限越來越低，大學生應充分利用信息時代優勢，洞察人才需求趨勢，充分利用大學時間進行系統學習，早做準備。此外，我們不僅要關注未來，還要回溯歷史，迴歸文化，去學習哲學、文學、藝術等通識類學科，這些知識雖然不能迅速地帶來效益，但能促使我們建立更完善的認知體系，也是我們未來創新發展的重要源泉。

除了拓寬學習視野，我們還要關注自己感性能力的培養。因為世界已經從過去的高理性時代，進入了一個高感性時代，這個時代有六種非常稀缺的能力，分別是：設計感、共情能力、講故事、整合、娛樂感、意義感。比如，蘋果手機和電腦的脫穎而出就在於設計感，微信的來源則是基於人類交流的共情能力，意義感是未來領

導自己和領導他人的關鍵能力。這些能力可能是我們之前不曾關注的能力領域，但卻是未來社會需求的關鍵品質。作為大學生，不僅要「低頭」好好學習，還要「抬頭」認真看路。

（四）提高學習執行力

執行力是檢驗大學生學習效果的關鍵指標。傳統的學習方式使得我們在學習知識和技能時，容易紙上談兵，缺乏實踐，甚至常常把「知道」當成了學習的全部。大學期間，很多專業知識和技能學習需要通過行動進行理解和培養，「紙上得來終覺淺，須知此事要躬行」，我們在執行中才會發現，看似簡單的原理和操作，其實我們還未曾真正理解，因而才有機會在執行的過程中對知識產生新的靈感。

如何提高執行力呢？著名心理學家彼得·M. 戈爾維策做過相關研究，提出了執行意圖的概念。執行意圖就是你針對某個願望的明確意圖，即具體要怎麼做，方法是利用「如果……（某個情景、狀態）那麼（某個反應）……」做一個執行規劃。比如，如果我今天晚上 8 點前完成了作業，就看 1 個小時書；如果我吃飯前有 1 個小時，就學習 1 節網課。提前給自己設定一些執行意圖，能幫助我們充分利用時間，把注意力放到更有意義的事情上。

連結：大學生的學業規劃

大學學習不同於中學，大家所學專業不同，自身基礎不同，未來想實現的目標不盡相同，那麼我們該如何梳理自己大學期間的學業規劃，讓自己更有目的地去經營自己的大學學業呢？做規劃的方法很多，這裡給大家介紹一個常見的 SWOT 分析法。

SWOT 分析法（見圖 6-2）是指企業通過確定自身的競爭優勢、競爭劣勢、機會和威脅，將公司的戰略與公司內部資源、外部環境有機地結合起來的一種科學的分析方法。大學生雖然不是企業，但是也面臨著複雜的規劃決策。因此，SWOT 分析法是幫助大學生發現自身優勢劣勢，思考周圍機會和威脅的好辦法。

SWOT 分析法中的四個英文字母分別代表：優勢（Strength）、劣勢（Weakness）、機會（Opportunity）、威脅（Threat）。其中，優勢與劣勢是對自身條件的分析，機會與威脅是對外部環境的分析。

個人對自身條件的優勢與弱勢分析可從以下選項進行：

（1）職業愛好：自己喜歡與不喜歡做的事情；
（2）學習能力：學習速度、學習深度、擅長的學科；
（3）工作態度：對工作執著上進的程度；
（4）與人交往能力：交往意願、交往範圍、交往深度、合作經驗；
（5）家庭、朋友的支持程度及自身資金狀況；

個人對外部環境的機會與威脅分析可從以下選項進行：

（1）國際環境：行業的開放性、外資情況、全球經濟情況；
（2）國內環境：政策導向、人口結構、生產總值；
（3）所在的具體地區或城市情況；

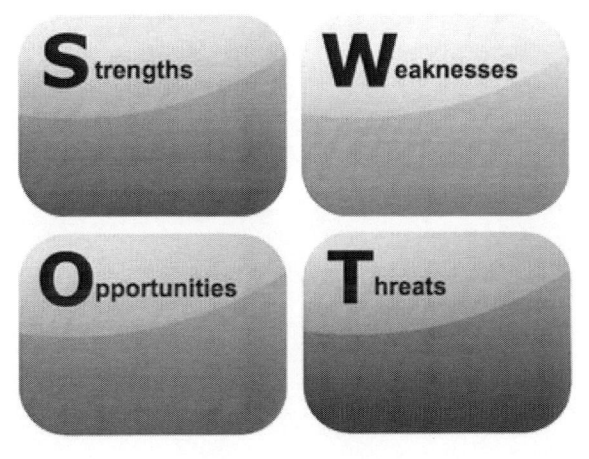

圖 6-2　SWOT 分析法

（4）學校的情況、專業的情況；

（5）行業情況：行業特性、行業景氣度、行業發展趨勢、競爭程度、上下游產業價值鏈；

（6）崗位就業情況：崗位發展趨勢、競爭程度、待遇水準；

舉個例子，表 6-1 是一位經濟學專業的女學生準備考研的 SWOT 分析：

表 6-1　　　　　　　　　　備考 SWOT 分析表

我的優勢	我的劣勢
（1）專業學歷高，就業有優勢 （2）財經專業適合女生 （3）準備考研 （4）不斷思考	（1）讀完研年齡會比較大 （2）缺乏自信，感覺前途渺茫 （3）什麼都想要，無法取捨 （4）偷懶、膽怯、不願意吃苦
我的機會	我的威脅
（1）讀研期間我有部分自由時間，可以去做兼職掙錢，做到自食其力 （2）讀研能夠學到新東西、開闊眼界；會接受系統的專業思維訓練，我可以利用專業素養現實問題提出完整的解決方案；能夠懂得選擇 （3）讀研期間導師能夠提供不錯的項目，即能學習東西邊又有一定的收入報酬 （4）學歷高，就業有優勢，研究生所具備的能力恰恰是公司企業更加喜歡的 （5）大四課程少，時間多，有較長的時間備考研究生 （6）考不上還可以再找工作	（1）讀研究生所需的日常生活費用和學費 （2）就業不僅能夠使我自食其力，還能學到新東西、開闊眼界，並不比研究生差 （3）研究生畢業不一定找到滿意的工作，可能還不如本科生 （4）早點工作可以學到更多東西，工作能夠使我累積更多的人脈資源

在進行 SWOT 分析之後，再針對部分問題提出相關的對策（見表 6-2）：

表 6-2　　　　　　　　　　問題與對策表

問題	對策
讀完研究生年齡會比較大	保持運動，保持好奇，讓自己看起來年輕美麗
缺乏自信，感覺前途渺茫	考研究生時應拿出備戰高考時的心態，相信自己
什麼都想要，無法取捨	結合自身情況，排列出成功可能性的順序，如果自己都覺得成功可能性太低，果斷放棄
偷懶、膽怯、不願意吃苦	從現在開始變得勤快、勇敢，敢於吃苦
讀研究生時的日常生活費和學費	(1) 預先估算費用多少 (2) 可以通過兼職、導師推薦項目、學校獎學金等方面掙錢 (3) 一般人都會有少量存款 (4) 向父母親借錢或向學校貸款
研究生畢業後不一定找到滿意的工作，可能還不如本科生	(1) 找出反例，許多研究生畢業後找到滿意的工作 (2) 很少人能夠一步到位找到滿意的工作，學歷並不是評判能否找到滿意工作的先決條件。不與別人攀比，只與自己賽跑
工作可以學到更多東西，工作能夠累積更多人脈資源	可以借助寒暑假去公司實習，間接累積人脈資源和工作經驗

從上述舉例可以看出，SWOT 分析能幫我們有意識地梳理出自己的優勢和劣勢，同時也能關注我們外部環境的機會和威脅，讓我們既不會盲目自信，也能實事求是，我們可以在此基礎上再提出解決問題的對策，SWOT 分析對我們開展學業規劃非常有幫助。與其焦慮，不如用 SWOT 分析做個規劃吧！

小結：

大學生活是我們高中奮鬥的動力，很多人以為進入大學就可以高枕無憂，然而大學學習的自主化、學習方式的多樣化、學習內容的專業性以及評價體系的複雜性給大學生的學習帶來諸多困擾，如學習動機不當、學習方法不科學、缺乏良好的學習習慣等。為高效利用大學資源，大學生需要優化學習理念、重視學業指導、拓寬學習視野，提高學習執行力，在踐行中收穫真正的成長。

其實，無論是哪個階段的學習，我們都會遇到困擾，在現在這個高速發展的時代，學習已變成一種終身的技能。大學時代是培養我們這項技能的關鍵時期，我們需要好好珍惜，用自己的覺知和行動去戰勝這一路的荊棘，收穫一個更有勇氣和智慧的自己。

思考題：

1. 你現在的大學學習主要面臨哪些困擾呢？
2. 找一個最近所學的知識去實踐，寫下自己執行時的體會與收穫。
3. 重新評估你的學習習慣，看看有哪些是需要堅持的，哪些是需要改進的。

第三節　大學生學習策略

經過一學期迷茫的學習生活，小楓很焦慮，他突然想到之前認識的學霸師姐，據說她學習效率非常高，各項活動也平衡得很好，畢業去了很好的單位工作。於是，小楓向師姐訴說了自己的煩惱，師姐對他的問題進行了分析並提出建議。

原來大學的學習不能只靠感覺，感覺總是「好逸惡勞」，大學生需要給自己制定一系列科學的學習策略，用有效的方法安排自己的學習，持續穩定地成長。小楓聽後覺得大有所悟，自己以前的學習就是憑著感覺走，完全沒考慮策略，接下來需要好好研究學習工具和方法了。

對大學生而言，要想成為一流人才，必須採取高效的學習策略。學習策略是學習者為了提高學習效果和效率，有意識制定的有關學習的方案和策略。凡是有助於提高學習效果和學習效率的方法、技巧和調控等都屬於學習策略的範疇，但是，對當今大學生而言，最有效的學習策略主要包括精力管理、知識管理和思維管理。

一、精力管理

精力管理是大學生日常學習的重要保障，主要包括目標管理、時間管理和效率管理。

（一）目標管理

目標是成就的標準、成功的尺度以及行為的誘因。大學生有了目標就有了前進的航向和奮鬥的動力，否則就容易隨波逐流。

目標管理的常用方法是「SMART 原則」。其中 S 代表 Specific（具體的），意思是制定具體的目標。比如，我們把目標定為「看完這本書的第八章」比「對這本書進行學習」更具體，操作性也更強。M 代表 Measurable（可量化的），是指目標是可衡量的，個體可以通過核查確定目標是否完成。A 代表 Achievable（可達成的），是指目標是可達到的，目標應適合自己的實力，一般中等難度比較合適。R 代表 Relevant（相關的），是指目標需要與自己的願景相關，我們不能選錯了方向。T 代表 Time-bound（有時間限制），說明好的目標管理通常有明確的截止日期，這樣才能給自己一定的時間壓力。

作為大學生，我們學習和成長的功課確實很多，但如果都想兼顧，給自己設置太多目標也是不科學的。因此，我們不妨把想實現的目標分解到大學生活的不同階段。例如，大一期間，我們的目標可以集中在學習通識課程、參與活動等，提高自身綜合素質，奠定後期基礎；大二我們可以聚焦在專業學習、深度的活動組織和實踐探索，強化自身專業素養；大三我們可以重點關注專業發展和交流實習，初步確定未來發展方向；大四我們可以做出生涯規劃選擇，進一步加強知識和經驗的累積儲備。這樣每個階段有所側重，有所聚焦，我們就不會手忙腳亂。

（二）時間管理

時間管理是指個體合理安排和使用時間的能力，從而更好地發揮時間的效益。

大學的時間非常寶貴，大學生若能有效安排時間，大學生就可以促進學習，增強自我效能；否則也很容易削弱信心，降低學習效率。

時間管理的核心是提前做計劃，常見方法就是計劃清單法。計劃清單法是指個體針對近期需要完成的任務和待辦的事項列一個詳細清單，然後按照輕重緩急進行標註、任務分解並計劃各項任務的具體執行時間。一般而言，每一天適合完成的主要任務為三件左右。計劃清單法能幫助我們理清學習生活中繁雜的事物，讓我們對自己的任務有一個清晰的認識和合理的安排，從而集中精力去完成，能顯著提高時間管理效率。

剛開始做時間管理，我們很容易把日程排得滿滿當當，但生活中意料之外的安排會擾亂你的計劃，因此做時間管理一定要留有空間，如留出40%的機動時間。這樣我們既能應對突發事件，也能在這個過程中增強自己的掌控感和自信心。

（三）效率管理

效率管理是採用一定的方法使單位時間的價值達到最大化。有的大學生明明有清晰的目標，也列出了每天的學習計劃，但仍然茫茫然度過，既沒有用心學習，也沒有安心玩耍，這就是單位時間效率不高的表現。

效率管理的常用方法有兩個，一個叫限定時間法，一個叫意志力延伸法。限定時間法是指在任務完成之前個體或時間用完之前不能停止該項工作。比如，個人限定接下來1小時要專心致志地做一項事情，那麼在時間到之前就不允許自己停止。限定時間會給我們營造一種緊迫感，刺激我們加速完成任務。意志力延伸法是指每當自己想要停止一項學習任務時，告訴自己再堅持5分鐘，或者再多做一道題，適當延遲自己的滿足感，這種方法能不斷修煉我們的意志力，長此以往，我們就能在更長的時間裡保持高效的學習。

除此之外，還有一些提高效率的小技巧。比如，合適的學習環境、整潔的桌面能減少內耗，個人會把更多精力放在學習上；與其他高效同學一起學習，個人也能更好地約束自己。勞逸結合也很重要，合理的休息並不是浪費時間，而是補充精力，這是學習的關鍵環節。研究表明，我們大腦的很多記憶加工必須要在睡眠過程中進行，這就是為什麼化學家門捷列夫苦思冥思數天都沒有想出元素的排列方式，卻在睡眠過程中找到了靈感。因此，我們不要為了增加學習的時間，去壓縮睡眠和休息，「逸」也是效率的保障。

二、知識管理

大家都知道奧運會，但可能對奧運會知識管理機構並不瞭解，該機構將奧運會的舉辦流程整理成知識包賣給各屆奧運會主辦方，有了這些資料，下一屆的主辦方就不必從零探索，而是根據這個知識包開展準備，這就是知識管理的力量。知識管理就是通過收集、整理知識，有效地產出結果，解決問題。知識管理有五個步驟，分別是知識學習、保存、分享、應用和創新。

第一步，知識學習。知識學習主要是指知識的獲取，如上課、看書、聽講座等。知識學習並不複雜，但需要注意學習內容的聚焦，我們現在處在一個知識大爆炸的

階段，在知識學習階段的關鍵是確立自己的學習領域，在領域內累積知識。

第二步，保存知識。只有將所學知識更好地組織保存，我們才能迅速調用。因此，對大學生而言，無論是紙質筆記或者電子版信息，都要養成命名、分類的意識，讓存儲的知識持續產生價值。

第三步，知識分享。「教是最好的學」。一般而言，大學生學習知識都存在發散性，只是在點上知曉信息，而知識在大腦的建構是系統的、網狀的，分享有助於大學生關注知識脈絡和生成邏輯，把碎片化信息組織、沉澱，搭建更完整的知識體系。

第四步，知識應用。學習知識的目的就在於應用。知識的學習和保存只能幫我們從「無知」到「有知」，只有通過應用和練習才能幫我們從「無能」到「有能」。

第五步，知識創新。知識創新是指個體創造新知識並將新知識投入到實踐，從而獲得效益的過程。任何創新的基礎和前提都是知識創新，我們在做任何事之前，都是先在頭腦中完成智力創造，然後再付諸實踐，獲得真實的創新，因此知識創新尤為關鍵。作為大學生，可以嘗試以微創新為著力點，變換關聯知識的使用場景或應用方法，結合自身經驗對知識應用做個性化解釋和創新性應用。

部分大學生的知識管理基本停留在第一步，也就是知識學習，少部分同學能做好知識保存，但多數未完成知識管理的分享、應用和創新。雖然並不是所有的學習都需要完成這五個步驟，但對於重點知識和關鍵技能，我們要利用知識管理對其進行深度加工學習，這樣才能提高學習能力，讓自己脫穎而出。

三、思維管理

大學生思維敏捷，接受能力和可塑性強，智力發展達到高峰階段。對大學生至關重要的思維方式包括審辨性思維、包容性思維、系統性思維和創新性思維。

（一）審辨性思維

審辨性思維是一種判斷命題是否為真或部分為真的方式，又名批判性思維，是一種以辯證法為核心的科學思維方式。審辨性思維是大學生探尋真理的基礎，如果大學生在學習中沒有審辨的心態，完全認可現有的知識體系和權威人士，就會缺乏獨立思考的空間及創新成長的動力。

審辨性思維一共包括三個環節：質疑、求證和判斷。其主要特點是：審辨性思維以證據為基礎，合乎邏輯地論證觀點，善於提出問題和質疑，包容異見，深度思考，果斷抉擇。因此，審辨性思維並不是批評和懷疑一切的辯論性思維，而是端正心態，尊重事實，以推理為前提的過程，不斷豐富我們對世界的認知。

培養審辨性思維，首先，我們要告別尋找標準答案的思維慣性，關注思維的邏輯和推理的過程，學會享受探索的美好；其次，我們要勇於提出質疑，遇事多問為什麼，判斷事情以有效證據為基礎。比如，我們不盲目迷信某個結論，而是去思考作者的觀點是什麼？他對觀點提出了論據嗎？他的論據是可信來源嗎？有了這個過程，我們就不會輕易地相信或者否定一個事情，就能有更多思考的維度。

（二）包容性思維

包容性思維是一種彌合分歧、整合不同觀點的思維方式。它主張從正面發掘一

切觀點中的「合理內核」，認為各種觀點都有其「合理的一面」，只有把所有這些「合理的一面」有機結合，才能構成對世界的完整認知，簡而言之，就是求同存異。作為大學生，知識和經歷有限，包容性思維能幫助我們看到更廣闊的空間，擺脫「非黑即白」，看到真理的相對性，因此，包容性思維不僅是一種學習思維，也是一種看待事物的信念和態度。

包容性思維一般包含五個步驟：第一，找出兩個需要整合的論點；第二，找出各自的證據；第三，審視兩個論點的合理性及其相互關係；第四，找出兩個論點各自的限定條件；第五，用統一的論述整合不同的觀點。與審辨性思維不同，包容性思維是從肯定開始的，相信存在即合理。

包容性思維的培養非常關鍵，因為一個人的學習、思考能力都是有限的，大學生如果整天盤旋在已有的思想、能力、領悟範圍內，就會遇到瓶頸，所以，一定要帶著包容性的思維方式去學習。不僅是學習的內容，學習的方式也可以更加包容多元。比如，除了讀書，我們還可以行走、交流、記錄和感受。最終，我們會變得更加豐富。

（三）系統性思維

系統性思維是一種多維的、複雜的思維方式，在現代思維方式中處於核心地位，也被稱為全方位綜合思維。系統性思維與線性思維相對，線性思維指的是簡單明瞭的因果關係，只要解決了原因就能解決問題，其關鍵是找原因。而系統性思維的核心是找關係、找系統。比如，關於汽車為什麼能發動，「線性思維」的解釋是踩了油門，而系統性思維要把汽車本身看作一個系統，汽車的發動源於發動機的動力，而且油門越大速度越快。可見，線性思維單維、定向、局限，系統性思維多維、立體、開闊。

作為大學生，從小到大的學習都是找原因的「線性思維」，但進入社會後，我們面臨的世界不再是簡單的因果關係，而是多維的、整體的、複雜的系統關係。因此，培養系統性思維尤為重要，能幫助我們更好地認識世界。培養系統性思維的方法包括博採知識、多問常思，以及積極參加科技、學術活動，認真體驗社會實踐，在行動中強化理解。

（四）創新性思維

創新性思維是不受現成的、常規的思路約束，尋求對問題的全新的、獨特的解答和方法的思維過程，是一種高層次的思維能力，其特點包括理性、非理性、相同性以及相異性。創新性思維起源於新穎的、不尋常的、非典型的視角，正如諾貝爾物理學獎獲得者艾伯特·詹奧吉所說：「發明就是和別人看同樣的東西卻能想出不同的事情。」

創造性思維的培養方式有很多，如深度思考、野蠻關聯，我們對一件事盡可能發散關聯，尋找可能與之聯繫的事物，還可以經常使用類比推理的方式，通過一件事物類比聯想其他相似或相關事物。大學生要想提高創新思維，一方面要有一定的閱歷和知識累積，不斷汲取新信息，另一方面可以經常參與頭腦風暴活動。英國教育家約翰·紐曼曾說過：「當許多聰明、求知欲強、富有同情心且目光敏銳的年輕

人聚到一起時，即使沒有人教，他們也能互相學習。他們互相交流，瞭解新的思想和看法，看到新鮮事物並且掌握獨到的行為判斷力。」可見，學習和交流是大學生培養創新思維的源泉。

連結：刻意練習

在學習領域裡有一種說法，叫 1 萬小時定律，這是作家格拉德威爾在《異類》一書中提出的，說的是「人們眼中的天才之所以卓越非凡，並非天資超人一等，而是付出了持續不斷的努力。1 萬小時的錘煉是任何人從平凡變成世界級大師的必要條件。」然而，單純的重複並不是成為大師的關鍵，關鍵要進行刻意練習。

刻意練習是佛羅里達州立大學的心理學教授安德斯·埃里克森總結出的一種強大的學習方法，他通過大量的研究指出，一般人只要經過刻意有效的訓練，就可以獲得和天才一樣的表現。

刻意練習的第一個核心是進行有目的的練習，主要包括四個要點：
（1）確定目標不斷改進；
（2）訓練中必須專注；
（3）有及時的反饋；
（4）跳出「舒適區」。

我們的學習一般會面臨三個區域，分別是舒適區、學習區和恐慌區，我們一直反覆做自己舒適的練習是不會有進步的，練習必須有一定的挑戰性，挑戰之前做不到的一些事情，但要適度，否則會進入恐慌區。

刻意練習的第二個核心是形成自己的心理表徵。心理表徵是一種與我們大腦正在思考的某個物體、某個觀點、某些信息或者其他事物相對應的心理結構，或具體或抽象。比如，對於外行的棋手，他只能看到棋子表面的移動，但對一個象棋大師而言，他除了看到表面上棋子的變化之外，還能看出兩方的優勢劣勢、接下來可能的走勢以及應對方案。對高手而言，他們能把大量的信息分解成一個個小的認知模塊，按模塊去思考問題，當他遇到新情況就能快速調動過去的認知模塊，其在思考和解決問題的時候會更加科學高效。刻意練習的目的本質上就是建立一個更強大的心理表徵，它能幫助我們在遇到新的問題時迅速調用規律及相關信息，制訂計劃，進行高效學習。

除此之外，針對不同的領域和不同的學科基礎，刻意練習的方法和技巧也有一定的差異，關於其更深層次的運用我們可以進一步學習埃里克森的著作《刻意練習》。總之，刻意練習是成為高手的一個非常重要的學習方法，值得我們去不斷地研究和實踐。

小結：

掌握高效系統的學習策略，是我們有效開展大學學習的關鍵，大學的學習不僅是單純的知識學習，還涉及精力管理、知識管理和思維管理。在精力管理中，我們要瞭解 SMART 法則、時間管理的方法以及效率管理的重要性；在知識管理中，我

們要掌握知識管理的步驟，即知識的學習、保存、分享、應用和創新；在思維管理中，我們應從一個更廣的視角學習審辨性思維、包容性思維、系統性思維和創新性思維。

　　大學是走向社會的最後一站，大學生已不能簡單停留在課本知識的學習上，還要有更高的思想戰略、更科學的學習策略，才能有效利用大學的寶貴時光。當然，隨著時代的發展，學習已經變成一項終身事業，學校的學習也僅僅是個開始，未來我們走出大學，步入職場，會有更多新的知識和技能等著我們去學習。

思考題：

　　1. 請嘗試用一種時間管理方法進行一次 21 天的時間管理練習，看看會有怎樣的不同和收穫。

　　2. 請嘗試用知識管理的五個步驟對你喜歡的課做一次梳理。

　　3. 請對自己的學習思維做一次反思，用自由書寫的方式記錄自己的回顧和未來的規劃。

第七章
大學生戀愛與性心理

第一節　大學生戀愛心理概述

關關雎鳩，在河之洲。窈窕淑女，君子好逑。
願得一心人，白首不相離。
只願君心似我心，定不負相思意。
身無彩鳳雙飛翼，心有靈犀一點通。
天長地久有時盡，此恨綿綿無絕期。
曾經滄海難為水，除卻巫山不是雲。
執子之手，與子偕老。

以上都是古人對愛情的深情描述，不同人眼中的愛情有所不同。愛情是古老的話題，更是永恆的話題。很多人會經歷愛情，但並非每個人都有愛的能力。面對當前時代的複雜多樣性環境，大學生應認識愛情，為現實生活中擁有健康愛情奠定基礎，為未來享有幸福人生創造機會。

一、什麼是愛情

（一）愛情的定義

愛情是人際吸引最強烈的形式，是身心成熟到一定程度的個體間產生的有浪漫色彩的高級情感。愛情作為一種人類特有的高尚的精神生活，作為一種深刻的心靈情感的溝通，既有自然的本能屬性，又有社會化的心理、美學和道德的內涵。

每個人對愛情都有著自己的理解和期待。弗洛姆認為「愛情是一種個人體驗，每個人只能通過自己並為自己得到這種體驗」；莎士比亞認為「愛情是感情的最高位階」；羅素認為「愛情就是生活」；伏爾泰認為「愛情之中高尚的成分不亞於溫柔的成分，使人向上的力量不亞於使人萎靡的力量，有時還能激發別的美德」；科學家愛迪生也會談論愛情，他認為「愛情不會因為理智而變得淡漠，也不會因為雄心壯志而喪失殆盡，它是第二生命，它深入靈魂，溫暖著每一條血管，跳動在每一次脈搏之中」。

（二）愛情的特性

1. 愛情的相互性

愛情是發生在兩個人之間的特殊情感關係，是兩個個體之間有來有往、彼此互

動的過程。單戀由於缺乏互動性，是單相思者對所傾慕的對象一往情深，僅局限於相思者自己的內心，對方並不知道，雙方在情感上沒有互動往來，因而從這個意義上看，單戀不是愛情。

2. 愛情的對等性

愛情中彼此是互相愛慕、互相吸引、互相呵護的。單純的仰慕不是愛情，那是一方對另一方的抬頭仰望，被仰望的一方在情感上更具有優勢，有更多選擇權。單純的同情也不是愛情，同情是強大的一方對柔弱一方的照顧和憐愛，有「施捨」的意味。愛情是雙向的、相互的，而仰慕和同情都是單向的，缺乏往來。但是，一方的同情、仰慕可以在一定條件下，得到對方的參與，在雙方的參與、互動下逐漸發展成為愛情。

3. 愛情的專一性

愛情具有排他性，彼此忠誠於對方，難以容許有第三人的介入。如果一段愛情中有第三者，戀愛雙方都需要反思這段感情中的哪些環節出現了問題，才可能會有第三者的空間。同時，雙方還需要做出選擇，這才是愛情中該有的態度和責任。

4. 愛情的互惠性

愛情中的彼此是相互滋養、互利互惠的，愛情中彼此把關愛、呵護帶給對方的同時，也努力為對方、為自己努力成長，逐漸變為更好的自己，從而進一步地滋養彼此。因此，好的愛情，是在互相幫助、互相溫暖、互相支持中彼此受惠、共同成長的。如果愛情中一方成長了，只一方沒有成長，或者雙方都停留在最初的階段沒有任何成長，愛情就沒有向好的發展方向。

二、愛情的基礎

（一）愛情的生理基礎

愛情產生的生物學基礎是生理的成熟。當個體進入青春期，逐漸發育成熟並具備了生殖能力。伴隨著這種生理成熟，個體會對愛情產生好奇並進行探索。愛情的產生也與個人體內某些神經遞質的分泌有關。從生物學的角度講，某個特定的人的外表、聲音、氣味、行為等，刺激了人的大腦，分泌了相應的化學物質，讓人產生了浪漫、幸福、快樂、輕鬆的感覺，形成了早期強烈的衝動，即愛情。這些化學物質主要有以下幾種：①苯基乙胺，簡稱PEA。由於PEA的作用，人的呼吸和心跳都會加速，心跳加快，手心出汗，顏面發紅。②多巴胺，其主要作用是傳遞亢奮和歡愉的信息。雙方分泌的多巴胺越多，兩人產生歡欣愉悅的感覺就越多。③去甲腎上腺素，它能讓戀愛的人產生怦然心動的感覺。其原理是去甲腎上腺素有強大的血管收縮作用和神經傳導作用，會引起血壓、心率和血糖含量的增高。

（二）愛情的心理基礎

愛情的產生，除了生理發育成熟，還需要有一定的心理基礎。心理學家埃里克森提出，對於青少年，只有在確立同一性之後，才能夠建立真正的親密關係。真正的親密關係只能發生在已明確建立自我同一性和忠誠的伴侶之間，因為與他人發生愛的關係，就是把自己的同一性與他人的同一性融合一體。在大學階段，個體的自

我意識和性意識方面都不斷發展，日趨成熟，為愛情關係的建立創設了基礎。

愛情的心理基礎還包括依戀關係的建立。依戀，一般被定義為幼兒和照顧者之間存在的一種特殊的感情關係，是感情上的聯結和紐帶。研究者發現，嬰兒—照看者和成人戀愛伴侶具有一些共同的特徵，包括：另一方在身邊和能夠回應自己時，感到安全；有親密、私人性質的身體接觸；當不能親近另一方時自身會感到不安全；與另一方分享自己的發現；撫摸另一方的面部，顯示出相互間的迷戀和專注；都會進行身體接觸。基於這些類似，心理學家認為成人戀愛關係與嬰兒—照看者關係一樣，也是依戀。

愛情的心理基礎，還需要雙方在心理上具備一些品質，如基本的信任感、尊重和共同的志向。其中，尊重是所有交往的前提，沒有相互的尊重彼此不可能發展出平等健康的關係，也不可能在關係中找到自由。

三、愛情裡的心理效應

在愛情產生和發展的過程中，會有一些有趣的現象，這些現象都可以通過心理學效應得到解釋。

1. 首因效應

首因效應是指交往雙方形成的第一次印象對今後交往關係的影響，即「先入為主」帶來的效果。雖然這些第一印象並非總是正確的，卻是最鮮明、最牢固的，並且決定著以後雙方交往的進程。愛情中，不少人是因為第一印象而對對方產生好感，產生怦然心動的感覺。

2. 羅密歐與朱麗葉效應

莎士比亞筆下的羅密歐與朱麗葉彼此相愛，但由於世仇，他們的愛情遭到了極力阻礙。但來自外部的阻礙並沒有使他們分手，反而使他們愛得更深。這樣的現象叫羅密歐與朱麗葉效應，即當出現干擾戀愛雙方愛情關係的外在力量時，戀愛雙方的情感反而會加強，戀愛關係也因此更加牢固。心理學家以阻抗理論解釋這種現象，指出當人們的自由受到限制時，會產生不愉快的感覺，而從事被禁止的行為反而可以消除這種不悅。另外，從維持認知平衡的角度來看，當外在理由消失後，人們就會從內部尋找依託。當親人對一段戀情採取強烈的否定態度時，便削弱了戀愛的外在理由，這導致戀愛者的認知出現了不平衡，於是，戀人會把內在的情感因素升級，使自己的認知重新處於平衡狀態。

3. 吊橋效應

吊橋效應源於一系列實驗。實驗中，一位漂亮的女性到男大學生中做一個調查，並邀請男生根據一張圖片編故事。參加實驗的男大學生被分為三組，分別在三個地方接受調查：一是安靜的公園，二是一座堅固而低矮的石橋，三是一座危險的吊橋。之後，女性留下姓名和電話給實驗參與者。實驗結果表明，與其他兩組相比，在危險的吊橋上參加實驗的男大學生給女調查者打電話的人數最多，而且他們所撰寫的故事中，也更多含有情愛的色彩。這個實驗說明，危險的吊橋誘發的感覺更容易讓人滋生愛情。

4. 蔡格尼克效應

蔡格尼克效應是一種記憶效應,指的是人們對已完成、已知結果的事極易忘卻,但對那些中途被打斷的、未竟之事印象深刻。比如,在親密關係中,伴侶間的爭吵如果能夠以雙方達成共識為結局,這段爭吵很快就會被遺忘。那些幸福的情侶並不像他們所回憶起的那樣,「我們幾乎沒有矛盾」,他們只是忘記了那些被解決了的矛盾。這個效應解釋人們為何對沒有結果的初戀不能釋懷。因為人們渴望生命中每件事都有始有終,沒有結果的事伴隨著未被滿足的願望或需求,被人們帶入日後的人生中,讓人始終無法放下。

5. 熟悉效應

20世紀60年代,心理學家查榮茨做過這樣一個實驗:他向參加實驗的人出示一些人的照片,讓他們觀看。有些照片出現了二十幾次,有的出現十幾次,而有的則只出現了一兩次。之後,請看照片的人評價他們對照片的喜愛程度。結果發現,參加實驗的人看到某張照片的次數越多,就越喜歡這張照片。相比那些陌生的照片,人們更喜歡那些看過二十幾次的照片。也就是說,看的次數增加了喜歡的程度。因此,這個效應解釋了單純增加熟悉程度,就更容易博得對方好感。

6. 黑暗效應

浪漫的西餐廳是很多情侶約會的首選,因為在光線比較暗的場所,約會雙方彼此看不清對方表情,就很容易減少戒備感而產生安全感。在這種情況下,彼此產生親近的可能性就會遠遠高於光線比較亮的場所。心理學家將這種現象稱之為「黑暗效應」。

四、愛情的相關理論

1. 愛情類型理論

社會學家約翰李(John Alan Lee)根據愛情體驗的深度、對愛人的投入和承諾、所想要得到的愛人的特點以及對付出的愛的回報的預期等的不同,經文獻收集及調查訪談兩階段的研究,將男女之間的愛情分成六種類型:

(1)情欲之愛:有著很強的身體成分,其特點是一見鐘情,以貌取人,缺少心靈溝通和專一,靠激情維持。

(2)遊戲之愛:視戀愛為一場讓異性青睞的遊戲,只求個人需求的滿足且重視過程而非結果。這種形態的愛情通常沒有承諾,也缺乏安全感。

(3)佔有之愛:常常體現出較強的控制性,對所愛的對象賦予了極強烈的情感並將其視為自己的私有物;同時由於自己全身心地付出了,所以也希望對方以同樣的方式回應自己。

(4)友誼之愛:在緩慢的交往過程中由友情逐漸演變而成,是一種朋友式的,建立在有共同經歷、志同道合基礎之上的相對穩定的愛情。

(5)無私之愛:信奉愛情是付出而不是索取,具有偉大的自我犧牲精神,甘願為其所愛奉獻一切而不計任何回報。這種形態的愛情常常已經超越世俗,在精神層面獲得了極高的享受。

(6)實用之愛:理性高於情感,將愛情視為現實需求的滿足,比較看重現實條

件，如經濟狀況、文化層次、社會地位等。它立足於生活實際，但求彼此現實需要的滿足，不求理想化的精神享受。

2. 愛情三角理論

心理學家斯滕伯格提出愛情三角理論，這三角分別是親密、激情、承諾。

親密是兩人之間感覺親近、溫馨的一種體驗。親密包含了渴望促進被愛者的幸福，以及跟被愛者在一起時感到幸福。比如，一起做事時感到愉快，相互尊重和理解，分享彼此，接受與給與感情支持，親切溝通。

激情是一種「強烈地渴望跟對方結合的狀態」。通俗地講，就是個體見到對方會有怦然心動的感覺，與對方相處有一種興奮的體驗。激情的形式常常是對性的渴望，但自尊、照顧、歸屬、支配、服從也是喚醒激情體驗的源泉。激情可以是以身體的慾望喚起為特徵，也可以體現為情感上的著迷。激情可以是積極的，也可以是消極的。愛情中我們需要非常審慎地對待激情，才能更好地將它作為愛情的助推劑。

承諾指自己投身於一份感情的決定及維持感情的努力。承諾包括短期的和長期的。短期的承諾指要做出愛不愛一個人的決定；長期的承諾是指做出維護愛情關係的承諾，包括對愛情忠誠、負責任，也就是結婚誓言裡說的「我願意」，是一種患難與共、至死不渝的承諾。我們不一定同時具備兩者。個體決定愛一個人，不一定願意承擔責任；在決定承擔責任的那一刻，不一定要愛這個人。

該理論認為，親密、激情、承諾三者結合在一起才是圓滿完美的愛。隨著認識時間的增加和相處方式的改變，這三種成分也會有所改變。另外，斯滕伯格還認為每對戀人的愛情形式因人而異，其親密關係和熱烈程度也是各不相同。根據此理論，我們將三種成分進行組合，可以將愛情分為 8 種類型（見表 7-1），而理想的愛情關係應該是三者兼備、合而為一。

表 7-1　　　　　　　　　　愛情的組合類型

愛的種類	親密	激情	承諾
無愛	—	—	—
喜歡	＋	—	—
迷戀的愛	—	＋	—
空洞的愛	—	—	＋
浪漫的愛	＋	＋	—
友誼的愛	＋	—	＋
愚蠢而虛幻的愛	—	＋	＋
圓滿的愛	＋	＋	＋

註：「＋」表示存在，「—」表示不存在

3. 依戀關係理論

依戀關係理論首先由英國精神病學家鮑爾比提出。該理論認為，依戀並非來自母親的餵食行為及人類性的驅力，它是生命系統的一部分，雖然它在整個生命過程

中都存在，但在兒童早期最明顯，兒童只有把父母作為安全基地才能有效地探索周圍環境。假如嬰兒不尋求並維持與照顧者的親近，嬰兒就會死亡。

依戀關係研究的重大進展來自安斯沃斯（Ainsworth）的認識：依戀關係中個體間的重要差異在於依戀的安全性或不安全性。安斯沃斯設計了陌生情境測驗，評定1歲嬰兒對其母親依戀的安全性。安斯沃斯的陌生情境測驗將嬰兒的依戀關係分為三類：

（1）安全依戀，這類兒童與母親在一起時能舒心地玩玩具，並不總是依附母親，當母親離去時，明顯地表現出苦惱情緒。當母親回來，兒童會立即尋求與母親的接觸，很快平靜下來並繼續玩遊戲。

（2）迴避型依戀，這類兒童在母親離去時表面上沒有太多反應，母親回來後，他們亦不予理會或短暫接近一下又走開，表現出忽視及躲避行為，這類兒童接受陌生人的安慰與母親的安慰沒有差別。

（3）焦慮-矛盾型依戀，此類兒童對母親的離去表示強烈反抗，母親回來後，尋求與母親的接觸，但同時又顯示出反抗，甚至發怒，不能再去玩遊戲。

後來，依戀關係的研究拓展到成人階段，典型的標誌是哈桑和謝弗（Hazan & Shaver）發表了一篇題為《浪漫的愛可以看作依戀過程》的論文。他們認為三種依戀類型同樣也能應用到成人的戀愛過程中。因此，他們在嬰兒依戀模式描述的基礎上，構建了一個簡單的自我報告量表。在這個測量中，受測者要求從三個有關依戀類型的描述中挑選一個最能夠反應他們在戀愛中經常有的感覺和想法。量表大意如下：

（1）安全型：我發現與別人親密並不難，並能安心地依賴於別人和讓別人依賴我。我不擔心被別人拋棄，也不擔心別人與我關係太親密。

（2）迴避型：與別人親密令我感到有些不舒服，我發現自己很難完全相信和依靠他們。當別人與我太親密時我會緊張，如果別人想讓我更加親密一點，我會感到不自在。

（3）焦慮-矛盾型：我發現別人不樂意像我希望的那樣與我親密。我經常擔心自己的伴侶並不真心愛我或不想與我在一起。我想與伴侶非常親密，這樣有時會嚇跑別人。

這三種類型的成人比例與嬰兒的安全型、迴避型和焦慮-矛盾型的比例分配非常匹配。總之，成人依戀類型可以預測戀愛關係中的一些反應，也可以很好地解釋戀愛關係中的行為和狀態。但依戀類型並非固定不變，會隨著時間和經驗有所變化。比如，經歷過背叛的安全依戀類型的個體，可能在短期內變得焦慮擔憂，表現得與焦慮-矛盾型一樣。而長期處在一段安全的親密關係中，也會讓非安全型依戀的個體逐漸學會表達親密，學會信任對方，從而建立起更加親密和深入的關係。

4. 成熟之愛理論

心理學家弗洛姆認為：「愛是保持自己的尊嚴和個性的結合。愛是人的一種主動的能力，是一種突破人與人分離的那些屏障的能力，一種把他和他人聯合起來的能力。愛使人克服孤獨和分離感，但愛承認人自身的價值，保持自身的尊嚴。」這

是一種在保持個性和尊嚴前提下的結合,是一種「成熟之愛」。弗洛姆指出成熟的愛應具備下列五大特徵:

(1) 給予。愛的首要特徵是給予。愛是一種主動和積極的能力,而不是一種消極的情緒。弗洛姆指出,愛是給予,而不是接受。給予並不意味著喪失和犧牲,而是一種奉獻,是個人潛力的最高體現。「因為我是能幹和富有的,我的靈魂很豐滿,所以才有能力賦予他人愛」。

(2) 關心。關心是指個體對所愛對象的生命和成長的積極關心,個體如果缺少這種關心那就不是愛。

(3) 責任。責任指我們在愛上另一個人後,決定將其視作愛人,我們都願意分享快樂和分擔愛人的憂愁,隨時準備對他的需要做出反應。責任不同於職責,它是一種完全出於自願的行為。

(4) 尊重。如果責任缺乏尊重的話,便很容易轉化成為支配。尊重意味著按其本來面目發現一個人,認識其獨特個性。尊重意味著沒有剝削,讓被愛的人為他自己的目的去成長和發展,而不是為自己服務。

(5) 瞭解。瞭解具有雙重含義。首先,作為愛的主要特徵,瞭解不是表面的理解,而是本質意義上的瞭解。它超越了對自己的關心,並能夠按其本來面目去發現對方。因此,我們可以發現其他人無法察覺的愛人的獨特性。其次,瞭解還包含另一層意思,即渴望瞭解「人類的秘密」。個體通過與愛人的結合平息對瞭解的渴望。在愛的行為中,當我們感到全身心與愛人融為一體時,「我找到了自己,我發現了自己,我發現了我們兩個人,我發現了人類。」

連結:一見鐘情的心理機制

一見鐘情,是我們對愛情的美好向往,希望戀人之間在看到彼此第一眼時就深愛上對方,希望愛情源於美好的第一印象。愛情本身就是以異性之間的相互吸引為基石的。在尋找人生伴侶的審美標準上,我們沒法把異性之間的生理效應排除在自己的標準之外。美的感受,常常帶給人積極的情緒體驗。每個人的內心,對理想的另一半都有一個最初的美好雛形。第一眼望過去,如果對方具有的特徵恰好與自己心中理想的異性形象非常吻合,好感、愛慕這些美好的感覺都會在瞬間自然而然地產生,並熾烈地生長開來,甚至快速達到狂熱的程度。其實,每個人內心有各自獨特的異性美模式,這種模式通常包含內在與外在兩個方面。一見鐘情,個體通常不是靠理性而是靠直覺的判斷,直覺上認為對方就是自己期待的那個人。

當個體憑直覺認為「自己開始喜歡那個人」之後,隨之而來的就是「光環效應」,自己會覺得看著對方哪裡都好,會為對方的優點、優勢找各種支撐理由。個體通過尋找支撐證據,不斷地強化自己的判斷,從而使自己的直覺「合理化」。這是一個非常有趣的心理現象。

有這樣一個心理實驗:研究者用兩份內容相同的材料描述同一個人,只是其中一份將這個人的外向特徵的文字描述放在前面,另一份則將其內向特徵的文字放在前面。當兩組水準相當的學生閱讀這兩份材料時,形成對此性格特徵的判斷是

截然不同的。所有這些，都是先入為主的第一印象在發揮著作用。

第一印象常常非常快速，但又常常會有個人化和有失偏頗的部分。因此，一見鍾情的愛情仍然需要我們理智地把握。一見鍾情可以是戀愛的開始，戀愛雙方還要經歷各種反覆，最終才能走向成熟，走向真正的美好。

小結：

愛情是人際吸引最強烈的形式，是身心成熟到一定程度的個體間產生的有浪漫色彩的高級情感。愛情是兩個人之間的關係狀態；是雙方對等、彼此專一、彼此互惠的親密關係。

愛情的相關理論包括：

（1）愛情類型理論。該理論將愛情分成六種類型：情欲之愛、遊戲之愛、佔有、之愛友誼之愛　無私之愛　實用之愛。

（2）愛情三角理論。心理學家斯滕伯格提出愛情三角理論，三角分別是親密、激情、承諾。

（3）依戀關係理論。親密、激情、承諾是愛情的三塊重要基石。

（4）成熟之愛理論。愛是人的一種主動的能力，是一種突破使人與人分離的那些屏障的能力，一種把他和他人聯合起來的能力。愛使人克服孤獨和分離感，但承認人自身的價值，保持自身的尊嚴；是一種在保持個性和尊嚴前提下的結合，是一種「成熟之愛」。

思考題：

1. 根據愛情三角理論，大學時代的愛情屬於哪一類愛情？要好好經營大學時代的愛情，我們需要注意些什麼？

2. 人們常常說「愛情常讓人迷失自我」，對於如何處理愛情中的自我發展，談談你的看法？

3. 在愛情中，如何更好地平衡自愛與愛人？

第二節　大學生戀愛心理及問題調適

剛入學的小梅在老鄉會上認識了陽光、優秀的學長，學長對自己照顧有加。小梅漸漸對學長產生了一種從未有過的感覺，學長似乎也會特別照顧自己。寢室臥談會上，小梅鼓足勇氣說了這個事情，室友非常確定地告訴她：「傻丫頭，這就是愛的感覺！」作為「戀愛小白」的小梅感到困惑了：自己這麼幸運嗎，愛情說來就來？要怎麼做才能讓剛剛萌芽的愛情茁壯成長呢？

大學階段是人生發展中的一個特殊階段，這個階段向往未來，憧憬美好，期待愛情，卻自身又很難給予承諾。大學生對幸福有著種種理解，對未知充滿各種好奇，對愛情有著強烈的渴望。現實層面，學習的要求、經濟的壓力、內心的尚未成熟、

來自各方的期盼、強烈的期待都讓這個階段的愛情呈現出不一樣的特點。瞭解這個階段的特點，大學生才能更好培養愛的能力。

一、大學生戀愛心理的特點

1. 浪漫性

大學生對未來充滿希望和追求，生活相對單純。因此，當代大學生的戀愛具有更多的夢幻色彩，部分大學生以自己從文藝作品中概括出來的理想愛情，去勾畫自己的理想伴侶，強調理想、志趣、品質、性格等精神層面，以及氣質、容貌等外在條件，對承擔實際生活困難的能力、責任等重視不足。這種浪漫色彩為愛情增添了許多美好，但同時也會出現幻滅。當出現很現實的困難需要雙方共同面對時，浪漫並不足能支撐愛情走下去。在這種情況下，理想的戀人形象容易隨之改變。

2. 易變性

大學生社會閱歷較淺，他們的戀愛大多具有衝動性，再加上當前社會在社交便利性上非常發達，大學生往往通過短暫交往就確定戀愛關係。而在戀愛過程中，戀愛的浪漫性使他們大多數人不善於處理戀愛中的糾葛，把任何的矛盾、摩擦與感情聯繫起來，不顧及許多客觀條件的制約，導致情感波動較大，分分合合，變化無常。特別是為了戀愛而戀愛的情況，使這種易變性更加突出。另外，部分大學生只想在大學期間體驗愛情的滋味，至於戀愛中可能遇到的問題和結果，他們並沒有足夠的思想準備，因此很容易因為一些小事而中斷戀愛。

3. 盲目性

這種盲目從眾的特點在大學生剛進大學和即將畢業時表現得最為明顯。大學新生獨立生活能力還不強，面對陌生的學習和環境表現出較大的心理依賴性。大學要解決自己的問題，尋求心理安慰，乃至克服寂寞感，最容易想到的辦法就是戀愛。臨近畢業，這是大學生戀愛的又一個高峰期。許多學生希望能在畢業之前體驗戀愛的感覺，而這種風氣可能會相互影響，導致盲目戀愛。

二、大學生的戀愛心理階段

戀愛是人情感發展的重要階段。戀愛過程是感情發展的過程，是彼此深入瞭解、互相適應的過程。完整的戀愛過程通常包括選擇對象、確定關係、經營情感、進入婚姻等階段，對於大學生而言，戀愛階段有其特點，呈現如下階段：

1. 理想對象的構建階段

大學生沒有家長的束縛和高考的壓力，開始接觸更廣闊的天地，比以往任何時候與他人的接觸都多，也更容易展現出自己不同的風貌。在這樣的人際環境中，異性間更容易相互吸引，出現彼此想要瞭解、靠近、接觸的意願。

處於這個階段的青年男女，更注意自己的外貌、言談、舉止，希望以此獲得異性的關注與好感，在無形中為自己加分。生活中，他們更加關注與愛情相關的趣聞軼事，開始關注與愛情相關的文學或影視作品，談論的話題中，也有很多與愛情相關。但在這一階段，青年男女們的戀愛心理尚不成熟、不穩定，愛慕的對象往往是

泛化的，缺乏明確的指向對象，只是在自己內心不斷設想未來伴侶應該具備哪些特質，從而勾勒出理想伴侶的模樣。

2. 現實對象的確定階段

當理想伴侶的雛形已經在內心逐漸建立，青年們便進入了在生活中尋找、確定現實對象的階段。如果之前確立的理想伴侶的模型是清晰、具體、可實現、可操作的，加之自己內心主動接觸他人的願望強烈，行動積極，那在這一確定階段，很容易找到與之模型匹配的戀人。如果之前確立的理想伴侶模型模糊、不具體、超越了現實條件，加之自身缺乏積極的行動，則很難在現實中找到符合自身標準的理想伴侶。

3. 激情熱戀階段

青年男女在確定了戀愛對象、明確了戀愛關係之後，經過相互的適應、磨合，便進入了熱戀階段。這一階段的男女，對彼此有著強烈的愛意和難以分離的感受。熱戀期間的彼此，光環效應明顯，認為對方做什麼都是好的、有意思的、可愛的，對方無論怎樣都是可理解、可接受的。正因如此，這期間的戀人，很多判斷都帶有強烈的愛意、情緒，很多時候他們的認知、判斷會被個人情感影響。

4. 磨合與調適階段

愛情中的激情隨著相處時間變長，會有一定程度的調整。隨著激情退去，熱戀中的彼此逐漸進入更為長久、相對平靜也趨於常態的狀態。在此階段中，愛情褪去了激情的面紗，個人情感的部分減弱，理性的部分增強，戀愛雙方開始更理性地審視彼此及這段情感，經過一定階段的相處，彼此間更接近於真實生活的一面逐漸顯露。戀愛雙方開始更真實地面對彼此，去調整、適應、接受褪去光環後的彼此。在這個階段，關係趨於平緩和穩定。

三、大學生戀愛問題和調適

戀愛，是兩個個體情感高度捲入的過程，期間難免會有各種狀況。大學生人生閱歷尚淺，相關經驗不多，面對戀愛關係中的複雜情況，往往採取一些不恰當的應對行為，導致戀愛關係受損，當事人情緒痛苦。直面戀愛中的各類問題，學會恰當地調適，是當代大學生心理健康的重要一課。

（一）單戀

單戀指當一個人愛上另一個人，通過表白或者暗示讓對方知道，且對方不接受的感情。單戀有兩種情況：一種是毫無理由的「單戀」，對方毫無表示，甚至對方還不認識自己，而自己執著地愛對方、追求對方，這種戀愛是純粹的單向。另一種是自認為有理由的單戀，誤會對方對自己表達的情感，常把對方的言行舉止納入自己主觀需要的軌道來理解，造成對對方認知的偏差。單戀根據是否主動公開讓對方知道，分為明戀和暗戀。單戀者固然能體驗到一種深刻的快樂，但更多的體驗是情感的壓抑。短暫的單戀很正常，但是，當這種心理困惑持續時間過長而自己又不能擺脫，影響自己正常的學習生活，甚至身心健康時，我們就需要認真關注了，以下方法可以為陷入單戀中的大學生提供些思考。

要分清「愛情」和「友誼」的界限。友誼在一定條件下能發展為愛情，但它不是愛情本身。友誼是以信任、親密為主，但缺乏戀愛的激情。我們要理性看待自己的感覺。感覺只是人們認識客觀事物的一種初級形式，它瞭解的只是事物的個別屬性，因此往往會對事物產生不正確的認識。以感覺為基礎的愛情，往往具有衝動性和短暫性，我們需要理性看待，要懂得與人傾訴，化解心中單戀之苦。大學生可把單戀的緣由、經過、幻想和苦悶，向老師、家長或最知心的朋友傾訴，聽聽他們的評說、勸慰，便於理性看待這份感情，化解苦悶。

（二）失戀

失戀是指個體戀愛受挫失敗，失戀包括主動失戀和被動失戀。主動失戀者是主動提出分手的一方，而被動失戀者是本不願意終止戀愛關係，被其戀愛對象拋棄者。一般而言，被動失戀會比主動失戀者體驗更多的負性情緒。狹義而言，失戀者特指被動失戀者。失戀引起的主要情緒反應是痛苦與煩惱，大多數人能正確對待和處理這種戀愛受挫現象，愉快地走向新生活。然而也有一些人不能及時排除這種強烈情緒，導致心理失衡，性格反常。

失戀後，人們會感到痛苦、消極，這是正常現象。但有些情況需要及時調整。一是失戀者愧疚、自卑和迷惘，甚至絕望、輕生。這往往是消極的認知導致的。常見的認知是：連我最愛的人都拋棄了我，這個世界對我來說還有什麼意義？二是失戀者對拋棄自己的人無法釋懷，陷入自欺欺人，否認失戀的存在，從而陷入單相思的泥潭。這類人首先從心理上拒絕、否認事實，繼而更加思念對方，認為失去的是人生中最好的，陷入單相思難以自拔。三是失戀者因失戀而憤怒，甚至產生報復心理，彼此受到更多的傷害；或從此嫉俗厭世，懷疑一切，愛發牢騷；或從此玩世不恭，得過且過，不再認真對待感情。典型的報復心理是：我不幸福，你也別想幸福。這種扭曲報復的心理會阻礙個體重新開始一段美好的感情。

對於失戀，個體可以積極主動地調整。對於主動提出分手的一方，要注意以下幾點：一是選擇恰當的時機，二是使用策略，三是善意地說明原因，四是不逃避責任，五是不拖泥帶水。被動的一方，要注意控制自己的情緒，理性對待。戀愛關係終止後，雙方都需要一段時間認真冷靜地面對這段感情，並允許自己有一段時間調整情緒。除了盡情釋放痛苦情緒，與人傾訴外，大學生還可以向學校心理諮詢老師尋求幫助，便於更好地恢復，重新投入生活學習。最後，失戀者還需要冷靜理智地分析問題，勇於面對自己。

（三）性取向困惑

性取向，也稱性傾向，是用來描述一個人性渴望、幻想和感覺的對象，通常是另一個人。性取向的分類有：異性戀、同性戀、雙性戀。最近幾十年的研究表明，性取向是一個程度漸進的連續概念，每個人的性取向位於從「只對異性感興趣」到「只對同性感興趣」之間的某個位置。目前，大學生性取向困惑主要為同性戀困惑，少數為雙性戀。在歷史上，同性戀曾被劃入精神疾病的範疇。隨著社會的發展和進步，同性戀逐漸被去病化。美國精神醫學學會在1973年把同性戀從《精神疾病診斷標準》（第3版）中去除。2001年中國《中國精神疾病分類與診斷標準》第3版出

版，取消了第五版中將同性戀列為「性變態」條目。

雖然同性戀已經非病理化，但在大學中依然有部分學生對於自己的性取向感到困惑，乃至痛苦。一是給自己貼上標籤，認定自己是同性戀，對於社會言論過於敏感，對社交活動採取排斥抗拒的態度。這會導致心理封閉，不利於更好地發展自己。二是因性取向而怨天尤人，產生消極情緒。三是沉迷於網路交友，影響正常生活學習。四是歉疚心理嚴重，認為自己有愧於家人和伴侶的期待。五是情感壓抑。大多數大學生會隱蔽自己的同性戀取向，心理上常感到束縛、抑制、沉重、煩悶。

對於性取向困擾，編者對大學生有以下建議：一是積極主動調適，保持健康積極心態。二是不要給自己貼標籤，過於固執。三是鞏固自我價值感，不斷提升自己的能力。四是尋求心理諮詢。總之，愛情並非人生的全部，性取向也不能代表一個人的全部。在這個過程中，大學生需要全面客觀深入地認識自我，樂觀積極地面對困難，不困於情緒，不怨天尤人。

四、戀愛中的衝突與化解

儘管戀愛中有浪漫和甜美，但衝突也是戀愛過程中不可避免的部分。心理學家彼得森把激發衝突的事件分成四個常見類別：批評、無理要求、拒絕和累積的煩惱。批評指被人視為具有貶低或誹謗意義的言語和非言語行動。批評者的評論或行為所要表達的內容並不重要，要緊的是被批評者把這種行動詮釋為不公正和吹毛求疵。無理要求指不公平的索取，因為它超過了伴侶們的正常期望。拒絕指「某人請求另一個人做出期待的行動，而另一方沒有像預期那樣反應」。累積的煩惱指相對輕微的事件不斷重複累積，從而使人產生煩惱。大學生面對戀愛中的衝突可從以下幾個方面進行化解：

一是加強瞭解。更多地瞭解伴侶的性格、愛好、優缺點。當生活中產生摩擦，雙方因為相互瞭解對方，就會更清醒地看待問題，因而少了許多誤解。二是懂得包容體諒。當矛盾產生時，雙方不應一味地責怪對方，應該站在對方的角度上考慮問題，學會包容體諒，這樣的愛情才會長久。三是給對方一些私人空間。戀愛，不是相互佔有對方，而是形成一個互補。如果個體無時無刻都怕孤單，讓對方陪伴，久而久之，對方就會感覺戀愛是一個累贅，沒有自由。我們應學會給對方一些私人空間，尤其尊重對方的界限。四是懂得溝通。溝通中，雙方應重視彼此的情緒，而不是爭辯是非對錯。如果雙方陷入爭辯對錯的怪圈，把愛情變成一場戰爭，其結果是雙輸。

五、提升愛的能力

戀愛不僅是感受與付出，更是一種智慧和能力。大學生應當為愛做準備，要在知識獲取上不斷學習如何愛，在實踐體驗中不斷培養、提升愛的能力。

（一）識別愛的能力

血緣關聯常常是我們判斷和確認親情關係的核心線索，判斷愛情則沒有明顯的線索。大學生要想學會愛，首先要學習怎麼識別愛。

對照愛情三元理論，理想的愛情應該是激情、親密與承諾三者兼備。對比友情與愛情，友情中更多的是親密這一成分，而愛情包含激情的成分。愛情的激情成分使愛情具備「性」的信號。正因為這一差異，我們在友情中常感受到信賴、平和及溫暖，而在愛情中常感受到熱烈、奔放和興奮。從關係的開放性來看，友情是可以共享的，而愛情是排他的。大學生識別愛的過程，也是確定是否做出短期承諾的過程。個體確定承諾，意味著確定忠誠於對方、忠誠於關係。

個體學習識別愛情，應用理性辨析，讓戀愛的發展有一個更可靠的起點，更可信的未來。應保持對愛的辨別意識，識別愛情成分的程度變化，做出對應性的調整，使愛情持續走向更好地可能；應學會識別愛情的本質變化，這是重新選擇關係模式的必要條件。

（二）迎接愛的能力

個體能否順利與一個已經識別的愛的對象開始一段愛情關係，擁有迎接愛的能力是關鍵。迎接愛的能力，分為主動追求愛和恰當接受愛。

追求愛，個體要敢於表達愛、善於表達愛、恰當表達愛。表達自己的情感，隱含一個人對自身的評價和態度。如果一個人不自信，可能會阻礙情感的表達。另外，部分大學生因為具有豐富的創造力，擅長浪漫式表達。表達愛，本質是展現承諾。除了適度營造氛圍，應弱化物質載體，重在確認感情、明確責任、展望未來。表達愛，個體還需要考慮表達的時機、環境，需要換位思考，選擇一種恰當的方式，讓對方感受到放鬆和愉悅，增加對方接受的可能性。

面對他人的追求，接受愛的能力幫助個體準確地判斷，做出接受、待定或婉拒的選擇。愛情是兩個人之間平等的親密關係，一方的感受和想法不能決定對方有同樣的情感體驗和關係定位。面對主動方的求愛，被追求者力求不衝動、不盲目、不隨意，做出理性決定。接受追求，意味著雙方在相處中會識別親密和激情，表達著雙方對未來發展的付出和擔當。待定的回應是被追求者對愛情的三個要素還有不確定感，對未來有期待也有隱憂。被追求者以待定的方式，給予雙方一定時間相處、觀察、辨析，是對彼此負責，對關係和未來負責。婉拒，被追求者明確彼此關係中不具備愛情的三要素，認為未來的關係不可預期。婉拒，被追求者應注意珍重對方愛的善意，友善對待對方。

在迎接愛的能力上，我們應注意差異性。性別上的差異方面，女性的表達比男性的表達更含蓄、更模糊；性格上的差異方面，內向的個體的表達比外向的個體更謹慎、更委婉；人格特點、認知觀念、過往經驗等都使個體在表達上產生差異。

（三）拒絕愛的能力

大學生在生理上的成熟，為對感情的強烈需求提供了基礎。大學生在心理上正處於埃里克森畢生發展階段中「自我同一性」階段和「發展親密感」的階段，對感情有著強烈的渴望。面對身心成熟的需求，比接納愛更需要勇氣和智慧的，是個體拒絕自己不願意或不合適的愛。

當代大學生中獨生子女居多，在異地求學、遠離家人、陌生環境、學業壓力等現實因素面前，部分大學生很難適應，或者對未來生活充滿不確定感，因此感到沮

喪、壓抑、空虛、孤獨、艱難等。一些大學生為了擺脫孤獨感而無法拒絕他人的追求。從眾心理也助推了一些單身學生的求愛心理。他們把愛情視作大學的必修課程，急於確立親密關係，尋求心理平衡，滿足其虛榮心，希望獲得更好的他人評價。還有少數大學生把談戀愛當作謀利的手段，存在一些不良的觀念，如把戀愛與經濟條件、物質體驗等方面相聯繫。

擺脫孤獨感、滿足虛榮心、迫於群體壓力、享受現實收益，都可能讓部分大學生無法拒絕不適的戀愛。大學生需要認識到，不真誠的情感、不平等的關係，彼此最終都會受到傷害。面對戀愛的追求信號，大學生需要冷靜理智。當需要拒絕對方的追求時，個體的態度要堅決，不要因猶豫含蓄讓對方誤解而造成後續的自我困擾或他人傷害；表達要溫和，拒絕的理由要合乎情理，不要在他人面前詆毀或蔑視對方，不傷害對方的尊嚴和情感；時機要合適，方式要妥帖，結合對方的性格和平日關係等因素，採取面談、書信、網路留言等方式。

（四）保持愛的能力

根據愛情三元理論，愛情的激情部分會隨著時間的推移而降低，親密的部分卻可以隨時間的沉澱而增加。如何讓愛情超越激情，在時間的推移中越來越濃厚，這需要戀愛雙方共同的努力。

愛意的表達方式是保持愛的關鍵。在戀愛的不同階段，愛的表達方式有所不同。戀愛初期，語言表達、文字表達、信物表達等比較常見且合適。隨著關係的日益深入，我們渴望用更加親近的肢體語言、行為方式或更為直接的言語表達感情。在此階段我們需要控制得當，避免在過度的表達中引起對方的反感，同時愛意的表達需要遵從社會道德規範，以文明得體的方式表達和展現愛。

在保持愛的過程中，包容心非常重要。大學生對於戀愛的態度中常常有理想化的成分，在戀愛中，大學生就需要不斷調整心態，不要緊盯著對方的缺點，甚至將缺點無限放大，應多發現對方的優點，在對方需要支持和肯定的時候，不吝於自己的表達。

在保持愛的過程中，雙方需要培養共同的興趣愛好。雙方有共同的愛好，自然有很多話題可以聊。大學生情侶，需要共同發現和探索積極健康的興趣愛好，如運動、閱讀、逛博物館等，既能夠增進交流，促進情感，也能夠共同成長進步。

連結：幸福的法則

約翰·戈特曼（John Gottman）博士是心理學教授，是人際關係尤其家庭關係領域的知名研究者，被媒體譽為「婚姻教皇」。他曾4次榮獲美國心理健康研究院科學研究者獎章，並獲美國婚姻與家庭治療協會傑出科學研究者獎章、美國家庭治療學會傑出貢獻獎等。

戈特曼在自己的愛情實驗室裡，對近700對夫妻做了關係研究，並持續追蹤，提出了有利於婚姻關係的七大法則。

法則1　完善你的愛情地圖

法則2　培養你的喜愛和讚美

法則 3　彼此靠近而非遠離
法則 4　讓配偶影響你
法則 5　解決可解決的問題
法則 6　化解僵局
法則 7　創造共同意義

從濃情熱戀到平淡婚姻，從戀人到伴侶，我們只有堅持以真心對待、用真情感動，才能更好地應對關係中的困難，保持親密關係的活力。

小結：

大學生作為一個相對特殊的群體，其戀愛有著心理特點：浪漫性、易變性、多元性、盲目性。大學生戀愛階段分為：理想對象的構建階段、現實對象的確定階段、激情熱戀階段、磨合與調適階段。

戀愛，是兩個個體情感高度捲入的過程，期間難免會有各種狀況。大學生要學會直面戀愛中的單戀、失戀、性取向困惑等問題，學會恰當地調適，這是當代大學生心理健康的重要一課。衝突也是戀愛過程中不可避免的部分，大學生在面對沖突時要懂得包容體諒，給對方一些私人空間，懂得溝通。

戀愛不僅是感受與付出，更是一種智慧和能力。這就需要我們在戀愛中培養識別愛的能力、迎接愛的能力、拒絕愛的能力、保持愛的能力，在實踐體驗中，不斷培養、提升愛的能力。

思考題：

1. 結合大學生戀愛影響因素及戀愛階段的特點，談談在當前大學生群體戀愛中較為突出的困惑。
2. 從培養愛的能力的角度，談談大學生如何「找到愛情」及「培育愛情」。
3. 面對好友失戀，你可以在哪些方面提供幫助和支持？

第三節　大學生性心理概述

性心理活動是心理活動中極為重要的組成部分。談到愛情，必然會涉及性。正如保加利亞著名的情愛論專家瓦西列夫所說：「愛情是本能和思想，是瘋狂和理性，是自發性和自覺性，是一時的激情和道德修養，是感受的充分和想像的奔放，是殘忍和慈悲，是饜足和饑渴，是淡泊和慾望，是煩惱和快樂，是痛苦和快感，是光明和黑暗，愛情把人的種種體驗融為一體。」性對大學生來說，似乎是神祕卻又禁忌的話題。性到底為何物？它與心理的關係如何？怎樣去理解大學這一階段的性呢？在這裡，我們就一同去瞭解一下，我們眼中神祕的性到底是怎樣的。

一、什麼是性

(一) 性的內涵

性是一種客觀的存在，是生物界的普遍現象。作為生物的一種，對人類而言，性是人類這一生物體的一種自然屬性，是人性的一部分。縱觀人類歷史，我們對性的認識隨著時代的發展有著各種變化。但無論如何變化，我們對性的瞭解都基於生理、心理和社會三個層面。

從生物學領域講，性是指男女兩性間在生物學上染色體、性徵等方面的差異，它還包括了人與生俱來的性的慾望和本能。生物學領域的性，是人類生存和繁殖後代的基本條件。

從社會學角度來講，性包含了生理的需要和社會的需要。在社會文化的影響下，我們要選擇怎樣的配偶有著審美、個人生活、自我成長到社會期許等眾多的標準，同時還要細緻地考慮、權衡雙方的文化、家庭背景、受教育情況等眾多影響因素。同時，人們的性行為還受婚姻、法律、道德等多種規範的影響和制約。

從心理學角度來講，人在性行為過程中的各種心理反應，都是心理學研究的對象。作為人類，性活動不是我們常常掛在嘴邊並簡單粗暴地理解的「性本能」，它不是單純的生物的本能反應，而是有著豐富的內心活動，受各種社會規範的制約，是人類與動物的根本區別。

(二) 性心理

性心理指人腦對有關性問題的反應，包括對性生理變化、性別特徵和差異、兩性交往關係的感知、思維、需求、渴望，以及對性所持的態度及其體驗等一系列心理活動。性心理既有性別上的差異，也有年齡上的差異。青春期的性心理，由性生理發育的內部衝動和社會意識的發展所決定，社會文化道德觀念起主導作用。

(三) 性健康

世界衛生組織將性健康界定為：「人類身體的、心理的、智力的和社會諸方面性反應的多層次綜合，且能豐富和提高人的個性、聯繫、交往與情愛。」性健康包括生理、心理和社會三個層面。

(四) 性行為

性行為具有生物性和心理性兩方面涵義。側重於生物性的定義可以解釋為「性行為是給生殖器官以刺激的行為或使生殖器官興奮有關聯的行為」；側重於心理性的定義可以解釋為「性行為是指受性慾和情感驅使而發生的行為，它有許多表現形式，如擁抱、接吻、愛撫、性交等」。

(五) 性觀念

性觀念即人們對性問題的主觀評價，是群體與個體在瞭解各類性知識基礎上，結合一定時期、地域或國家的文化、倫理道德、風俗習慣的價值準則和法律規定所形成的對人類性活動的總體認識。

(六) 性的歷史發展

由於人類的繁衍生息離不開性的生理和心理機能，因此，人類社會歷史上始終

存在著廣義上的「性教育」，在不同的歷史發展階段，性教育的科學性、系統性差別很大，在古代和中世紀，應該說處於性愚昧、性禁錮時期。近幾十年，性學研究蓬勃發展。這些研究為性教育提供了很大的幫助。其中，性學家金賽寫的《金賽報告》最為著名，它首次披露了人們性觀念和性行為的狀況。1980 年，格里菲斯（Griffit）等對人類的性行為進行了研究。到了 20 世紀 90 年代，性的研究進一步發展，研究者來自更多的國家和地區，研究的對象更多，研究的範圍也更廣，出現跨文化研究、綜合研究的趨勢。

二、性心理的基本理論

性心理是指人在性行為活動中的各種心理反應。人類性活動不僅是指生物的本能反應，還包括豐富的心理活動，並受社會制約。這是人類性活動區別於動物性活動的根本點。人類性活動除性交活動外，還應包括性身分的塑造、性角色的進入、性意識的發展、性的社會化等。

在有關性心理理論中，弗洛伊德的理論很有代表性。弗洛伊德認為人的精神活動的能量來源於本能，本能是推動個體行為的內在動力。人類最基本的本能有兩類：一類是生的本能，即與生存相關的本能和性本能；一類是死本能，也就是攻擊性。性愛的本能，與慾望和繁衍有關。它既包括性慾望，又包括所有需求快樂或與他人進行身體接觸的慾望。我們常常在弗洛伊德著作或理論中看到的「力比多」一詞，就是他對性慾能量源泉的界定，認為這是驅使人尋求各種感官快樂的心理能量。

弗洛伊德認為，性衝動和性慾望需得到滿足，這是正常的心理需求，不可過分壓制。與此同時，性本能的實現又具有替代性和延緩性，可以通過其他本能得以滿足的方式來實現，並且可以將其進行昇華。性動力是促使人進行創造性活動的內驅力。弗洛伊德非常重視個體的早期經驗，他認為，在人成長發育過程中，每一個階段都有一個身體的相應部位成為力比多投注的中心。這些部位被稱作性感區，對人格的發展具有獨特的意義。他將人的性心理發展劃分為五個階段：口慾期、肛門期、性器期、潛伏期、生殖期。

1. 口唇期（0~1.5 歲）

個體出生至 1.5 歲為口唇期，在這個階段，嬰兒主要靠口腔部位的吸吮、咀嚼、吞咽等活動獲得滿足，嬰兒的快樂也多得自口腔活動。

2. 肛門期（1.5~2 歲）

在 1.5~2 歲，兒童會學習以符合社會期待的方式進行大小便。在這個階段，兒童主要靠大小便排泄時所生的刺激快感獲得滿足。此時期衛生習慣的訓練，對幼兒而言至關重要。如果父母管制過嚴或過鬆，可能會留下不良影響。

3. 性器期（3~5 歲）

大約 4 歲，兒童進入性器期，以生殖器為快感的主要來源。此時幼兒喜歡觸摸自己的性器官，能辨識男女性別，並以父母中之異性者為愛慕的對象，如男孩戀母，女孩戀父。兒童還會「認同」父母中同性的一方，即在行為、思想和體驗上以父母中同性一方為榜樣，來解決戀母/戀父的衝突。

4. 潛伏期（5~12 歲）

七歲以後的兒童，興趣擴大，關注點從自己的身體和父母感情轉變到周圍的事物上，故而從原始的欲力來看，呈現出潛伏狀態。此一時期的男女兒童之間，在情感上較為疏遠，團體性活動多呈男女分離趨勢。

5. 生殖期（12~20 歲）

生殖期的開始時間，男生約在 13 歲，女生約在 12 歲，此時期個體性器官成熟，生理上與心理上所顯示的特徵的差異開始顯著。自此以後，性的需求轉向相似年齡的異性，開始有了兩性生活的理想，有了婚姻家庭的意識，至此，性心理發展成熟。

總之，弗洛伊德創立的精神分析學說對西方乃至世界的文化都產生了深遠影響。在他的理論中，貫穿著生物遺傳決定論的思想，並把性欲放在最主要的位置，是一種泛性論。在後續的心理學的發展中，有很多心理學家對弗洛伊德的理論提出了不同的觀點。

三、青少年性心理發展階段

從青春期開始，青少年性發育便日趨成熟。這時，機體內分泌腺加強了活動，由腦垂體產生的促性腺素打開了性腺活動的大門，引起了青少年身心變化。其中最突出的是第二性徵的發育、性器官的變化及性功能的逐漸成熟。美國心理學家赫羅克認為，青少年性心理發展經歷四個階段，每個階段都有明顯的特徵。

1. 性的反感期（12~14 歲）

這個階段，少男少女們總是想方設法地避免和同齡的異性相處，特別是單獨相處，表現出對異性的否定傾向性。因此，這個時期的男女同學之間常出現「漠不關心」的情況。而且在這個時期，男女同學很少談論異性之間的情況。男女學生生理發育成熟導致心理上發生變化，他們對自身性發育的情況出現不解、困惑、害羞甚至反感。

2. 向往年長者期（14~16 歲）

這個時期的少男少女們以崇拜長者為主要特點。長者包括周圍年齡稍長的人，這些人無論在容貌、學習能力、體育能力、人格或其他方面，都對少男少女有強烈的吸引力。由於這種心理基礎，這個時期的少男少女們對影視明星、歌唱演員、體育明星等產生崇拜之情。

3. 對異性的狂熱期（17~19 歲）

經過一段時間的迷戀後，少男少女們對長者開始「失望」了。他們發現原來崇拜的長者也是普通人。於是，這段年齡的青少年將自己的熱情轉移到了同齡的異性身上。在集體活動中，他們會吸引異性的注意，在群體活動中極力地表現自己。但是，他們尚沒有確定什麼樣的異性能夠成為自己未來的生活伴侶，也不知道自己真正喜歡的是什麼樣的異性。因此，在這個時期的青少年們往往將自己注意力集中在整個異性群體中，而不是單獨地、安靜地與某個特定的異性進行交往。

4. 浪漫的戀愛期（20 歲以後）

這一時期的年輕人，逐漸對自己應該和什麼樣的異性接觸和怎樣接觸有了自信

心,他們將自己的愛情期望集中在一個人身上,他們開始與自己選擇的異性朋友單獨交往。他們也不再把自己喜歡的異性看作完美無缺的了,也能夠容忍心愛之人的缺點了。應該說,這個時期的青年在性心理方面已經接近成熟了。

四、大學生的性心理特點

大學生在生理上已發育完全,然而他們還未走向社會,在心理上也未成熟。他們在性心理上具有以下特點。

(一) 對生理發展的關注

進入青春期之後,男女個體的身體都發生了急遽的變化。這些變化將男生與女生更為顯著地區分開來,生殖系統的逐漸成熟,兩性之間的吸引力增強。經歷了青春期動蕩後的大學生,越發注重自己的生理特徵,關注自己的性生理功能和性特徵的發展,關注自己的外貌、身形對異性的吸引力,甚至在心中與他人暗自比較。大學生們期望自己對異性有強烈的吸引力,如果生理發展不盡人意,就會給他們帶來各種煩惱。

(二) 對性知識的渴求

伴隨著性生理的變化,大學生普遍產生了對性知識的強烈渴求。他們會通過各種渠道瞭解性相關的知識。當今的網路社會,有很多網站提供了性相關的知識信息,但大學生們需要注意的是,要從正規的渠道瞭解正確的、健康的性知識,樹立健康的性觀念。

(三) 男女性心理不同

大學生的性心理因性別不同而有所差異。在對異性感情的流露上,男性更加外顯和熱烈,女性表現得比較含蓄。在內心體驗上,男性更多是新奇、喜悅和神祕,而女性常常是心慌、羞澀和不知所措。在表達方式上,一般男性較為主動,女性往往採用暗示的方式。此外,男性的性衝動更容易被視覺刺激喚起,而女性更容易被聽覺、觸覺刺激喚起。

(四) 性需求與性壓抑

伴隨著性生理的成熟和性意識的覺醒,大學生會自然地出現性衝動。然而,也有部分大學生對性依然存在曲解,對自身的生理反應持否定和迴避的態度,導致焦慮、緊張。應該說,性需求的出現有著其生物學基礎,是自然且正常的現象,同時,大學生在這個特殊的階段依然需要以學業為重,適當的壓抑是符合社會期待的。大學生在這個階段,可以通過健康的方式釋放生理需求。例如,大學生積極參與異性間的正常交往,通過運動進行正常宣洩,乃至投入創造性強的活動,將生理需求予以昇華。

連結1:

性心理學作為一門獨立的學科,一般以 1886 年出版的克拉夫特・埃賓 (Richard von Krafft Ebing) 所著的《性心理病》(*Psychopathia Sexualis*) 為奠基著作。英國醫學家靄理斯 (Ellis H) 對性行為的個案進行了系統收集,1896—1928 年

先後出版了他的巨著《性心理學研究》（*Studies in the Psychology of Sex*）七卷，他被公認為性心理學的創建者。他的《性心理學》就是他在《性心理研究》基礎上改編而成的，是為非專業研究人員編寫的一本淺近易懂而又不失系統全面的性心理手冊。

著名的奧地利學者弗洛伊德對性心理有不同於他人的研究，他把性心理作為生活的最基本動力。他在1905年撰著的《性學三論》集中體現了他的現點。20世紀50年代，美國婦產科專家瑪司特斯（Masters W）和心理學家約翰遜（Johnson V）開始了性反應的實驗研究。從1954年開始，20多年的研究成果集中體現在三部巨著《人類的性反應》（*Human Sexual Response*，1966）、《人類性機能失調》（*Human Sexual Inadequacy*，1970）和《同性戀》（*Homosexuality*，1979）中，著作對性心理學的生理機制和臨床應用進行了突破性的研究。

當代的性心理學，涉及的內容非常廣泛，包括性別認同或身分認同（即心理性別）、性取向、性偏好、性欲、性感受、性心理的畢生發展、性功能障礙、非機能性性障礙、性心理障礙等。

連結2：

動物的性行為中有沒有心理反應呢？這是一個存在爭議的問題。

一般認為，動物的性行為活動是一種本能活動，主要受性激素水準的影響。也就是說，生理反應占主要地位。西方的比較心理學家們用動物做了大量的實驗，證明了性激素與動物的性別分化、性行為差異、性活動的激發有密切的關係。而動物的性心理活動，則處在萌芽階段，可簡單歸納如下：

動物的性心理停留在低級心理階段，主要形式是感覺活動，如嗅覺、觸覺、聽覺等在性行為中的體現。雖然一些高等動物如恒河猴、黑猩猩等，已出現了較高層次的性心理活動，但並沒有反應在思維活動上。

動物的性心理是對性行為的本能反應，沒有自覺和主動的性心理活動。動物的性心理與季節的關係密切，受一定的季節或性週期的制約。

從動物的性本能到人類的性心理有一個漫長的發展過程。人類的性心理也經歷了由原始人到現代人的發展。就個體而言，從出生、成長、到成熟、衰老，性心理也有一個發展過程。性心理活動受社會因素和文化因素的影響。這就為性心理學的產生奠定了基礎。

小結：

性是一種客觀存在，是生物界的普遍現象。從生物學、社會學、心理學角度來講，性都會有不同的定義。

性心理是指人在性行為活動中的各種心理反應。弗洛伊德認為人的精神活動的能量來源於本能，本能是推動個體行為的內在動力。性愛的本能，與慾望和繁衍有關。性衝動和性慾望需要得到滿足，這是正常的心理需求，個體不可過分地壓制，但可以通過其他本能得以滿足的方式來實現，並進行昇華。

大學生在性心理發展上呈現出相應的特點：對生理發展的關注，對性知識渴求，

男女性心理不同，性需求與性壓抑。

思考題：

1. 性是大學生戀愛中常常涉及的話題，談談你對性的基本認識？
2. 請思考並總結自己對於性的觀念與態度是怎樣的，它們是如何形成的，哪些重要他人或事件對其形成有著重要的影響？

第四節　維護大學生性心理健康

隨著年齡的增長，大學生的性生理日趨成熟，自我意識逐漸增強，對兩性關係的興趣和關注度也隨之增強，這給了大學生以新的感知和體驗，對大學生性意識的形成和性心理的發展有重要促進作用。而性心理是大學生心理結構的深層組成部分，在很大程度上影響著大學生人格的塑造和完善。大學期間的性教育顯得尤為重要和必要。科學的性教育有利於大學生主體意識和積極心理的培養，幫助他們在正確認識自己生理、心理特點的基礎上進行積極的自我調控和自我評價，避免不良因素的干擾，消除身心發展帶來的各種生理、心理問題，以更加積極的狀態投入學習和工作中。

在社會關懷、家庭和學校教育的指導下，大學生需要學會理智地處理個人情感生活，形成自愛、自尊、自強不息的優良品格，正確認識性，明確個人在愛情、婚姻、生育問題上應有的態度和責任，正確對待正在萌芽與發展的性生理和性心理問題，實現德、智、體、美、勞的全面和諧發展。

一、大學生性心理健康標準

性心理是指在性生理的基礎上，與性徵、性欲、性行為有關的心理狀態與心理過程，也包括與他人交往和婚戀等心理狀態。性生理是性心理發展的生物學基礎，性生理發育的障礙或缺陷，會使性心理的發展出現偏差。世界衛生組織對性心理健康所下的定義是：通過豐富和完善人格、人際交往和愛情方式，達到性行為在肉體、感情、理智和社會諸方面的圓滿和協調。性心理健康是人類健康不容忽視的重要組成部分，近年來越來越受到人們的重視。

性心理健康是心理健康的重要內容。心理學家達拉斯·羅杰斯認為，保持健康的性心理應遵循如下標準：

（1）具有良好的性知識；
（2）對於性沒有恐懼和無知所造成的不良態度；
（3）性行為符合人道；
（4）在性方面能做到「自我實現」，即能學會擁有、體驗、享受性的能力，在社會、道德的允許下，最大限度地獲得性活動的快樂與滿足；
（5）能負責任地做出有關性方面地決定；

(6) 較好地獲得有關性方面的信息交流；
(7) 接受社會道德和法律的約束。
對大學生而言，其性心理健康的標準可以歸納為如下幾點：
(1) 有正常的性需求和性慾望；
(2) 有科學、客觀的性知識；
(3) 有正當、健康的性行為方式。

其中，正常的性需求和性慾望是性心理健康的物質基礎，科學的性認識是指瞭解性心理健康的自我調節機制，正當、健康的性行為是指符合法律法規、校紀、道德等規範的行為。

二、大學生常見的性困擾

大學生年齡為 20 歲上下，處於青春後期和向青年期過渡的時期。大學生的性器官已經發育成熟，性的機能已經日趨健全。因此，大學生在性本能的自然衝動、自身性生理和心理發育過程中有著種種各樣的問題。部分大學生可能會因性的困擾和衝突產生心理困擾。性相關的困惑分為生理困惑、心理困惑、性行為失當和性心理障礙。

(一) 性生理的困惑

1. 性體象的困擾

進入青春期後，男生和女生的體象發生了很大變化。男生希望自己身材高大，體魄強壯，音調渾厚，擁有男性磁力；女生則希望自己容貌美麗，體型苗條，音調柔美，從而顯示女性魅力。然而，當他們的體徵不如意時，就常出現煩惱和焦慮。在心理諮詢中常常見到一些男生因自己個子矮而煩惱，一些女生因體態胖而自卑。也有人因為對自己的性徵發育不滿意而感到焦慮。

2. 遺精恐懼與月經困擾

遺精是指男性在無性交狀態下的射精現象，是青春期男子常見的正常生理現象，是性成熟的標誌。過去傳統觀念往往把遺精看得很嚴重，認為這種行為會傷元氣。青少年常因此焦慮不安，驚恐失措。實際上精液由精子和黏液組成，一次排放的數毫升精液中 99% 是水分，其餘是蛋白質、糖等，其營養物質對人體而言微乎其微。一些認為遺精就是「泄陽」的想法是不科學的，這種想法會引起緊張焦慮的情緒，對身心健康產生不利影響。

女性的月經期及來月經的前幾天是女性生理曲線的低潮期，身體的耐受性、靈活力下降，易疲勞。這些都是正常的生理反應，但確實會給女性帶來一些不適的感受，這的確是一個需要被加倍體貼的特殊時期。有些女生過於擔心經期的不舒服，這些消極暗示會加重自身情緒的低落和軀體的不適感，甚至造成惡性循環。

(二) 性心理的困惑

1. 性別認同困擾

相關研究發現，有一定比例的學生不喜歡自己的性別。其中，女大學生不喜歡自己性別的居多，這一結果顯然是「重男輕女」的封建傳統觀念所致。這種性別不認同的心理可能會導致自卑、自我價值感低甚至對大學生的發展產生不利影響。

2. 性交往的不適

個體與異性交往的心理從剛進入青春期時就開始萌發，對異性的興趣、與異性交往的渴求、戀愛、結婚，這是一個人必然經歷的生理、心理和社會行為的發展變化過程。少男鍾情，少女懷春，這是青春期性心理的正常表現。大學生們渴望與異性交往的願望非常強烈。但是由於缺乏與異性交往的方法，以及一些觀念的影響，許多人羞於與異性交往，常常拒異性於千里之外，在異性面前表現得非常緊張。

3. 性的白日夢與性夢

當青年大學生們對與異性交往的強烈渴求不能直接實現時，性的白日夢就有可能發生。性的白日夢又叫作性幻想。性幻想在某種特定因素誘導下，自編、自導、自演與性交往的內容有關的心理活動過程。它可以幻想出在日常生活中不能滿足的與異性一起約會、接吻、擁抱、性交等性活動。這種白日夢可以引起生理上的性興奮。這在一定程度上可以緩解人們的性需求。白日夢是一種普遍的心理現象。但是，性幻想不能過頭，如果成天沉溺其中，甚至把幻想當成現實，那就會成為病態，有礙於青年的健康成長。

性的白日夢是人為的幻想，而性夢則是真正的夢。性夢是指夢見性行為。人們通過夢的方式部分達到自己白天被社會規範限制的性衝動的滿足，從而緩解性緊張。性夢也是青少年性心理較為普通的一種表現。一些大學生由於缺乏對性夢知識的瞭解，常為自己有過性夢的經歷而焦慮和自責。一些大學生由於缺乏對性夢知識的瞭解，為自己有過性夢經歷而焦慮和自責。

4. 手淫引起的心理困惑

手淫是指用手或工具刺激生殖器而獲得性快感的一種自我刺激，它是一種青少年獲得性補償和性宣洩的行為。對於手淫，傳統的性觀念認為手淫是邪惡的、是有罪的、是不道德的。在這種傳統的「手淫有害」論的影響下，一些青少年常常為自己有過手淫行為而自責，甚至產生心理障礙。其實手淫是一種自然的、正常的性行為，手淫是對性衝動的緩解。但是，沉溺於手淫來緩解性緊張是不健康的表現。

5. 性騷擾的恐懼

常見的性騷擾有：故意擦撞異性身體的某個部位，故意貼近別人，故意談性的問題，用色情語言進行挑逗，用曖昧目光打量別人，強行要求發生性行為，等等。由於缺乏自衛心理，一些同學面對性騷擾時驚慌失措，恐懼萬分，甚至長時間受其困擾，這就需要心理諮詢的幫助。

（三）性行為的失當

過多的身體親昵，會加劇性衝動，有時會使自己的行為失去控制。大學生情侶也存在因「害怕關係受損」「不知道該如何拒絕」而違背自己的意願發生性行為的情況。除此之外，社交軟件的流行，也讓部分大學生因獵奇心理、慾望或無知，進行一些有風險的兩性交往。在大學階段，大學生應以學習和自我能力提升為主，進行健康的兩性交往，樹立正確健康的性觀念，避免性行為失當。

（四）性心理障礙

性心理障礙泛指個體在性方面的心理和行為明顯偏離正常，並以這類偏離為性

興奮、性滿足的主要或唯一方式的心理障礙。性心理障礙分為三類：第一，性身分障礙，表現為個體變換自身性別的強烈慾望，又稱易性症或易性癖；第二，性偏好障礙，個體採用與常人不同的異常性行為方式滿足性慾性指向的障礙；第三，表現為性對象的選擇與常人不同，一般不引起常人性興奮的人或物或情景，卻使其產生強烈的性興奮。關於性心理障礙的成因，目前有各類說法，比較全面的看法是，個體對性的認知、信念及對性問題的態度和行為方式在性心理障礙的發生發展中均有不可忽視的重要作用。目前醫學界和心理學界的多數專家學者都認為性心理障礙的產生是在先天素質的基礎上，由性心理發育障礙和後天的環境影響的結果。

三、性心理健康的自我維護

大學生維護性心理健康，需要社會提供一定的支持，更多是從自身出發，有意識地進行自我維護和自我提升。具體來講，大學生需要從如下方面入手：

（一）掌握科學的性知識

性知識包含了性健康、性道德、性教育、性心理等方面的內容，概括來說，只要和性、性器官有關的知識均屬性知識的範圍。性是人類生命的源泉，是整個人生不可或缺的一部分。在人生的每個層面，性的表現形式各不相同。從生物學的層面上講，性的首要功能是繁殖，即生兒育女。從心理學層面講，性由一系列以性樂趣、關愛和其他需求為目的的行為和關係組成。從社會層面上講，性遍布於人生的各個方面，它使個體身處的文化別具一格，為其藝術、歷史、法律和價值增添滋味。此外，性還充當了很多間接的角色。它是性別認同的一大組成部分，同時也是一個人的社會角色期待的一大組成部分。性可以傳達支配意圖和敵意，它會影響自尊和社會地位。對於性，大學生需要用科學的眼光與態度，去全面、系統地瞭解和掌握相關的知識，有自己的判斷、立場和態度，用科學、客觀、審慎的態度進行系統學習。

（二）樹立健康的性態度

性不僅僅反應著一個人的生物屬性，個體對性的態度也反應著其人格成熟程度。個人的自尊及對他人、社會的尊重，都可以在對性的態度及兩性關係之間充分地展現出來。大學生作為一個逐漸走向成熟的個體，需要不斷完善對自我的認同，實現自愛與自信，接納與欣賞自己的性別角色，發展出與自身及社會需求相適應的個性特點。

我們要對性行為負責任。性行為常涉及他人，這就使得性不再單一地與個人相關，也涉及責任與道德。性可以給彼此帶來歡愉，也會帶來傷害，這就使得我們對於性、性行為報以更加慎重的態度，我們對性行為負責任，需要用道德乃至法律的規範約束自己的性行為。

我們要培養良好的意志品質。大學階段大學生的重心在於學業，需要培養自己良好的意志品質，合理引導自身的慾望與衝動，將其進行昇華、轉移，而不是被原始的慾望推動，吞噬、湮沒在最基本的生理需求之中。

（三）積極進行自我調節

對於大學生而言，需要對性慾望進行合理引導。性慾是正常且健康的表現，性

欲也是可以被引導與控制的。大學生要正確調控性衝動。對於正常的性生理需求，我們除了進行合宜的控制之外，還可以發展出一些適宜自己的、符合社會規範的方式來釋放、取代或轉移，學習、體育鍛煉、參加活動、正常的男女交往等都是可選的方式。同時，大學生不能過於沉迷於強烈的性刺激，如避免相關網站、視頻、書刊等對身心健康的影響。

我們要用科學的性知識武裝自己。大學生對於相關的生理反應，需要有科學、健康的態度，明白這是非常自然的生理規律，是個體健康的表現。同時，大學生也要注意相關的生理保健，減少生理變化對自己的影響，而不是陷入不必要的焦慮與恐懼之中。對於手淫、白日夢、性夢等現象，大學生需要有科學的知識和態度，無需為此羞愧或自責，這是大部分人群都會有的情況，是自我緩解性衝動的一種方式。為了避免出現過於頻繁的自慰、性夢，大學生可以發展出適宜自身的宣洩途徑，使自身得到平衡。

（四）文明適度的交往

大學階段，異性之間文明適度地進行交往，有利於個體提升人際交往能力，同時對大學階段大學生性心理需求的滿足、性壓抑的緩解有著重要作用。大學生在與異性交往的過程中，要注意把握適度的尺度，遵守法律法規，對於他人不當的言行，我們需要勇敢地說不，處理好與他人的友誼或愛情。

連結：大學生性傳播疾病的預防

性傳播疾病有著嚴重的危害，它們嚴重威脅人們的身體健康，吞噬生命，威脅著患者後代的健康，也給經濟帶來巨大的壓力。大量數據顯示，目前愛滋病的感染數量在快速增長，大學生群體受到一定程度的威脅。為了自身的身體健康，更為了國家的發展，大學應當積極做好性傳播疾病的預防，可從以下方面著手：

（1）培養人格健康。良好的人格教育和健康的家庭，對於性傳播疾病的預防有著重要作用。大學生們應當培養健全的人格，學會自尊、自愛和自信，擁有積極健康、樂觀上進的人生態度和生活方式，同時也尊重他人、遵守規則、恪守底線，對自己、他人、社會承擔相應責任。

（2）懂得潔身自好。性傳播疾病多與性行為相關。作為大學生應當潔身自好，拒絕各種媒介中的性污染，減少不良的刺激，有效預防疾病傳播。

（3）做好預防宣傳。性健康是關係青年成長、民族發展的大事，普及性健康知識及疾病預防策略，是青年一代瞭解愛滋病、做好預防的關鍵。大學生們也應當在瞭解相關知識後，積極投入到預防宣傳的隊伍之中，對身邊的人群進行宣傳教育，讓大家消除對疾病的恐懼，讓更多的人遠離性傳播疾病。

小結：

性心理健康是人類健康不容忽視的重要部分，對大學生而言，其性心理健康的標準為：有正常的性需求和性慾望，有科學、客觀的性知識，有正當、健康的性行為方式。

大學生正處於青春後期和向青年期過渡的時期，在性本能的自然衝動、自身性生理和心理發育過程中會遇到性相關的困惑，主要為：性生理的困惑、性心理的困惑、性行為的失當和性心理障礙。面對這些困惑時，大學生要做到自我維護和自我提升。這就需要大學生掌握科學的性知識，樹立健康的性態度，積極進行自我調節，開展文明適度的交往。

思考題：

1. 結合自身，談一談你對大學生性心理健康標準的理解。
2. 在生活中，有哪些常見的性心理方面的困擾？談談你對此的理解。
3. 對於「文明適度地進行異性交往」，你的具體地理解是怎樣的？

引用：

[1] 羅伯特·J. 斯滕伯格，凱琳·斯滕伯格. 愛情心理學 [M]. 李朝旭，譯. 北京：世界圖書出版公司，2010.

[2] 桑志芹. 大學生心理健康教程 [M]. 南京：江蘇人民出版社，1999.

[3] 沈德立. 大學生心理健康 [M]. 北京：高等教育出版社，2013.

[4] 寧維衛. 大學生心理健康與成才 [M]. 北京：高等教育出版社，2012.

[5] 孫一平，蒲勇，周章毅. 大學生心理健康教程 [M]. 北京：高等教育出版社，2017.

[6] 格雷·F. 凱利. 性心理學 [M]. 耿文秀，譯. 上海：上海人民出版社，2010.

[7] 孟靜雅. 大學生性心理困擾與健康維護 [J]. 教育探索，2006（9）.

[8] 江光榮，吳才智. 大學生心理健康教育 [M]. 上海：華中師範大學出版社，2012.

[9] 賈曉明. 大學生心理健康——走向和諧與適應 [M]. 北京：北京理工大學出版社，2010：128.

推薦閱讀：

[1] 蓋瑞·查普曼. 愛的五種語言，創造完美的兩性溝通 [M]. 王雲良，陳曦，譯. 南昌：江西人民出版社，2018.

[2] 西格蒙斯·弗洛伊德著. 性學三論 [M]. 若初，譯. 武漢：華中科技大學出版社，2017.

第八章
大學生情緒管理

第一節　情緒概述

「老師，怎麼樣才能夠讓我不再那麼難過，恢復平靜呢?」李梅因男朋友提出分手感到非常痛苦，來到心理諮詢室尋求幫助。我們的文化裡推崇「泰山崩於前而面不改色」或者「不以物喜、不以己悲」。尤其在人際關係中，我們排斥生氣或者憤怒，認為憤怒會引起人際衝突，破壞和諧的人際關係。

沒有情緒，我們的生活會是怎麼樣呢？埃利奧特是一位30歲的白人男性，穿著得體，有幽默感，測試時在智力、記憶、語言方面得分正常，人格健全。他因為頭痛難忍，就醫被診斷為腦部額葉腫瘤，進行了根除性手術，不僅切除了腫瘤，還切除了腫瘤周圍的部分腦組織。手術前，埃利奧特擁有幸福和諧的家庭和成功的事業，手術後，他似乎不能感覺到情緒了，沒有悲傷、沒有急躁、沒有沮喪，也沒有喜悅、愉快。他本可以感知很多事情，但是現在他沒有了感覺。

在完全排除了情緒的情況下，埃利奧特的個人生活變得一團糟。他的妻子不能忍受而離婚了。在事業上，他在原來單位的工作效率和工作質量不斷下滑，導致單位對他非常失望，開除了他。他不顧朋友警告，把自己的存款投資到一個高風險企業，然後破產了。

從埃利奧特的例子，我們是否可以得到這樣的啟示：情緒和理性並不對立，而且它是我們每個人必不可少的重要「夥伴」。

一、情緒的含義

情緒是對一系列主觀認知經驗的通稱，是由感覺、思想和行為綜合而成的心理和生理狀態。情緒的產生通常包含生理喚起、認知解釋、主觀感覺和行為表達四個部分。下面以恐懼為例，對情緒的這四個組成部分進行說明。

當我們悠閒地在花園散步時，突然有一條成年的大型犬朝著我們狂吠不止，並有掙脫繩索的趨勢。那我們肯定會被嚇一跳，並產生恐懼的情緒。

首先恐懼情緒帶來生理反應。恐懼將會影響植物性神經系統和內分泌系統，我們會出現心跳加速、屏住呼吸等現象，此時胃部的血液會被排空，並且面部血管會

收縮，整個人呈現面色蒼白、嘴唇顫抖的狀態。

接著個體會對這一事件做出認知解釋。大腦將自動對引起情緒的事件（可能會被狗咬）和身體感覺（心跳加速）進行評價和解釋。在這一過程中，我們會想到被狗咬傷可能會患上狂犬病，而人患狂犬病後的致死率幾乎為100%，我們會因此變得越來越害怕。

然後，個體出現對該情緒的主觀感受。也是我們常常提到的「感覺」，我們對於這一事件產生的感受就是「恐懼」。它可能來自於大腦對身體狀態的感覺，也可能來自過去相似情況下的身體記憶。

最後，情緒會引起行為表達。碰到突然吼叫的大狗，我們可能會做出害怕的表情，也可能會出現哭泣、大叫、拔腿就逃等肢體行為。

二、情緒的由來

情緒分化理論認為，大部分情緒是先天的，強調情緒的生理學基礎，認為每一項情緒都有其特定的生理學神經回路。正是生理上的分化造成了情緒的分化。例如，6周大的嬰兒看見喜愛的面孔就會笑；2~3個月時，嬰兒吃飽後就會全身活躍甚至笑出聲來；當嬰幼兒被獨自留下時，也會皺眉和哭泣。這表明人類天生就能夠體驗到情緒，並做出反應。

情緒認知理論認為，情緒是認知的產物，我們對自己和情境的理解和評價產生不同的情緒，因此不同情緒之間並沒有明確的界線。例如，我們需要進行一次公開演講，當我們認為自己不能勝任這一次的公開演講時，將陷入絕望和焦慮之中；當我們把公開演講看作對個人能力的挑戰和可能獲得認可的機遇，我們將感到緊張而興奮。因此，情緒的認知理論認為，人的行為和情緒並非由刺激決定，而是取決於人的信念，即個體對誘發事件的觀念是引發情緒和行為結果的直接原因。

從認知神經科學的角度來看，人類大腦中存在兩套不同的情緒處理系統，一套是快速反應系統，另一套則與意識處理過程有關。當某些刺激性事件發生時，我們會通過快速反應系統迅速篩選刺激信息，並做出快速反應，不需要意識控制。比如，門突然被大風吹得「砰」的一聲關上了，我們會被「嚇一跳」，這種反應非常迅速，也不需要意識的參與，而是基於快速反應系統。與意識處理過程有關的情緒系統，是與我們對事件的解釋、評價緊密相連接的。當我們回憶甜蜜的戀愛時，會感到愉快、羞澀和幸福。

與意識處理過程有關的情緒系統起作用的時間比快速反應系統更慢，兩個系統可能會交互作用。比如，有恐高症的人，只要高度這個線索出現，就會自動化產生恐懼的體驗，這是快速反應系統工作的結果。與意識處理過程有關的情緒系統對外界環境進行解釋、評價也許會發現，雖然所在位置很高，但是我們在封閉室內，並不會出現跌落的情況，這裡非常安全。

三、情緒的類型

依據不同的角度和劃分標準，情緒被分成了不同的類型。

(一) 按狀態劃分

依據情緒發生的強度、持續性和緊張度，情緒被劃分為心境、激情和應激。

1. 心境

心境也叫心情，是一種微弱、彌散、持久的情緒狀態，具有彌散性和長期性。通常由某個具體而直接的原因引起，並長期持續主導心情。例如，個體被順利保研後，開心的情緒會持續很長一段時間。這種心情態度會朝向周圍的事物彌散。比如，當我們心煩意亂的時候，別人說什麼我們都會感到不耐煩；在輕鬆愉快的心境狀態下，別人即使有打擾到我們的行為，我們也可能一笑了之。

2. 激情

激情是一種爆發強烈、持續時間短暫的情緒狀態，具有一定的指向性和外部動作。激情一般是對個體具有重大意義的突發事件引起的，但有時也可能因為長期壓抑，小事件也成為導火索。比如，班級籃球賽獲得第一時的狂喜心情，生氣時拍案而起，等等。

3. 應激

應激是由出乎意料的緊迫情況引起的急速而高度緊張的情緒狀態。應激具有意外、急速、高度緊張的特點。應激一般是由外在突發的壓力造成的。例如，未寫作業的學生突然被老師點名後產生緊張情緒，個體突然遇到地震時產生緊張情緒。這都屬於應激。需要注意的是，激情和應激都是比較短暫的狀態，但應激強調緊張的狀態，而激情不強調這個特徵。

(二) 按發展劃分

從情緒的屬性和進化角度看，我們可以把情緒分為基本情緒和複合情緒。基本情緒也叫初級情緒，是人們與生俱來的、人類和動物所共有的情緒，與個體的生理需要直接相關，如快樂、悲哀等。複合情緒也叫社會情緒，是一種與社會需要相聯繫的內心體驗，它表達了人與客觀事物之間極其複雜的相互關係。複合情緒是在基本情緒的基礎上發展出來的，也通過基本情緒表達出來。

心理學家羅伯特·普拉切克提出了恐懼、驚訝、悲傷、厭惡、憤怒、期待、快樂和信任八種基本情緒，且每種基本情緒可以根據強度高低進一步分化（見表8-1）。例如，「憤怒」是一種基本情緒，當強度高時被命名為「狂怒」，而強度弱時被稱為「生氣」。

表8-1　　　　　　　　　基本情緒和複合情緒表

強度低	基本情緒	強度高
興趣	期待	警覺
寧靜	快樂	狂喜
接受	信任	讚賞
憂慮	恐懼	恐怖
分心	驚訝	驚愕

表8-1(續)

強度低	基本情緒	強度高
憂傷	悲傷	悲痛
厭煩	厭惡	憎惡
生氣	憤怒	狂怒

　　普拉切克將八種基本情緒繪製為情緒輪（見圖8-1），在內圈中展示了基本情緒，位置相對的情緒是相反的；位置相鄰的基本情緒則會混合產生第三種複雜的次級情緒，展示在外圈中。沒有繪製在情緒輪中的情緒，大多由更多種情緒組合形成。例如，嫉妒可能是由愛、憤怒和害怕混合而成的情緒。

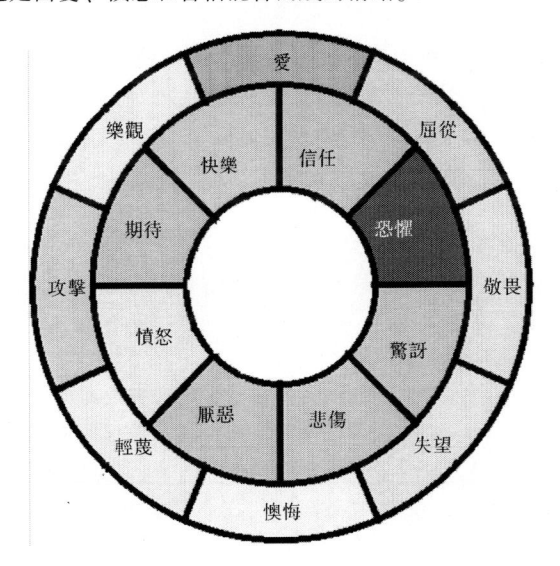

圖8-1　羅伯特·普拉切克的情緒輪

四、情緒的功能

（一）促進人際交往

　　在人際交往中，人們除了借助言語進行交流之外，還通過情緒的流露傳遞自己的思想和意圖。情緒可以通過個體的面部表情、肢體語言表達出來，起到傳遞信息、溝通思想的功能。情緒良好的人在人際交往中更容易受到歡迎。

（二）適應生存和環境

　　情緒能夠幫助人們更好地適應環境。無論是人類還是動物，情緒都是一種喚起狀態，這種喚起狀態具有生存價值和進化意義。比如，當我們害怕時，我們會睜大眼睛，這樣有助於更好地發現潛在的危險；當我們憤怒時，會咬緊牙關，握緊雙拳，這是準備好了去戰鬥。

（三）激勵和誘發行為

情緒對個體的心理活動和行為起著激發作用。它可以驅動有機體從事活動，提高人的活動效率，如適當緊張和焦慮促使人們積極思考和解決問題。情緒伴隨動機性行動產生，具有動機作用。例如，小孩子悲傷時會哭泣，憤怒時會摔東西。

（四）組織和調節心理活動

情緒對其他心理活動起著組織和調節的作用。研究表明，情緒和認知過程共享著認知資源，當情緒和認知同時出現時，情緒會影響認知。情緒可以驅動認知活動，調節認知加工過程和人的行為，並且，認知過程對信息的評價會誘導情緒產生。比如，積極的情緒對活動起著協調和促進的作用，消極的情緒對活動起著瓦解和破壞的作用。

五、情緒的表現

通過學習和訓練，人們是否能夠通過觀察人的面部表情和身體語言，知道這個人是否在撒謊，甚至推測出這個人心裡在想什麼呢？一定程度上是可以的。因為，人類的面部表情和身體語言可以被觀察到，人類的表情和身體語言能夠反應內心的情緒體驗和想法。

（一）面部表情

人類的面部表情能夠產生兩萬多種表達方式，是人體最富表達性的部分。情緒體驗並不單一，面部表情也非常複雜，面部表情可以融合多種情緒。例如，在面試社團時你沒能通過，你感覺這是一次不公平的面試，此時你的眼睛、眉毛和前額可能會表達出憤怒，嘴角下垂表達傷心。

如何通過觀察面部表情來判斷別人的情緒呢？研究發現，人們是根據三個基本維度進行判斷，即愉快—不愉快、關注—拒絕和激活水準。例如，當兩位情侶在交流，其中一位微笑著用溫柔的語氣「罵」另一位的時候，我們不會認為這對情侶在吵架，他傳達的是一種類似於「滿意」和「愉快」的情感信息，善意的笑容和溫柔的語調改變了侮辱性語言的意義。

（二）身體語言

當我們體驗到強烈的情緒時，不僅我們的表情會有變化，我們的肢體、手勢也會有相應的體現。並且，表情、肢體語言的變化更為真實，被言語隱瞞的情緒，常常會透過表情和肢體語言表現出來。放鬆時，我們坐著的身體一般會向後靠，胳膊和腿隨意地伸展；有好感時，我們的身體會靠近自己喜歡的人或者物。在感到自信和驕傲時，我們的後背總是挺得很直；而消沉和低落時，我們常常駝著背。習慣性動作有時會無意暴露我們真實的感受。比如，我們說話時常常會伴隨一些習慣性動作，點頭表示肯定，搖頭表示否定。當一個人微笑著說他很願意「嘗嘗臭豆腐」，但同時在慢慢地搖晃他的頭——他所說的很可能不是真心話。

六、情緒理論

1. 詹姆斯—蘭格理論

威廉·詹姆斯提出，情緒體驗主要是身體變化造成的，卡爾·蘭格幾乎在同時

發表了相似的理論，因此該理論被稱為「詹姆斯—蘭格理論」。這一理論主張：當身體產生（生理）變化時，我們感受到這些變化，這就是情緒。該理論強調情緒的產生是植物神經系統活動的產物。

在通常的認識裡，人們認為情緒激發行動，我們哭泣是因為難過，逃跑是因為害怕。詹姆士-蘭格理論則給出相反的解讀：刺激引發自主神經系統活動，產生生理狀態變化，生理上的反應導致了情緒。他指出，「情緒，只是一種身體狀態的感覺；它的產生的原因純粹是身體的」。當一個情緒刺激物作用於我們的感官時，立刻會引起身體的某種變化，激起神經衝動，傳至中樞神經系統而產生情緒。在詹姆斯看來，悲傷由哭泣引起，憤怒由打鬥導致，恐懼由戰慄而來，高興由發笑而生。

蘭格認為，情緒是內臟活動的結果。他特別強調情緒與血管變化的關係：「情感，假如沒有身體的屬性，就不存在了。」蘭格以飲酒和藥物為例說明情緒變化的原因。酒和某些藥物都是引起情緒變化的因素，它們之所以能夠引起情緒變化，是因為飲酒、用藥都能引起血管的活動，而血管的活動是受植物性神經系統控制的。

2. 坎農—巴德學說

坎農對詹姆斯—蘭格理論提出疑問，認為情緒的中心不在外周神經系統，而在中樞神經系統的丘腦。他提出中樞神經過程理論，認為外界刺激引起感覺器官發生神經衝動，通過內導神經，傳至丘腦，再由丘腦同時向上向下發出神經衝動，向上傳至大腦，產生情緒的主觀體驗，向下傳至交感神經，引起機體的生理變化。例如，血壓升高、心跳加快、瞳孔放大、內分泌增多和肌肉緊張等，使個體在生理上進入應激準備狀態。

例如，某人遇到一只老虎，由視覺感官引起神經衝動，經內導神經傳至丘腦處，在此更換神經元後，同時發出兩種衝動：一是經過軀體干神經系統和植物神經系統到達骨骼肌和內臟，引起生理應激準備狀態。二是傳至大腦，使某人意識到老虎的出現。這時某人的大腦中可能有兩種意識活動：其一，認為老虎是馴養動物，並不可怕。因此，大腦將神經衝動傳至丘腦，並轉而控制植物性神經系統的活動，使應激生理狀態受到壓抑，恢復平衡；其二，認為老虎是可怕的，會傷害到人，大腦對丘腦的抑制被解除，植物性神經系統活躍起來，身體的應激生理反應加強，並採取行動盡快逃避，於是產生了恐懼，隨著逃跑時生理變化的加劇，恐懼情緒體驗也加強了。因此，情緒體驗和生理變化是同時發生的，它們都受丘腦的控制。坎農的情緒學說得到巴德的支持和發展，故後人稱坎農的情緒學說為坎農—巴德學說。

3. 評定—興奮理論

美國心理學家阿諾德在20世紀50年代提出了情緒的評定-興奮學說。這種理論認為，刺激情景並不直接決定情緒的性質，從刺激出現到情緒的產生，個體要對刺激進行估量和評價，情緒產生的基本過程是刺激/情景—評估—情緒。同一刺激/情景，由於個體對它的評估不同，就會產生不同的情緒反應。評估的結果一般為「有利」「有害」或「無關」。如果是「有利」，個體會產生肯定的情緒體驗，並企圖接近刺激物；如果是「有害」，個體會產生否定的情緒體驗，並企圖躲避刺激物；如果是「無關」，人們就予以忽視。阿諾德認為，情緒的產生是大腦皮層和皮下組織

協同活動的結果，大腦皮層的興奮個體產生情緒行為的最重要條件。

連結：情緒表達的文化差異

不同社會文化對人們如何表達情緒有不同的準則。比如，西方文化比較強調個人獨立、權利及需要的自由表達，而東方文化則強調群體和諧。因此，面對在公眾場合生氣這一行為，西方人會認為是個體面對不公正對待時的自然反應，而中國人會認為是過於計較、不值得鼓勵的行為。

華萊士・弗里森在1972年對情緒表達規則進行了跨文化研究。他邀請了來自日本和美國的大學生觀看兩部電影片段：一部是中性的旅遊風景片，另一部的內容非常血腥。在被測試者不知情的情況下，偷偷記錄下他們觀看電影時的表情、反應。當這些學生獨自一個人觀看電影時，日本和美國大學生的反應是相似的：觀看中性影片時有較少情緒反應，觀看血腥電影時會表露出恐懼、厭惡等情緒。

但是當一位年長的主持人（實驗人員）進入觀影室後，日本和美國的大學生在情緒表達上有了明顯的區別。美國大學生的反應在主持人進入觀影室前後並沒有顯著差異；而日本大學生在主持人進入觀影室後，幾乎都用微笑掩飾了自己的情緒體驗。產生這種差異的原因是：在日本文化中，個體必須要對長者、權威表示順從。因此我們可以看到，學習不同文化的我們可能會有相似的體驗，但公開表達情緒的方式受文化的影響。

同時，文化還會影響情緒的來源。比如，在美國，個體能夠突出自己的角色和能力時會產生驕傲、高興、優越感等積極情緒。在日本，這些積極情緒更多地與群體聯繫起來，如與他人的親密感和尊重等。

並且，文化會影響不同性別的個體的情緒。一般認為男性和女性在情緒的體驗上沒有差異或者有較小差異，但不同性別個體的情緒來源和情緒表達是有差異的，這種差異往往受文化的影響。比如，在很多文化中男性不被允許表達悲傷和低落，而女性不被允許表達憤怒和敵意。

儘管存在文化差異，但是個體的害怕、生氣、噁心、難過和高興等基本情緒會表現出跨文化的一致性。真誠的微笑是全世界最普遍、最容易辨認的面部表情。

小結：

情緒是對一系列主觀認知經驗的通稱，是由感覺、思想和行為綜合而成的心理和生理狀態。情緒的產生通常包含生理喚起、認知解釋、主觀感覺和行為表達四個部分。

關於情緒的由來，情緒分化理論強調情緒的生理學基礎，每一項情緒都有其特定的生理學回路。情緒認知理論認為，情緒是認知的產物，是我們對自己和情境的理解和評價產生不同的情緒。

依據不同的角度和劃分標準，情緒被分成不同的類型。按照情緒的狀態劃分，情緒被劃分為心境、激情和應激。從情緒的屬性和進化角度看，我們可以把情緒分為基本情緒和複合情緒。情緒的功能包括促進人際交往、適應生存和環境、激勵和

誘發行為、組織和調節心理活動。情緒主要表現為面部表情和身體語言。人類的表情和身體語言能夠反應內心的情緒體驗和想法。情緒的理論主要包括詹姆斯—蘭格理論、坎農—巴德學說、評定—興奮理論。

思考題：

1. 練習：覺察自己的情緒。
請先仔細回憶一件讓你自己感到高興的事，然後按照以下要求填空。
（1）請仔細感覺此時此刻身體上的幾個主要部位，然後回答：
我現在頭部的感覺是：＿＿＿＿＿＿＿＿＿＿＿＿
我現在心臟的感覺是：＿＿＿＿＿＿＿＿＿＿＿＿
我現在胃部的感覺是：＿＿＿＿＿＿＿＿＿＿＿＿
我現在四肢的感覺是：＿＿＿＿＿＿＿＿＿＿＿＿
（2）請仔細體驗自己現在的情緒並填空：
我現在的情緒是：＿＿＿＿＿＿＿＿＿
（3）請記錄此時此刻的想法和念頭：
我現在的想法是：＿＿＿＿＿＿＿＿＿
（4）請記錄下你此時此刻想做的事情：
我現在想做的是：＿＿＿＿＿＿＿＿＿
2. 你常常會採用的情緒表達方式是什麼？針對不同的情緒，請試著梳理你的情緒表達方式。
3. 你認為情緒對你的幫助有哪些？針對不同的情緒，請試著探索情緒對你生活的影響。

第二節　大學生情緒特點及常見情緒

在古典名著《紅樓夢》裡，很多人對林黛玉的印象都集中在她敏感的性格和憂鬱的情緒上。曹雪芹對林黛玉情緒進行細膩的刻畫，讓人印象深刻。很多章節裡，林黛玉常常用詩詞來表達離愁別恨，在《葬花吟》中她這樣寫道：
爾今死去儂收葬，未卜儂身何日喪？
儂今葬花人笑痴，他年葬儂知是誰？
從很多章節中，我們還可以看到林黛玉的情緒特點，概括起來，即容易情緒化。比如，在第二十六回，林黛玉敲寶玉住所的房門，遭到丫頭拒絕後越想越傷心。原文如下：（黛玉）因而又高聲說道：「是我，還不開麼？」晴雯偏生還沒聽出來，便使性子說道：「憑你是誰，二爺吩咐的，一概不許放人進來呢！」
林黛玉聽了，不覺氣怔在門外，待要高聲問他，逗起氣來，自己又回思一番：「雖說是舅母家如同自己家一樣，到底是客邊。如今父母雙亡，無依無靠，現在他家依棲。如今認真淘氣，也覺沒趣。」一面想，一面又滾下淚珠來。

林黛玉情緒敏感，傷春悲秋。正值青春年少的大學生在情緒體驗上，也有自身的特點。只有瞭解這個階段的情緒特點，大學生才能更好地進行自我調節。

一、大學生情緒特點

大學生的情緒相較於兒童和青春期少年，更加豐富和細膩，同時不那麼直白和外露，具有掩飾性和隱藏性。大學生因為生活閱歷較少，生活人際環境較單純，生理發育成熟且對愛情充滿向往，相比於更成熟的成年人來說，具有衝動性和兩極性。瞭解大學生的情緒特點，我們將更能理解其心理活動和個性特點，從而促進自我認知和人際溝通。

1. 複雜性與衝動性

大學生身心發展相對成熟，又處於埃里克森的心理社會發展階段理論中「自我同一性」和「親密對孤獨」的階段，自我意識較強，生活環境比高中更豐富。因此，在情緒體驗上，大學生有著豐富、強烈而又複雜的情緒世界，情緒體驗往往較為迅速、強烈，喜怒哀樂常常一觸即發，表現出熱情奔放的衝動性特點。心理學家常用「急風暴雨」來比喻這種激情性的情緒特徵。這種衝動性的情緒在群體中往往變得更激烈。大學生有較強的群體認同感，喜歡模仿，易受暗示，容易受當時情境氣氛的感染、鼓動，容易表現出比單個人時更大膽的舉止。

大學生的情緒衝動性是有其生理和心理基礎的。受旺盛的性激素影響，下丘腦較為興奮，而大腦皮層的調節作用一時還不能適應這種情況，因而產生了不平衡。由於心理發展缺乏相對緩慢，大學生心理調節機制發展不完善，缺乏對外界變化的彈性和應變能力，缺乏對心理活動調節和支配的意志和能力，大學生生理和心理的發展出現了不平衡，情緒變得衝動。

2. 波動性與兩極性

大學生的年齡正處於未成年人向成年人轉變的階段，在情緒狀態上表現出兩種情緒並存的特點。一方面，相對於中學階段，大學生的情緒趨於穩定和成熟；另一方面，與成年人相比，大學生的情緒帶有明顯的起伏波動性，容易從一個極端走向另一個極端，情緒有時會出現兩極性，表現為大起大落、大喜大怒。

這種兩極性，也和大學生的認知發展和社會化程度有關。大學生雖然已經跨入成年，但缺乏社會生活經驗，成長經歷圍繞著學校，以學習為主，周圍的人際關係都是同學和師生關係，相對單純。因此，大學生在認識和社會化程度方面還有待繼續發展。大部分大學生在認識方面，依然存在非黑即白的思維方式。比如，一次面試沒過，大學生就認為自己糟透了。這種兩極化的思維必然導致兩極化的情緒反應。而進入社會後的成年人，有更多的社會經驗，對社會和人際關係的複雜性有了更深刻的認識，思維方式也會更成熟和貼近現實，情緒自然會不那麼兩極化。

3. 內隱性與掩飾性

大學生的情緒表現，雖然有時會喜怒形於色，但不像少年時期那樣坦率直露，而會將自己的情緒隱藏。隱藏自己的情緒反應，表示大學生已經發展出較成熟的情緒調節能力，也會根據外在環境決定自己是否表現情緒。

但從另一角度來看，隱藏情緒也會給大學生帶來壓力和困惑。部分大學生的情緒困擾源於外在表現和內在體驗不一致，且不知如何表達真實體驗。一些大學生擔心如果表達真實的情緒，會影響人際關係。這些困惑，會因情緒無法正常抒發而變得壓抑，長期如此可能造成身心問題，滋生孤獨和苦悶，並影響同學關係的深入發展。

4. 階段性

大學四年，不同年級大學生面臨的主要任務不同，其主要情緒也會在各個年級有階段性區別。比如，新生入校，對大學校園和生活感到陌生，充滿好奇和美好想像，同時大部分學生又因背井離鄉，對父母和家鄉充滿思念之情。在這種複雜的環境變化下，新生會產生興奮、失落的交替情緒，乃至部分新生會出現適應困難。經過一年的學習，大學生基本適應了大學的學習生活，大二學生在大學生活的各個方面都得到了相應的歷練，情緒情感發展日益成熟，整個情緒狀態較為平穩。到了大三，又因存在找工作、考研或出國等多項選擇，不少大學生再次出現迷茫和焦慮。因此，大學生的情緒情感發展呈現明顯的階段性特點。

二、大學生常見情緒

楊絳先生在《我們仨》中寫道：「碰到困難，我們一起承擔，困難就不復困難；我們相伴相助，不論什麼苦澀艱辛的事，都能變得甜潤。我們稍有一點快樂，也會變得非常快樂。」這是一位內心豁達、性情通透、嘗遍世間百味的智慧老人的真實感受。那麼，對於剛成年不久的大學生來說，瞭解常見的情緒特點，學會培育積極情緒，克服消極情緒，有助於當下的成長和未來的發展。

1. 快樂情緒

快樂是一種最常見的積極情緒。當一個人的需求、願望等得到滿足，或者身心感受舒適時，就會感到快樂。快樂的程度，通過不同的形容詞得以展現。比如，常見的形容詞有開心、高興、快活、愉悅，到比較強烈的開懷、歡喜，再到非常強烈的欣喜若狂。快樂在個體情緒調節和心理健康維護過程中扮演著重要角色。快樂能拓寬注意範圍，提高個體對積極事件的敏感性，降低消極情緒引發的情緒體驗和生理喚醒，使個體身心處於和諧、安寧狀態。

很多人在回憶自己大學生活時，總是帶著懷念的情感，並感嘆大學四年是人生中最快樂的歲月。大學生活中快樂的源泉有很多，一是來自於青春活力。18~22歲，是人生中最具青春活力的幾年，多少詩人、文學家都不吝嗇於辭藻，謳歌青春的美好。二是相對於社會，大學如同烏托邦。國家對教育高度重視，獎助貸制度不斷完善，家庭貧困的學生也能完成學業。在大學，同學們可以一心撲在知識的海洋中，不用花費心思養家糊口。在大學，同學間可以建立純粹的友誼，發展美好的愛情。在大學，大學生還可以和志同道合的朋友談天說地，規劃未來理想。

2. 抑鬱情緒

抑鬱，是指一種持續的、彌散性的情緒低落，甚至伴隨一些「沒意思」「不感興趣」「沒勁」的想法。目前流行的「喪」和抑鬱情緒有類似之處，指消極、沒精

神、懶散的狀態。當大學生遇到挫折、困難時，產生了暫時的低落情緒，是很正常的反應。大學生通過自身的努力或尋求幫助，事情得以解決，或通過運動、傾訴等方式緩解情緒，抑鬱會很快消散，不會對正常生活構成困擾。大學生如果一直陷入抑鬱情緒，就需要引起重視。

某些比較內向的同學，可能更容易因為小事而產生抑鬱情緒。一些天生「神經大條」的同學難以理解細膩情緒的變化。總之，每個人的情緒反應有先天的傾向性。正如《紅樓夢》中每個角色都有自己的鮮明特點，我們才對寶釵的豁達文雅心生敬意，對黛玉的柔弱哀愁心生憐憫。不論每個人的情緒特點如何，要學會接納自己，並對自己的情緒進行充分瞭解，學會調整。

若抑鬱情緒揮之不去，大學生可以通過「積極行動」進行自我調整。大學生陷入抑鬱的困擾，往往感到無精打採，喜歡拖延，缺乏行動力。若總想著「等情緒好了再行動」，大學生就會陷入「不行動—抑鬱—不行動」的惡性循環。克服抑鬱的最好方式是反其道而行之，不論是否有足夠的動機，我們都堅持安排積極的行動，如認真上課、自習、運動、參加集體活動等，並輔以適當休息。積極行動可以讓人產生掌控感，運動時身體會釋放內啡肽，在體內產生積極的感覺。但如果抑鬱情緒過於嚴重，嚴重影響正常生活，大學生需要及時求助於專業心理機構或醫院。

3. 焦慮情緒

焦慮是個體對不確定的事情的擔憂引起的一系列身心反應，也是人類適應和解決問題的基本情緒反應，這種體驗混雜了心跳加速、緊張、害怕、擔憂，甚至有些同學還會覺得胸悶、手心出汗、腸胃不舒服、身體僵硬。大學階段，大學生由於面臨未來的方向的選擇和學業壓力，產生輕微的焦慮感是正常的。輕微的焦慮可以推動我們朝向更積極的方向，也會促使我們去探索和實踐。然而，也有部分同學會體驗到比較強烈的焦慮，從而導致睡眠、生理方面的不適。大學生主要有以下幾種較常見的焦慮困擾：

（1）考試焦慮。考試焦慮指因考試壓力過大而引發的系列異常生理、心理現象，包括考前焦慮，臨場焦慮及考後焦慮緊張。心理研究發現，心理緊張水準與活動效果呈倒 U 形曲線。緊張水準過低和過高，都會影響結果。而適度的心理緊張，可以調動人的心理認知資源，讓人保持一種較好的狀態，取得比平時更好的效果。但如果個體緊張和恐懼過度，引起較強的焦慮反應，就會影響考試表現。如果焦慮程度過高，甚至會有「暈考」的反應，也就是一些同學說的「呼吸急促，大腦一片空白」。

大學生克服考試焦慮，最重要的是調整觀念。在實事求是的心態下，大學生應直面困難，不放大困難，不過分輕敵，保持平和的心態，做好充分準備。如果焦慮感比較強烈，我們可以反思自己是否有誇大的觀念，如對考試難度的高估，或對失敗結果的災難化想像。如果帶著這些不合理的觀念來應考，我們就會產生較強烈的焦慮情緒。

（2）被評價焦慮。被評價焦慮是個體過度在意別人的評價，導致心理負擔。大學時期，同學們對自我的體驗、感受和確認，很大程度依賴於外界環境或他人的評

價。當被他人讚美、欣賞時，個體就會信心百倍；反之，如果個體主觀感到別人反應冷淡，就可能產生低落情緒，甚至覺得自己一無是處。這種對外界評價的強烈依賴，很容易導致被評價焦慮，即個體在從事一件有競爭性或需要被公開結果的任務時，會感到惶恐不安，擔憂害怕。

克服被評價焦慮，關鍵在於用客觀的眼光看待自己，就事論事，不要去想像別人的評價。別人的反應和看法，猶如一面鏡子，可以映照我們的言行，讓我們不斷反思、調整、改善。但如果把他人的看法看得太過重要，脫離了當下具體事件，延伸到自我，就會引起情緒大起大落。或者，個體僅僅是想像他人在進行負面評價，把自己的想像當作事實，杞人憂天，背上情緒包袱。因此，我們應客觀公正地看待他人的反饋和評價，有則改之，無則加勉，保持平和心態，不斷完善自己。

4. 憤怒情緒

憤怒通常由真實或想像的失敗、傷害、威脅或遭遇不公正引起。憤怒可能會引起諸如血壓升高、心跳加快、流汗等自主生理反應。強烈的憤怒，可使大腦皮層及下丘腦興奮，腎上腺素分泌增加，從而引起全身血管收縮、心跳加快、血壓升高。

根據憤怒對個體影響的性質，憤怒可以分為積極憤怒和消極憤怒。積極憤怒是指幫助個體產生積極變化的憤怒。比如，積極憤怒能增強工作動機，改善人際關係和增進理解。相反，那些影響甚至破壞個體正常社會功能發揮的憤怒被稱作消極憤怒。例如，個體與室友鬧彆扭而在寢室裡摔杯子。

大學生往往會因為人際關係矛盾，尤其是寢室關係矛盾而引發憤怒情緒。產生憤怒情緒後，部分大學生可以冷靜反思，尋找建設性的方式解決問題。還有部分大學生可能會採取消極的方式來表達憤怒情緒，如冷戰、悶悶不樂、壓抑、迴避、購物、辱罵等方式。個體積極地管理憤怒情緒，可以化解矛盾，促進關係進一步發展，給大學生活增色。個體消極面對憤怒情緒，則可能導致人際矛盾激化、人際矛盾等問題。因此，大學生需要認識、理解自身的憤怒情緒，當情緒出現時，冷靜反思，通過寫日記、傾訴、運動、溝通等多種合理的方式面對憤怒，實現成長。

5. 空虛感

空虛感往往指百無聊賴、閒散寂寞的消極心態，即人們常說的沒勁，是心理不充實的表現。有同學說：「我常常感到很空虛，每當這種時候，心裡會很難受，想不停吃東西。」不同的個體對於空虛感的體驗是不同的。比較典型的空虛感是一種內在感受的缺乏、貧乏──無論是好的、有愛的感受，還是糟糕的、痛苦的感受。在這樣的體驗中，個體會感受到自己對外部的刺激缺乏足夠的反應，或只存在機械的反應。對大多數同學來說，空虛感是轉瞬即逝的。

大一新生在適應新環境的過程中，往往會體驗到短暫的空虛感。一些新生會懷念高三生活，因為高三有一個全力以赴的目標，以及不斷奮進的集體氛圍。到了大學，若沒有樹立新的目標，大學生可能缺乏認真上課學習的動力，感到茫然和空虛。

對於大學生而言，克服空虛感，收穫充實而有意義的大學生活，首先要立志。自古以來，聖賢們都強調立志的重要性。王陽明說：「志不立，天下無可成之事，雖百工技藝，未有不本於志者。」志，就是人生的方向，這個方向不是外在強加的，

而是自身確立的。有了方向後，人生就不再是汪洋大海上漫無目的漂泊的船隻，而是有了想要到達的遠方。個體克服空虛感，還要有積極的行動。光有志向，沒有行動，志向就是一紙空談。現在很多大學生的問題是，想得多，做得少。一些大學生光在頭腦中想一想，卻無法落在實際行動上，想法就成為白日夢。缺乏行動的想法，也會給精神造成傷害，滋生愧疚感，甚至是自我厭惡。因此，大學生應用行動充實生活，用行動落實幻想，這是克服空虛感的良藥。

連結：提升我們的積極情緒

情緒擴展和建構理論表示，積極情緒能擴展思維、拓寬視野，會帶來良性循環，能改變人際交往；積極情緒還能建構心理優勢、良好的心智習慣、社會聯繫和健康的身體；積極情緒還可以讓我們在消極情緒的惡性循環上緊急煞車並恢復過來，讓我們百折不撓地面對生活。

積極情緒引發的連鎖反應就像混沌學中著名的「蝴蝶效應」。微妙的美好感受能引起積極情緒的連鎖反應，重塑個體生活進程。既然積極情緒對我們生活有如此重要的影響，那麼，個人如何產生積極情緒，引發積極情緒的「蝴蝶效應」呢？

1. 覺知情緒的河流

你的習慣性思維是河床，情緒是河流。面對問題和困境時你的習慣性思維決定了你體驗到的是積極情緒還是消極情緒。人們意識到自己有消極情緒時，通常反應是希望抑制或趕走它，而這兩種處理方法會使你更加痛苦。其實，對消極情緒保持開放接納的態度遠比把它擋在外面更健康。

科學實驗已經證明遏制消極情緒的一個好方法是鍛煉覺知力。喬恩·卡巴金對覺知力的簡單定義是：「覺知力意味著以一種特定的方式保持注意——關注目標，在當前的時刻，不帶任何評價。」大學生應不斷修煉自己對情緒的覺知力，用一種不評判、不拒絕的方式對待情緒，與消極情緒進行反駁、辯論，讓情緒的河流緩緩流過。

2. 接納情緒，瞭解神奇的洛薩達比例

心理學家洛薩達在對積極情緒和消極情緒的研究中發現，積極情緒和消極情緒的比例為3：1時，人們在生活中的多數時候是感覺良好的。婚姻科學專家約翰·戈特曼提出，幸福美滿的婚姻生活中，該比例大約是5：1；與此形成鮮明對比，失敗和不幸的婚姻所具有的該比例低於1：1。儘管我們提到了積極情緒的諸多好處，但積極情緒也並非越多越好。在欣欣向榮的生活配方中，消極情緒也是必不可少的組成部分，洛薩達比例也從一個側面告訴了我們消極情緒的重要性。

3. 培養積極思維，找到事情存在的積極意義

人們之所以體驗到負面情緒，和人的基因和思維模式有很大關係。基因是與生俱來的，無法改變的，但思維模式卻是可以被訓練和改變的。因此，提升你的積極情緒的一個關鍵途徑就是，你要在日常生活情境中更加頻繁地找到積極的意義。並非事情本身決定了你的情緒，而是你對這件事情的解釋，是你賦予這件事情的意義在影響著你、改變著你。每個事件的發生一定有它的積極意義，你不要總是關注它

消極負面的影響，試著找到它的積極意義，重新解讀事件，讓我們從事件中獲取成長的力量。

4. 學會感恩，讓感恩成為一種習慣

「感恩日誌」是一個很好的實踐方法。簡而言之，就是我們每天都寫下所熱愛的五樣東西。積極心理學也倡導寫「感恩信」，對你生活中幫助過你的人，你一直想表達感恩之心卻沒有機會表達的人表示感謝。繁忙的工作、快節奏的生活讓我們對所擁有的一切習以為常，很少有時間停下來感恩大自然、感恩家人、感恩朋友、感恩生活。

提升積極情緒的方法還有很多，如真誠待人、幫助他人、冥想、利用你的優勢、計算善意、細數你的福氣等，這些都可以增加自己的積極情緒。我們應試著在生活中時不時扇動積極情緒的「蝴蝶翅膀」，一起去追求真實的幸福和美好的人生。

小結：

與中學時代相比，大學階段大學生對情緒的體驗更加複雜和深刻。由於經驗、閱歷有限，大學生的情緒普遍還不夠穩定，容易「熱血沸騰」，也容易「心灰意冷」。這種細膩、衝動和兩極化的情緒特徵，讓大學生容易遭受抑鬱、焦慮、憤怒和空虛等情緒的侵擾。因此，大學生需要關注自己的情緒健康，克服不良情緒的困擾。更重要的是，大學生需要瞭解積極情緒對認知、人際和生活都有極大的益處。大學生要培育積極正向的情緒，並在學習和實踐中樹立和完善積極健康的人生觀、價值觀，建立支持性的人際關係，勇於嘗試，接受生活的挑戰。

思考題：

1. 請觀察周圍的同學，如常常表現出很開心的同學，很平靜的同學，憂鬱的同學，找出他們之間在言行方面的區別。

2. 當你情緒低落時，你有哪些調節情緒的方法？並試著問問周圍的人，收集更多的情緒調節技巧。

3. 你認為當今社會的媒體對大學生的情緒變化有哪些影響？試著寫出正面的影響，和負面的影響。

第三節　塑造積極健康的情緒

熱門網站上出現類似這樣的問題：我不喜歡對人發火，也不會找人傾訴，因此經常摔東西、砸東西。這樣下去不是辦法。如何更好地調整情緒呢？

問題下面有很多人回復，從中可窺見當代青年對情緒調控的重視。總結起來，回答包括了以下三個方面：

一是直接宣洩。比如，「發洩憤怒的話，心理和肢體上同時發洩的效果更好一些。我會使勁彈鋼琴，彈到自己疲憊，感覺憤怒基本上就平息了」。二是間接調整。

比如，「喝一罐可樂，最好是冰鎮的，咕嘟咕嘟幾口下去，冰涼的液體和氣泡的快感會讓你的心情瞬間變好！」。三是改變自己。比如，「建議你嘗試與他人交流，找幾個知心朋友或者戀人，他們應該能理解你。或者你把內心活動寫下來，重新審視。這時候，你會比以前更客觀。世界其實本沒有那麼多矛盾，不是嗎？」

每個人在成長過程中，會習得一些情緒調整的方法。從心理健康視角來看，脫離了一個人自身的特點和他/她所處的實際環境，我們難以評價方法的好壞。對於一個文靜的女生而言，與朋友交流或許是好的辦法；但對於一個喜歡運動的男生來說，去操場跑步，或與同學踢一場球，也許更加適合。那麼，有沒有更科學、系統的方法，讓我們更好地掌握情緒調節的策略，塑造健康積極的情緒體驗，度過幸福的大學生活呢？

一、調整不合理的認知

情緒的認知理論認為，當個體想法不合理時，情緒往往也會隨之變得負面。當個體想法合理時，情緒會變得平靜或正面。比如，要做一個課堂展示，甲乙二人能力相當，甲非常緊張，乙卻淡然處之。甲乙二人對即將來臨的課堂展示有不同的解讀。課堂展示作為一個客觀事實，若以一種災難化的眼光看待，必定導致焦慮和恐懼。

該理論認為，不合理的想法讓我們產生了過度的負面情緒。不合理的想法，是指不符合客觀事實的想法，這些想法沒有真實地反應客觀事實，而是誇大地、扭曲地反應客觀事實。常見的不合理想法包括災難化、非黑即白、貶低正面經驗。

災難化思維會把事情的嚴重性擴大，推至災難性的地步。非黑即白思維會以極端化的方式看待一切，無視事件的複雜性，認為事件要麼全壞，要麼全好。這種思維方式在兒童中常見。兒童看電視時往往先詢問角色的好壞。是非對錯雖然重要，但個體若極端地看待，必然脫離了真實世界的規律。因此，極端化的思維會導致情緒在兩極中搖擺。個體貶低成功經驗，會把成功歸因於別人，或者認為是僥幸，或者認為事情很簡單，不值一提。總之不認為自己有什麼功勞。當個體思維偏離了客觀事實，就如同照哈哈鏡，看到的是扭曲的影像，個體不僅會產生負面的情緒，還不利於問題的解決。

中國自古講求中庸之道，指不偏不倚、折中調和的處世態度。落實在想法上，中庸也可以理解為用更加客觀、圓融的方式看待萬事萬物。個體通過不斷練習，調整不合理的想法，就可以使情緒保持平和的狀態。以下四個技巧，可以幫助同學們及時調整情緒。

停下來。當自己意識到情緒開始變糟時，可以練習對自己叫停。比如，對自己說：等一等，事情是否像我想像的那麼糟糕？或者是，等一等，這是我的猜測，還是事實？這種時候，我們可以使用一些小技巧，用右手拍一下左手背，或搖晃一下頭，或起身倒水喝，或做幾個深呼吸。

換角度。當自己陷入固有的觀念裡面，往往會變得固執、僵化。這時我們需要冷靜，想一想除了這個想法以外，還有沒有別的可能性。我們應學會換位思考，想

一想站在對方的立場上重新審視問題，幫助我們拓展思維，避免思維的狹隘和僵化。

分析利弊。自己對思維進行利弊分析，可以幫助自身更加理性地看待思維，並看清楚思維導致的結果。試看問自己，我堅持這個觀念有什麼好處，有什麼壞處？我們也可以畫一個利弊分析表，羅列利弊。通過這樣的練習，同學們可以學會選擇對自己更有益的思維，放棄導致負面結果的思維。

解決問題。不論是分析事情，還是思考問題，落腳於實際問題的解決上。我們應學習自我詢問，什麼樣的想法對自己才是真正有幫助的，是解決問題的，是有建設性的，這樣有利於培養靈活有效的思維。

不合理思維，往往不是深思熟慮後的想法，而是表現為「自動出現在腦中」的想法，這些想法與過去的經歷有關。若缺乏對這些想法的有效控制，個體可能會鑽牛角尖，視野變得狹隘。若個體能及時停下來，採用以上的辦法進行自我調整，負面情緒將會減輕。

二、樹立正確價值觀

價值觀是指個人對一切事件的意義、作用、效果和重要性的總體評價，在較深層面影響個人的日常觀念、言行和情緒。個人價值觀受社會文化、家庭氛圍和學校教育的影響，具有一定的穩定性。孟母三遷的例子說明古人就早已意識到環境對人的言行和精神的影響。大學生在成長過程中，耳濡目染，內化了父母、家人、老師和同學的言行。其中比較深刻的影響久而久之沉澱為更深刻和持久的觀念，即價值觀。

價值觀雖然深刻且具有穩定性，但我們也可以通過不斷引導和塑造，改變不良價值觀，樹立正確積極的價值觀念。作為當代中國大學生，應樹立和踐行社會主義核心價值觀，用理想信念指引人生方向。在網路高度發達的時代，各種社會思潮湧現，消極思想導致消極行為和情緒，不利於自身長遠的發展。當代在學生應不斷踐行「愛國、敬業、誠信、友善」的價值觀，培養健康積極的情緒。

三、改善不良的行為

人們能動地認識客觀世界，並在認識的指導下能動地改造客觀世界。人的實踐活動，即行為，導致了相應的結果。當大學生採取積極、正確的行為時，往往會有較好的結果。比如，一些大學生認真聽課、自習，遇到困難不輕言放棄，就會不斷取得進步。良好的行為，為愉悅的情緒和健康的心態提供了好基礎，也為學業保駕護航。

1. 大學生常見的不良行為

相較於中學，大學階段有更大的自由度，部分同學會養成不良行為，若不注意調整，將會產生情緒、人際和學業等困擾。常見的不良行為包括日常不良習慣、消極逃避行為和傷害行為。

日常不良習慣主要指個體飲食作息不規律，如熬夜，暴飲暴食等，久而久之導致身體健康受損，在心理上造成自責、萎靡不振、消沉等不良情緒。大學四年是人

生中最寶貴的時光，大學生應以積極健康的生活方式度過該段時光，早睡早起，健康飲食。

消極逃避行為指個體為了迴避心理痛苦而採取的行為。比如，一些同學受挫後衝動購物，或沉迷網路遊戲、網路小說，對於現實中需要去面對的事情，採取逃避、拖延的方式。這會導致問題持續存在，甚至惡化，並造成個體心理上的抑鬱和焦慮。

傷害行為指給自己或他人造成痛苦的行為。比如，一些個體以辱罵的方式表達人際不滿，或者是酗酒、抽菸等。傷害行為的種類繁多，有些傷害行為是個體有意識的，如酗酒。有些傷害行為是個體無意識的，如受挫後一直處於自我責罵的狀態。還有一些比較極端的傷害行為，如失戀後用刀割傷自己，會給自己和他人造成傷害，包括精神上的傷害。以上行為，對情緒健康有極大的傷害。

2. 改變不良行為的方法

明朝著名學者王陽明提出知行合一。當知與行都達到高度和諧，情緒也會隨之和諧。

（1）對於日常不良習慣，我們可設計日程安排表（見表8-2）。通過設計日程安排表，我們提前將日常的生活安排好，堅持按此作息，每天評估情緒狀態。通過一段時間的實踐和觀察，我們會發現作息安排和情緒呈現出一定的規律性：當習慣良好、生活充即時，情緒會更加積極向上，自我價值感也會隨之提升，獲得更好的心理體驗。心理學研究表明，良好規律的作息會帶來掌控感和目標感，這兩個因素與情緒健康都有相關性。

表8-2　　　　　　　　　　日程安排表

	周一	周二	周三	周四	周五	周六	周日
上午							
中午							
下午							
晚上							
情緒狀態							

（2）對於消極迴避行為，我們可採用逐級自我挑戰的方式克服。趨利避害是一種常見反應，人們面對壓力或困難事件，往往會滋生緊張、焦慮，甚至是恐懼情緒。當我們用自我麻痺的方式暫時性迴避了困難，就迴避了負面情緒，獲得暫時的舒適和安逸。比如，個體做高數題受挫，情緒焦躁不安，若沉迷於網路遊戲中，就暫時感受不到焦躁的情緒。但從長遠來看，這種方式無法解決問題，可能使自尊受損，甚至有罹患抑鬱症的風險。我們採用逐漸挑戰的方法，直接面對問題，每次都勇敢讓自己踏出舒適圈，取得踏實的進步。

逐級自我挑戰，需要個體按照任務的難易程度羅列一份計劃（見表8-3）。個體通過逐步完成計劃，直接面對困難，逐漸克服情緒的不適，獲得自我效能感，最終提高解決問題的能力，實現自我成長。比如，A從小性格內向，對人際交往過於緊

張。在大學裡，當眾發言、小組討論、課堂展示等日常活動，均讓 A 感到緊張焦慮。下面，A 通過逐級自我挑戰克服了人際焦慮的困擾。具體做法如下：

首先，A 按照困難的難易程度，設置挑戰計劃。其次，A 盡可能從中等難度的挑戰開始，各個突破。逐級自我挑戰能夠讓我們的大腦適應情緒。當情緒有足夠充分的體驗，情緒強度會逐漸下降，不再造成困擾。

表 8-3　　　　　　　　　　　逐級自我挑戰表

挑戰任務清單	難度評分（1~10 分，分數越高，越困難）	完成情況
在講臺上做展示	9	
上課主動舉手回答問題	7	
上課前，主動和周圍的同學聊天	5	
在小組討論中表達自己的觀點	4	一開始很緊張，後來緊張程度慢慢下降，心情平靜了很多

（3）對於消極迴避行為和傷害行為，個體可採用「應對卡」（見表 8-4）克服。傷害行為，往往屬於衝動性較強的行為，不管是個體一時衝動導致的對他人的言語或身體攻擊，還是對自己的攻擊，都可能瞬間發生。若個體冷靜下來往往會後悔。消極迴避行為會帶來消極情緒，具有極大的慣性，很難克服。

設計應對卡的方法如下：個體需要找出典型的困擾行為，然後將有效的應對辦法寫在一張卡片上，並隨時查看。應對行為是指健康、積極、有益的行為。為了增加效果，個體需要經常查看應對卡，並更新補充內容。

表 8-4　　　　　　　　　　　應對卡

×××的應對卡
困擾行為：暴飲暴食，導致腸胃不適，影響健康。
應對辦法：當我想吃很多東西時，其實我的身體並不是真正需要這些食物。吃東西讓我暫時忘記煩惱，感到舒服，但會造成身體負擔。因此，每當我想要吃很多東西時，我可以選擇別的方式，如向好友傾訴，去操場跑步，或者做我喜歡的手工。

四、練習情緒「衝浪」

個體體驗喜怒哀樂，卻不陷入喜怒哀樂，如同衝浪的過程：在海浪中順應著浪的方向，不被浪花捲入，保持著動態的平衡。情緒衝浪的練習可以幫助我們在情緒襲來時保持穩定而平靜。這個練習，從關注呼吸開始。我們學著讓身體放鬆下來，去感覺呼吸，可以緩慢呼吸，感受呼吸的速度與分量，以及胸腔慢慢擴張的感覺。四五個緩慢的深呼吸後，我們將注意力轉移到目前的情緒體驗，請不帶評判地覺察一切感受。例如，有時悲傷中隱藏著憤怒和焦慮，羞恥中糾結著失落與憎恨，甚至

身體上有一些發癢、發麻和疼痛現象。此時我們不需要驚慌，保持好奇心，體驗這些微妙。

當我們不與情緒對抗時，情緒像波浪一樣襲來，然後消失。在這個過程中，我們重複這個練習，耐心地觀察、體驗，不與情緒對抗。我們通過這個觀察過程會發現：任何一種情緒都有自然的存在期，只要持續觀察，就會看到它們的高漲和消退。這個練習還會讓你從情緒中抽離出來，不至於被情緒本身淹沒，減輕來自情緒的壓力。

五、主動提升幸福感

幸福，是指一個人的需求得到滿足而產生長久的喜悅，不等同於快樂。隨著物質生活的提升，人們基本脫離了貧困，希望過上更加幸福、健康的生活。作為大學生，應認真努力學習各方面的知識文化，過上幸福的大學生活，為人生這寶貴的四年畫上美麗的風景。對於獲得幸福的方法，美國著名心理學家馬丁·塞利格曼建立了積極心理學，它將人的美德、積極力量、善良作為研究對象，力求幫助人們獲得更優秀的人類品質和幸福感，提升生活滿意度。積極心理學告訴我們，真實的幸福來源於優勢和美德，個體能夠在生活中充分發揮共優勢和美德。

積極心理學指出，幸福來源於精神層次的提升。積極情緒、消極情緒對於我們都是有意義的：消極情緒保護我們不受外界侵犯，是遠離危險的信號；而積極情緒優化我們的生活，提高我們的生活質量。對於大學生而言，要發揮自己的優勢，創造幸福和滿足感，在學習、情感、人際關係方面付出努力。

古希臘哲學家蘇格拉底及弟子們提出了關於幸福的一些建議。以下的四個步驟，可以作為參考：

（1）人類能夠認知自己。我們都用理性去察覺我們無意識的信念和價值觀。
（2）人類能夠改變自己。我們可以用理性來改變我們的信念，因為我們的情緒遵循著我們的信念。
（3）人類能夠有意識地培養新的思維、感受和行動。
（4）如果我們把哲學當作生活方式來遵循，我們就能過上更加美滿的生活。

每一個時代關於幸福和美滿的定義是不一樣的。而我們可以把古人的智慧作為參考，讓我們在高速發展的現代生活中時時反思，找到心靈的平靜。

連結：情緒 ABC 理論

基於情緒的認知理論的觀點，情緒調節的基本原理是情緒 ABC 理論。古希臘哲學家艾比克泰德曾說，人不是被事情本身困擾，而是被他們關於事物的意見困擾。這句話啓發了美國當代心理學家埃利斯，創建了情緒 ABC 理論。埃利斯認為誘發事件 A（Activating Event）只是引發情緒和行為結果 C（Consequence）的間接原因，而引起 C 的直接原因是個體對激發事件 A 的觀念 B（Belief）。

情緒 ABC 理論表明，不合理的觀念使我們產生情緒困擾。而這些觀念，常常是一些無意識的、未經省察的。我們通過練習，把想法放在理性的陽光下，看看它們

是否合理。比如，誘發事件 A 是學生丟失。結果 C 是非常自責。觀念 B 是「為什麼我總是這麼粗心大意，一點小事都做不好」。但同樣的誘發事件，不同的人有不同的情緒反應。若將觀念 B 調整為「既然已經弄丟了，懊惱也無濟於事，趕緊補辦，並記得以後小心一些」，那麼情緒更加平和。

小結：

情緒調節的方法可以分為調整認知、樹立正確的價值觀、採取積極的行為、直面情緒、提升幸福感等。情緒的認知理論認為，不合理的想法讓我們產生了過度的負面情緒。常見的不合理想法包括災難化、非黑即白、貶低正面經驗。價值觀是指個人對一切事件的意義、作用、效果和重要性的總體評價，在較深的層面影響個人的日常觀念、言行和情緒。作為當代中國大學生，應樹立和踐行社會主義核心價值觀，用理想信念指引人生方向。

在行為層面，當大學生採取積極、正確的行為時，往往會有較好的結果。良好的行為，為愉悅的情緒和健康的心態提供了好基礎，也為學業成功保駕護航。

在直接面對並調整情緒方面，大學生可以進行情緒衝浪的練習，逐漸幫助自身在情緒襲來時保持穩定、平靜的心態。最後，作為大學生，除了認真努力學習各方面的知識文化，應努力讓自己過上幸福的大學生活，為人生這寶貴的四年畫上美麗的風景。

思考題：

1. 你的情緒有哪些特點？請試著記錄你的情緒變化，並找出規律。
2. 請寫出 8 項提升快樂的活動，並在本周內有意識地去嘗試其中 1～2 項。

第九章
大學生壓力與應對

第一節 壓力概述

　　每個人在一生中，都要經歷這樣或那樣的壓力，每個階段都是如此。大學生處在特殊的生活環境和年齡階段，在日趨激烈的競爭環境下，面臨越來越多的挑戰與選擇，產生各種壓力。從某種程度上講，壓力如同電流。適量的電流可以支持你的電器工作，但過量的電流和起伏不定的電流會損壞電器。我們要認識到現代生活的節奏越來越快，作為大學生，目前面臨著學業的壓力、人際關係的壓力、就業選擇的壓力，而未來將會面臨工作壓力、買房和組建家庭的壓力。可以說，壓力似乎無法避免。在這一章裡，我們主要來認識那些大學生來不希望面對，卻又不得不面對的壓力。本章分析這些壓力是如何降低效率、打消激情、影響生活，甚至造成精神上的痛苦。

一、壓力的概念

　　壓力，是由英文「stress」翻譯而來，是生物學和物理學的概念，譯為應激、壓力、心理壓力感等。在當代，關於「壓力」一詞的含義與界定多種多樣，不同領域和角度的研究給予各自的定義。在東方哲學中，壓力被認為是內心平和的缺失；在西方文化中，壓力是一種失去控制的表現。從生理角度來說，壓力是身體在疲憊和受折磨的情況下產生的一系列反應；從心理學角度來說，壓力是由事件和責任超出個人應對能力範圍時所產生的焦慮狀態。

　　壓力是個體對覺知到的（真實存在或者想像中的）對自身的心理、生理、情緒及精神威脅時的體驗，所導致的一系列生理性反應及適應。壓力產生的過程是一個動態的過程，不存在一種絕對壓力。壓力大小是個體與環境多次相互作用的產物。從心理學角度上講適當的壓力有助於突出個人表現及增強能力。但是，長期有壓力會危害人們的身心健康。持續過高的心理壓力可以使人們出現認知偏差、焦慮、情緒激動、易激惹、行動刻板等問題，甚至影響人們個性的深層部分如自信心等。醫學研究表明，壓力會使我們的心跳加快、血壓升高、呼吸加速。個體長期處於壓力之下，會對自身健康產生不良影響。

壓力反應是身體對於主觀意識到的威脅的原初（中央神經系統）反應。身體會釋放腎上腺素和去甲腎上腺素，各種器官和組織準備戰鬥或逃跑就是我們常見的應激反應。

二、壓力源及其分類

壓力源是指引起機體產生應激反應的刺激物，威脅的情境、環境或刺激都被稱為壓力源。廣義的壓力源包括軀體、心理、社會和文化等，隨著時代變遷，新的問題會不斷出現，從而產生新的壓力源。壓力源可以按生理、心理和社會屬性進行分類。

1. 生理性壓力源

生理性壓力源又稱軀體性壓力源，是指直接作用於軀體而產生應激反應的刺激，有許多生理層面的因素會引發我們不同程度的壓力反應，如重力、溫度、陽光。季節性情緒障礙就是一種北極圈附近居民容易患的疾病，因為這一區域的人每年有很長一段時間無法見到陽光，因此變得抑鬱。再如，長時間忍受身體某方面病痛的人，也會感到心理方面的壓力和不適。

2. 心理性壓力源

心理性壓力源又叫精神性壓力源，它來自於我們心理上對刺激的知覺，在當今社會人群中占據最大比重。因為人們對於自我的意識、思維、觀點、態度等會有本能的防禦，一旦受到威脅和挑戰，甚至被迫需要改變，自我就會產生壓力反應。其中包括各類心理衝突、人際關係緊張以及焦慮、恐懼等消極情緒。這類壓力源最容易引發壓力，也是大學生壓力來源的主要方面。

3. 社會性壓力源

社會性壓力源是源於社會層面的壓力事件。隨著社會的發展和分工，以及政治經濟制度的變更，人們擔任不同的社會角色，期待社會認可和社會支持，社會性壓力源變得不可忽視。日常生活中最常見的社會性壓力源包括工作、婚戀、人際關係等方面。

4. 文化性壓力源

文化性壓力源指的是一個人從熟悉的生活環境、生活方式、語言環境中遷移到陌生的環境中，在調整的過程中所產生的一些變化。比如，大學新生從家鄉來到陌生的城市讀書，語言、飲食習慣和生活習慣都面臨巨大的改變，這些改變都會帶來壓力。

三、壓力的類型

壓力並非全然是負面的。作為一種具有適應功能的體驗，人類必須經受一定程度的壓力才能保持健康，我們需要平靜，但也需要一定程度的生物喚醒，以保證器官處於最佳功能狀態。當壓力作為一種積極的動機出現時，就被認為是有益的，超過這個理想的點，就造成傷害。在這個層面上，我們可以把壓力分為三種類型：正性壓力、中性壓力、負性壓力。

1. 正性壓力

正性壓力是帶來動力和激情的壓力，產生於個體被激發和鼓舞的情境，和對自己的身心健康具有積極作用的事件，會產生令人滿意的體驗，也會讓個體產生動力。例如，個體墜入愛河以後，想要追求對方，從而產生正性壓力。

2. 中性壓力

中性壓力是一些不會引發後續效應的感官刺激，無所謂好壞。

3. 負性壓力

負性壓力，即帶有負面影響的壓力源會對自己產生消極作用，也最容易被大家簡化為我們日常所說的壓力。負性壓力又可以被分為急性壓力與慢性壓力，前者來勢洶洶且消退迅速；後者出現的時候不會很強烈，但曠日持久。

同一件事在不同的情境和個人狀態下，產生的壓力會在正面和負面之間來回變化。日常生活中，我們期待正性壓力帶給我們動力，去完成需要完成的工作和學習，隨著壓力的增加，事情往往不受我們控制，正性壓力逐漸變為負性壓力，讓事情越變越糟糕。就像圖9-1顯示的那樣，當壓力增加，正性壓力會逐漸轉化為負性壓力。有研究表明，當壓力處於最佳點時，與壓力有關的荷爾蒙可以幫助提高身體效能、工作的效率和信息處理能力，這裡的最佳壓力水準點就是正性壓力變為負性壓力的臨界點。離開最佳水準後，各方面效能都會有所下降。

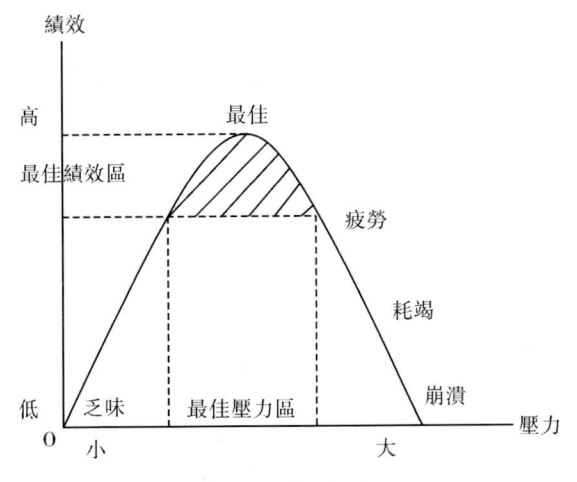

圖9-1 壓力績效表

四、壓力反應

1914年，哈佛大學心理學家沃爾特·坎農首次提出「戰或逃反應」，描述面對壓力時身體生物喚醒的動力性。坎農在一系列的動物實驗中發現，身體面對壓力的立即反應有兩種模式：要麼攻擊以保護自己，要麼逃走以躲避危險，坎農觀察到的這一面對急性壓力的身體反應，現在被稱為壓力反應。

古人「頭懸梁，錐刺股」，通過這種極端的方式為自己帶來壓力，促進學習和

工作效率。想像一下，如果你將自己的手放進一個裝滿冰水的小桶，堅持一段時間不動，這種冰凍的痛感會給你帶來壓力，在此時，讓你嘗試學習或背誦一組單詞，相比正常情況，你會記得比平時牢固。你的記憶力之所以得到提高，是因為壓力能提升皮質醇和去甲腎上腺素水準，而這兩種物質可以暫時性地提高記憶力，壓力會運用這兩種物質讓你不再輕易地從最佳覺醒點跌落下來。

但需要注意的是，壓力反應並非都有益處，關鍵是壓力的程度。因為每個人的壓力源不同，所以承受壓力的能力也不同。從下面的內容，你可以瞭解到，哪些生理反應意味著你承受的壓力過大，哪些情緒的產生是在告訴你需要給自己減壓。

（一）壓力的生理反應

心理學家塞利以白鼠為研究對象，對老鼠進行多項有關壓力的研究，特別是慢性壓力下老鼠的反應，發現當老鼠反覆經受壓力時，會發生一些心理上的適應性變化。塞利將它們稱為一般適應綜合症。壓力狀態下的身體反應分為三個階段，如表9-1所示。但在一般情況下，應激只引起階段一、階段二的身體反應，只有嚴重應激反應才會使身體反應階段三。

表9-1　　　　　　　　　　壓力狀態下的身體反應階段

階段	特徵
階段一：警覺期	刺激突然出現，個體情緒變得緊張，注意力提高，體溫與血壓下降，腎上腺分泌增加，進入應激狀態
階段二：抗拒期	機體表現出適應和抵抗能力的增強，但有防禦儲備能力的消耗。在此期間人體出現各種防禦手段，使機體能適應已經改變了的環境，以避免受到損害。
階段三：衰竭期	壓力存在太久，個體應對壓力的精力耗盡，身體各功能衰弱，以適應能力的喪失

上述的身體反應，身體比意識更有發言權，在應激狀態下，身體各系統會產生相應的反應，這些反應讓我們對自己所處的壓力狀態有更敏銳和準確的認識與適應。

1. 心血管系統反應

心血管系統是應激生理反應中最為明顯和重要的生理變化。在壓力過大時，有些人會產生心跳過速、心慌、頭暈等反應，甚至可能猝死，這些與血管的持續收縮、心臟的強力活動有重要關係。

2. 消化系統反應

科學家曾在一位患者身上觀察胃功能和情緒之間的關係，發現當他出現焦慮、反抗時，胃粘膜會充血，胃液分泌量會增加，胃液的酸度會發生變化；而當他抑鬱和失望時，他的身體會出現另一種反應。因此，個體情緒發生變化，其消化系統也會隨之變化。

3. 呼吸系統反應

當我們感到興奮時，會引起身體呼吸頻率加快、支氣管擴張，便於改善肺泡通氣，以便為血液提供更多的氧；而當壓力過大時，個體會感覺呼吸困難或呼吸頻率過快，過快吸入氧氣，吐出二氧化碳，引起呼吸性鹼性中毒，表現出心跳加快、口

干舌燥、頭暈目眩等症狀。

(二) 壓力的心理反應

人在壓力狀態下,不僅有生理反應,也有心理反應。壓力的心理反應從知、情、行 (意) 三個方面表現出來,如表 9-2 所示。

表 9-2　　　　　　　　　　　壓力的心理反應

不同反應	具體表現
認知反應	可能降低或提高注意力、工作能力和邏輯思考能力
情緒反應	興奮、焦慮、不安、恐懼、易怒、有攻擊性、無助、工作成就感低
行為反應	生產力降低或升高、行為慌亂、易發生意外事故

1. 認知反應

人類的認知功能包含感覺、知覺、記憶、思維和想像等方面,在壓力狀態下,主要體現在:

感知覺功能。個體在壓力狀態下,感覺閾限上升,知覺的速度和精準度變差,視覺的鑑別能力明顯降低,可能出現「視而不見」或「充耳不聞」的現象。例如,《中華人民共和國道路商務通安全法》規定:連續駕駛機動車超過 4 小時未停車休息或者停車休息時間少於 20 分鐘為疲勞駕駛。長時間駕駛會使駕駛員判斷能力下降、反應遲鈍。

記憶和注意力。在壓力狀態下,大腦皮層的緊張度增加,皮層的興奮度變強。如果個體處於最佳壓力點,記憶和注意力會高度集中,學習效率增強;而處於過大壓力狀態下,會出現負誘導現象。例如,當突發事件和緊急情況發生時,我們經常會出現大腦「一片空白」的情況,忘記之前的相關記憶。

邏輯思維。在壓力的作用下,我們原本靈活的腦袋變得木訥和遲鈍,大腦的靈活性變差。例如,「當局者迷,旁觀者清」這句話描述了類似情況。

2. 情緒反應

瞭解負性壓力引起的負面情緒以及對我們的影響,便於我們在其產生時,能夠正確識別和處理。常見的負面情緒反應分別是:焦慮、抑鬱和憤怒。

焦慮:焦慮是對生命安全、前途命運等過度擔心而產生的一種煩躁情緒,其中含有著急、掛念、憂愁、緊張、恐慌、不安等成分。它與危急情況和難以預測、難以應付的事件有關。過度的焦慮會使人體負荷加重,干擾認知功能活動,妨礙個體做出適宜的判斷,嚴重削弱應對能力。

抑鬱:表現為情緒低沉,整日憂心忡忡,對自我才智能力估計過低,對周圍困難估計過高。各種重大生活事件突然發生或長期存在會引起個體產生強烈或者 (和) 持久的不愉快的情感體驗,導致抑鬱症的產生。

憤怒:指當願望不能實現或為達到目的的行動受到挫折、自尊心受到打擊時,個體為排除阻礙或恢復自尊,產生的一種緊張而不愉快的情緒。美國有關憤怒的研究表明,一般人每天經歷大約 15 種憤怒的情境。研究發現幾乎所有的這些境遇都是

基於期待的受挫，如結帳時排長隊、上下班堵車等。

3. 意志行為反應

個體在產生上述情緒反應的同時，還會伴隨出現各類行為反應，如果說情緒反應是內部反應的話，那麼行為反應就是外部反應。行為反應是機體為緩衝應激對個體自身的影響、擺脫身心緊張狀態而採取的應付策略，以順應壓力情境的需要。作為外部反應的行為，我們可以對其進行觀察和瞭解，主要介紹以下幾類：

逃避與迴避行為：一方面，當人們面對可預知的危險或置身於危機中時，本能促使我們逃避和遠離，最大程度上保障自身安全，這不僅是人類，也是所有動物的本能反應。例如，遇到地震本能地逃跑。另一方面，是基於一些必須面對的壓力和情緒，個體選擇逃避與迴避，不願意面對現實。例如，得知至親突然去世的第一時間，大部分人不願意接受這一現實而選擇逃避。

退行與依賴行為：退行行為的產生主要是個體為了獲取周圍人的同情和照顧，繼而減輕心理上的壓力和痛苦。而退行行為往往伴隨依賴行為和心理，多見於個體感覺處於不安全的情境中，或是不想繼續承擔社會責任的義務，放棄成年人應有的應對方式，轉而使用幼兒時期的應對方式。

敵對與攻擊行為：如果個體的目的行為受到阻礙，就會引起挫折感，挫折感引發指向阻礙目標實現的人和對象的攻擊行為，是一種有意傷害他人或自己的行為。

失助與自憐行為：失助是一種無能為力、聽天由命、放任自流的行為狀態，自憐是對自己憐憫惋惜、自憐自哀的狀態。出現這類情況時，個體要及時進行調整，或者通過外界加以干預和引導，避免出現習得性無助的情況。

物質濫用行為：我們經常說的「借酒消愁」就可以說明這類情況，個體通過吸菸、服用某類藥物、酗酒等行為方式應對面臨的情境。物質濫用僅僅是麻痺自己，並不能真正幫助自己擺脫困境，反而對身體有害。

冷漠行為：個體長期處於壓力情境而改變的希望渺茫時，會表現出冷淡、無動於衷的態度。例如，新聞報導中的丈夫長期對妻子實施家庭暴力，在對孩子施暴時，妻子並不會干預，而是表現出冷漠的態度。這種行為方式也會對身心造成傷害。

五、壓力相關理論

（一）挫折—攻擊理論

美國心理學家多拉德和 N. E. 米勒 1939 年在《挫折與侵犯》書中首次提出挫折—攻擊理論，1941 年 N. E. 米勒予以修正。該理論假定人類在遇到挫折時具有做出攻擊反應的天賦傾向，並認為個體遭遇挫折後，其目標不能實現，動機得不到滿足，必將引起個體對挫折源的外顯或內隱的攻擊，而且認為攻擊總是由挫折引起的。

挫折能夠引起多大程度的攻擊行為，取決於以下四個因素：

第一，與受挫折反應相聯繫的動機。攻擊的強烈程度取決於所遭受的挫折的程度。一個人想要達到目的的動機越強烈，當指向目的的行為受阻時，受到的挫折就越大，就越具有攻擊性。

第二，挫折的完整性。如果目的行為只是部分受阻，產生較小挫折，與攻擊行

為與目的行為整體受挫所產生的攻擊行為相比，程度輕得多。

第三，小挫折的累積作用。許多不嚴重和不完整的挫折最終疊加起來，產生嚴重的挫折，並導致嚴重的攻擊行為。

第四，攻擊行為受到懲罰的程度。如果攻擊行為發生後會個體受到較嚴厲的懲罰，個體會產生較輕的攻擊行為。

挫折產生的情緒，個體即使不以攻擊的形式發泄出來，也會以其他形式發泄出來。經過多年研究，1941年，米勒又對挫折和攻擊之間的聯繫進行了新的解釋和說明，米勒認為，攻擊只是挫折的一個後果，而不是絕對會出現的結果。但不可否認的是，大部分研究者仍然認為，攻擊是挫折引起的最普遍和最重要的反應。

（二）GAS三階段理論

該理論最早是由西利（Selye）提出，他曾把壓力現象稱為「一般適應綜合症」（General Adaptation Syndrome，GAS），將其引發的反應模式分為三個發展階段：驚覺階段、阻抗階段和枯竭階段。他根據所處不同的階段，對壓力進行解讀，尋找壓力管理的策略。GAS分三期：

（1）警覺期。警覺期最早出現，以交感-腎上腺髓質系統興奮為主，並伴有腎上腺皮質激素的增多。警覺反應使機體處於最佳動員狀態，有利於機體增強抵抗或逃避損傷的能力。

（2）抵抗期。警覺反應後進入該期。此時，以交感-腎上腺髓質興奮為主的警覺反應將逐步消退，而表現出腎上腺皮質激素分泌增多為主的適應反應。機體代謝率升高，炎症、免疫反應減弱。機體表現出適應、抵抗能力增強，但伴有防禦貯備能力的消耗。此期間人體出現各種防禦手段，使機體適應已經改變了的環境，以避免受到損害。

（3）衰竭期：持續強烈的有害刺激將耗竭機體的抵抗能力，警覺期的症狀可能再次出現，腎上腺皮質激素持續升高，但糖皮質激素受體的數量和親和力下降，機體內環境明顯失衡，應激反應的負效應陸續出現，機體出現應激相關的疾病，器官功能衰退甚至休克、死亡。此期間是在應激反應嚴重或應激持久存在時才會出現。它表示機體「能源」耗竭，防禦手段已不起作用。嚴重的話會導致死亡。

在一般的情況下，應激只引起第一、第二期的變化，只有出現嚴重應激反應機體才進入第三期。

（三）壓力的認知理論

「人是有思想的動物，通過調節自己的思維方式改變自己的壓力狀態」。壓力的認知理論認為，壓力反應並不是由環境的直接刺激導致，而是個體對環境刺激或事件認知評價的必然結果。個人通過改變自己的思維方式、對壓力的看法及對壓力事件賦予的意義等，調整壓力的反應。著名壓力與應對心理學家拉扎勒斯提出：「某一事件對某人是有壓力性的，但對別人可能並非如此；同一個人在某時認為某事件是壓力性的，而在另一時間可能不這樣認為。」因此，我們可以在評價的過程中採取相應的策略管理壓力。

拉扎勒斯認為，認知評價是指個體覺察到情境對自身是否有影響的認知過程，

包括對壓力源的確定、思考及期待，以及對自身應對能力的評價，主要的心理活動包括感知、思考、推理及決策等。認知評價包含三種方式：初級評價、次級評價及重新評價。

初級評價：是指人確定刺激事件與自己是否有利害關係及與這種關係的程度。評價的結果有三種：與個人無關的、有益的、有壓力的。當一個事件被評價為有壓力時，可能有三種情況：傷害性或損失性、威脅性、挑戰性。傷害性評價的性質一般與真實或預期的損傷有關，這種損傷一般對個人的身心健康或資源有較大損害。威脅評價指某一情景所要求的能力超過個人的應對能力時，該事件被評價為威脅性，此評價的感情基調是消極的。它與損失評價所不同的是個體預感傷害事件將要發生，而事實上沒有發生。挑戰性評價是個體將某一事件評估為冒險性的，其感情基調是興奮及期待，也包含焦慮與不安成分。

次級評價：是個人對應對方式、應對能力及應對資源的評價，判定個人的應對與事件之間的匹配程度。它所要回答的問題是「在這種情況下我應該做什麼」。個體進行次級評價後會產生相應的情緒反應，如果評價結果為有利，個體會出現高興、驕傲、滿足和幸福等正性情緒；挑戰性評價時個體會出現希望、信心十足或焦慮反應；傷害性評價時個體會出現憤怒、焦慮、悲傷、害怕、恐懼等反應。

重新評價：是指人對自己的情緒和行為反應進行的有效性和適宜性的評價，實際上是一種反饋性行為。如果重新評價結果表明行為無效或不適宜，人們就會調整自己對刺激事件的次級評價甚至初級評價，並相應地調整自己的情緒和行為反應。重新評價不一定每次都會減輕壓力，有時也會加重壓力。拉扎勒斯指出：「有效化解壓力的關鍵在於對壓力的積極評價。」

（四）環境匹配理論

該理論認為，壓力是個人和環境共同作用的結果，它既不是由單獨的環境因素導致，也不是單獨的個人因素造成。它指出，每一個個體都存在差異，並且具有很強的主觀能動性，會採用不同的策略和方法緩解和消除心理壓力。該理論從個體和環境之間的相互關係視角對壓力進行研究，尤其重視個體心理和行為在應對壓力時的重要作用。環境匹配理論對壓力理論的進一步發展產生了十分重要的影響，但是它也存在一定的局限性，如把個體和環境都看作靜止、不變的。

連結：動物實驗帶來的啟示

壓力對健康有消極影響也有積極影響。這裡通過幾個動物實驗進行說明。

實驗一：為了瞭解不同類型動物的壓力反應差異，芝加哥大學伊利諾伊分校的索尼亞‧卡維格里在研究靈長類動物時發現，儘管某些動物面對同樣的壓力刺激，但它們的反應卻有很大不同。卡維格里因此決定用老鼠研究害怕新鮮事物這種心態給健康帶來的影響。研究人員在實驗中根據實驗對象的特點，將14窩老鼠平均分到了不同的組中。跟蹤監測顯示，在經歷一次「新鮮體驗」之後，膽小的老鼠血液中的壓力激素的水準比膽大的老鼠高20%。而最終實驗結果表明，老鼠壽命的差異非常明顯，膽小的組中的老鼠平均壽命為599天，膽大的組中的老鼠的平均壽命比膽

小的多了 102 天，而膽小的老鼠的死亡率比膽大的高 60%。

實驗二：美國科學界為了弄清楚壓力對生物身體機能的影響。他們把剛剛斷奶的幼鼠分為兩組。第 1 組給予最優惠的待遇，盡可能向它們提供充足的食物和安逸的環境。第 2 組只能享用相當於第一組 60% 的食物，它們必須和同伴進行爭奪才不會挨餓。按常理，第 1 組應該比第 2 組更健康、更長壽，但結果出人意料，第 1 組老鼠的平均壽命不到 3 年，而第 2 組老鼠的平均壽命超過了 5 年，而且皮毛光滑，反應敏捷，免疫功能和性功能均明顯高於第 1 組。隨後科學家們將實驗範圍擴大到細菌、蒼蠅、海洋生物乃至人類，發現結果驚人的相似。

實驗三：美國科學家為了瞭解壓力與行為的關係，將 1 只消除了壓力基因的小白鼠放進 1 個 500 平方米的仿真實驗環境裡，同時再放進 1 只普通的小白鼠。沒有壓力基因的小白鼠十分活躍，行動時全然沒有老鼠那種躲躲藏藏的習性，它在 1 天內就把整個環境走了 1 遍。

而那只普通小白鼠行動十分謹慎，用了 4 天時間才基本熟悉了這個 500 平方米的地方。他們的活動空間裡有 1 座十幾米高的假山，失去壓力基因的小白鼠完全不把假山放在眼裡，它毫不猶豫地在「懸崖峭壁」上竄來竄去。在實驗的第 3 天，這只「勇敢」的小白鼠在爬上 1 根吊繩時不慎跌落，當場摔死。而那只普通的小白鼠在爬假山尋找食物時，總是要把地形摸熟之後才開始行動，它完全按照老鼠的習性生活，始終保持鼠類特有的危機感，平安度過了整個實驗期。

小結：

壓力是個體對覺知到的（真實存在或者想像中的）對自身的心理、生理、情緒及精神威脅時的體驗，所導致的一系列生理性反應及適應。壓力的分類為：正性壓力、中性壓力、負性壓力。壓力源是指引起機體產生應激反應的刺激物，被認作威脅的情境、環境或刺激。壓力源的分類為：生理性壓力源、心理性壓力源、社會性壓力源、文化性壓力源。壓力反應是身體對於主觀意識導致的威脅的原初（中央神經系統）反應。壓力的生理反應分為三個階段：警覺期、抗拒期、衰竭期。壓力的心理反應包括認知反應、情緒反應、意志行為反應，我們可以簡單記憶為知、情、意。壓力相關的理論主要包括挫折—攻擊理論、GAS 三階段理論、壓力的認知理論和環境匹配理論。

思考題：

1. 急性壓力和慢性壓力有何區別？
2. 思考你現在面臨的壓力中，哪些是正性壓力？對你有什麼影響？
3. 什麼是一般適應綜合症？各階段分別是什麼？你有過類似體驗嗎？

第二節　大學生常見壓力及應對策略

壓力性生活事件是影響青少年主觀幸福感的重要環境因素，它會導致個體的主

觀幸福感降低。研究表明，大學生壓力的應對方式更多是消極應對，因此，如何應對壓力，管理情緒，對當今大學生而言，是一個難題。本節，我們將從大學生的壓力入手，解讀大學生的壓力類型及應對方式。

一、大學生常見的壓力源

一項研究結合當代大學生的現實情況，確定了與大學生生活實際緊密相關的38個負性生活事件，主要包括大學生的學習、生活、社會交往、個人發展和家庭等方面，全面地考察當前大學生在大學生活中可能遭遇的壓力事件。研究結果如表9-3所示：

表9-3　　　　　　　　大學生經歷的壓力事件的調查結果

壓力事件	百分數(%)	壓力事件	百分數(%)	壓力事件	百分數(%)
1. 準備外語等級考試	68	21. 生活環境發生變化	29	41. 父母下崗或失業	16
2. 考試失敗或不理想	56	22. 生活習慣明顯變化	27	42. 受人歧視或冷遇	15
3. 準備期末考試	56	23. 貸款或借錢上學	26	43. 與男友（或女友）吵架	15
4. 被人誤會或錯怪	51	24. 單相思	26	44. 與好友關係破裂	13
5. 課業負擔重	50	25. 準備考研	26	45. 準備畢業論文或畢業設計	12
6. 學習方式發生變化	49	26. 同家人發生衝突	26	46. 沉迷網路或遊戲	11
7. 家庭經濟困難	46	27. 求職	25	47. 本人患重病或受重傷	9
8. 價值觀發生衝突	43	28. 受到批評	25	48. 受到處分或處罰	8
9. 面試	43	29. 家庭成員患重病或受重傷	23	49. 遭遇突發性公共衛生事件	7
10. 想家、思念親人	43	30. 邊學習邊打工	22	50. 寵物死亡	7
11. 開始自理生活	43	31. 失眠	22	51. 家庭遭遇自然災害	6
12. 為外貌或體形操心	40	32. 性的困擾	21	52. 家庭捲入法律糾紛	6
13. 預期的評選落空	39	33. 朋友或同學發生意外事件	20	53. 師生關係緊張	5
14. 沒有考上理想的大學	39	34. 重修或重考課程	19	54. 家庭暴力	5
15. 被盜或丟失東西	36	35. 同學關係緊張	18	55. 遭搶劫或劫持	4

表9-3(續)

壓力事件	百分數(%)	壓力事件	百分數(%)	壓力事件	百分數(%)
16. 學習困難	33	36. 家庭成員或親友死亡	18	56. 休學	4
17. 不喜歡所學的專業	33	37. 個人就業困難	17	57. 父母離婚	4
18. 受騙	33	38. 失戀	17	58. 本人（或女友）意外懷孕	2
19. 與室友發生衝突	30	39. 被迫參加高消費的聚會	17		
20. 當眾丟面子	30	40. 家庭不和睦	16		

註：百分數越大，表明越多的大學生正在遭遇或遭遇過這個壓力事件

表9-3為武漢4所高校700餘名學生的壓力事件調查結果，從表9-3中我們可以看出，大學生的壓力來源多種多樣。其中，大學的學習（考試、課業、專業、學習方式的改變）、新的生活方式（自理生活、思念親人、寢室關係、生活費支配）、個人發展（專業、就業、未來方向）等成為大學生主要的壓力來源。我們可以將大學生壓力分為下面幾類：

1. 學業壓力

大學有與初、高中不同的學習方式，導致許多學生不適應。學習從原有的大學科學習變為分專業學習，從每週固定的授課到自行選擇時間上課，從分配學習任務到自由計劃學習，從被監督著學習到自覺學習。專業學習、學業成績、課程內容和考試都給大學生帶來了或多或少的壓力。學習方面的壓力主要與以下因素有關：一是不恰當的社會比較；二是對專業和專業知識不感興趣；三是學習時間長和學習方法多樣。

2. 生活壓力

初入大學的新生，很大一部分是從未有過住校經歷的，即使有過住校經歷，也很少有連續幾個月無法與家人團聚的經歷。家長在送孩子進入學校後離開後，許多學生產生極大的落差感，發現以前從來不用操心的日常小事變為困擾他們的大問題。生活上的全面自立，生活環境的徹底改變，其中部分同學家庭較為困難，學費來源依靠貸款，這都是造成生活壓力的主要原因。

3. 成長壓力

年滿18週歲即為成年人，「成年」給很多大學生帶來成長壓力。大學生正處於過渡期，自我同一性的確立格外重要，這關係一個人能否更好地適應社會，能否體驗自身的價值和人生的意義。由於成長環境和經歷不同，每個同學的成長和發展情況不同，進入新的環境中，在面對各種各樣的機會與困難時，學生的發展需求巨大，渴望在大學得到更好的成長。而在這個過程中，由於早年發展的不平衡性，一部分學生出現不當的應對模式。

4. 社交壓力

現在社交網站異常發達，但很多人還是渴望在現實生活中交到幾個能聊得來的好朋友，這源於良好的人際關係或穩定的社會支持作為個體心理健康的良好保護性因素，能夠增加自信、維護心理環境穩定。剛入學時，個體告別以前的生活圈和朋友圈，來到新的環境中，都有著被同伴群體接納的強烈需求。另外，大學寢室成員之間發生寢室矛盾也是常見情況，生活習慣不同和對事物的觀點不一是室友間產生矛盾的主要原因，寢室矛盾處理對個體產生的壓力和處理不順暢造成的負面情緒，也是我們常見的壓力源之一。

5. 情感壓力

網路上流傳已久的一個說法講道：父母對我們戀愛的期望是「大四才能談戀愛，25歲前要結婚」。的確，在當今社會普遍的認識裡，愛情的面紗在大學才能被揭掉，處於青春期的大學生從長期被禁止「談情說愛」的壓抑氣氛中解放出來，愛情一躍成為大學生活的主旋律。沒有了父母的管束，加之對自我形象的重視與管理，個體在大學時期對愛情和性的探索開始頻繁起來，而戀愛與性問題的處理不當，往往會造成一些後果，導致很多學生產生各類壓力甚至是心理危機。

6. 發展壓力

大學期間和畢業以後的發展方向的思考和抉擇，是大學生普遍存在的慢性壓力。各種類型的考證、考核，以及工作、出國、考研的選擇也是不小的壓力源。部分大學生對自己的未來發展感到迷茫，並不清楚自己想要什麼，擅長什麼，導致個人的發展受挫，從而產生情緒困難。另外，對於臨近畢業的大學生來說，寫論文和找工作等壓力，也可能導致嚴重的情緒困擾。對於個人的發展，我們務必重視起來，正確應對個人發展帶來的種種壓力。

二、大學生壓力過大的表現

前文我們介紹了壓力情境下個體產生的各類反應，壓力過大會對我們的身心造成負面影響。尤其作為剛剛成年的大學生，過大的壓力會直接或間接引起其生理、心理、行為的不適應。大學生壓力過大主要有以下幾個方面的表現：

1. 身體免疫力下降，影響身體健康

長時間在壓力情境中的人，無論是心血管系統還是血液系統，都會產生各類反應，影響機體的免疫系統，造成如失眠、食欲不振、易感冒等問題。

2. 注意力不集中，學習效率低下

大學生的學習更具有專業性，其學習強度往往不比高中階段低，學習壓力成為大學生最大的壓力之一。大多數時間，學生要保持高度集中的注意力，用於聽課和學習。而過度的壓力使個體產生焦慮、抑鬱等情緒，使得個體無法更好地投入學習，導致學習效率低下。

3. 自我認知失調，造成人際關係障礙

許多學生在以往的生活與學習中，常常得到家長和老師的讚許，有自我優越感。進入大學後，面對新的環境，個體感到不適應，在周圍同樣優秀的同學的對比下，

個體產生自我懷疑和失落感。離開原有生活圈子後，新的人際交往圈還沒有完全建立起來的同學，很容易自我封閉，獨自苦悶。

三、影響大學生壓力的因素

人們常說「世界上沒有完全相同的兩片葉子」，這句話充分說明了人與人之間存在著差異，人具有獨特性。每個人心中的壓力也不同，同一種壓力對每個人造成的影響也有所區別。因此我們從心理和社會兩個層面討論影響壓力的因素。

（一）影響壓力的心理因素

1. 人格

人格是一個人在社會化過程中形成和發展的思想、情感及行為的特有統合模式。人格是人類獨有的，由先天獲得的遺傳素質與後天環境相互作用而形成的，能代表人類靈魂本質及個性特點的性格、氣質、品德、品質、信仰、良心以及由此形成的尊嚴、魅力等。因此不同人格面對壓力的感受就有所不同，對壓力的應對方式也不同。

比如，在同樣的壓力下，開朗樂觀的人會活得更加從容，而敏感多疑的人則更容易唉聲嘆氣。有一些人格特徵對壓力更加易感，在壓力狀態下，個體更容易產生焦慮、擔憂情緒，稍微遇到挫折就有較強的情緒反應，乃至產生不理智的行為。對壓力易感的人格特徵包括：過於追求完美，在意他人評價，敏感，等等。雖然人格相對穩定，是由先天遺傳和後天經歷共同影響形成，也非一朝一夕能夠改變，但如果個體能越發清晰地意識到人格對壓力反應的影響，並不斷調整自己看待問題的方式，建立健康生活習慣，則能逐漸降低壓力易感反應。

2. 認知評估

認識評估簡言之就是個體對壓力的認知程度，它對增加或緩解壓力方面起著重要作用。當我們面臨壓力時，首先會在大腦中評估這個壓力對我們而言意味著什麼，會影響我們什麼，這也就是辨認壓力和評估壓力的過程，因為我們每個人的認知不同，因此對壓力的認知評估有所差異。如果我們對壓力可能造成的負面影響評估過大，對自己應對壓力的能力評估過低，那麼壓力反應必然較大。這就解釋了，當面對同一個壓力時，有些人會苦不堪言，無法承受，有些人會平靜地對待。

3. 過往經驗

研究人員在對兩組跳傘者的壓力狀況進行調查時發現，有過 100 次跳傘經驗的人的恐懼感較弱，他們會自覺地控制情緒；而毫無經驗的人在跳傘過程中的恐懼感強，並且越接近起跳越害怕。同樣的道理，反覆面對同樣困難的人總是越挫越勇，笑看生命中的各種打擊，最後成功；而一帆風順的人，在遭受一次打擊後就可能一蹶不振。可見，經驗可以增強抵抗壓力的能力，也有利於個體在下一次壓力來臨前做好充分的心理準備。

（二）影響壓力的社會因素

1. 社會變化

壓力源的清單會隨著社會的發展不斷更新，同理，社會變化在一定程度上對壓力產生影響。在自然環境方面，自然災害、環境污染、全球變暖等問題會讓人類產

生壓力反應。在人類社會發展方面，科技進步、互聯網及人工智能的發展導致人類工作方式不斷發生變化，人們必須學習新的技能以順應時代發展，這些都會使人產生壓力感。

2. 社會支持

社會支持（Social Support）是指個體與社會各方面，包括親屬、朋友、同事等個體，以及家庭、單位、黨團、工會等社團組織，所產生的精神上和物質上的聯繫程度。大學生在面對壓力時，最常見的獲取支持和傾訴的對象是家長和同輩朋友，得到他們的支持和幫助對減輕壓力具有良好的作用。

四、大學生壓力應對的策略

壓力應對（Stress Coping）是個體遭遇應激事件時所採取的情緒、認知及行為的調節。根據壓力學家拉扎勒斯定義，「應對」一詞是指對被評價為超出個體資源要求的處理過程，包括個體認知和行為兩個方面的努力。

（一）有效的應對策略

在面對壓力時，個體採取的應對模式會對結果產生影響，在沒有系統地學習和掌握與壓力相關的知識時，我們習慣性地啟動防禦機制，採用逃避、指責等方式應對壓力。即使上述方式可以暫且讓我們「逃離」壓力帶給我們的危害，但始終是治標不治本的方法。大學生以學習為主，不能自食其力，不能完全獨立，受家庭、學校和經驗等方面制約。大部分學生只能被動接受現狀，難以改變，壓力越大，消極應付的時候就越多。為了避免量變引起質變，我們鼓勵採用和平、積極、有效的壓力應對策略。我們可以通過一個等式瞭解和學習有效應對壓力的策略：

有效應對壓力的策略 = 增強感知 + 信息加工 + 調整行為 + 滿意結果

增強感知，即對壓力情景、自身、所處環境等有全面的、正確的觀察和認識。

信息加工，通過對感官輸入進行添加、削減、改變和操縱，從而抑制壓力的損害力。

調整行為，即嘗試利用新的行為模式解決問題。

滿意結果，即如果一種策略是有效的，那一定會得到滿意的結果，反之亦然。

（二）具體措施

1. 保持積極心態

在我們每個人的成長道路上，肯定會遇到困難和壓力，但應該沒有誰能與弗蘭克爾遭遇到的痛苦相提並論，在《尋求生命的意義》一書中，弗蘭克爾描述了他在奧斯維辛集中營的三年遭遇。如果奪取人類一切財產，包括衣服、珠寶甚至頭髮，那麼集中營中的囚犯就剩下了弗蘭克爾所描述的人類最後的自由：「在一種背景和情況下尋找一個人態度的能力。」弗蘭克爾認為幸存者之所以能夠在如此艱難的環境中活下來，是因為他們能夠在苦難中發現意義，這種意義增強了他的意志力。因此，作為大學生，我們可以在面對壓力時，保持積極的心態，尋找意義感，看到壓力帶來的正面影響，把壓力化作前進的動力。

2. 調整行為模式

面對壓力，我們要盡量避免採用消極迴避的行為模式，採取積極有效的問題解決方式。以大學生常見的學業壓力為例，當遇到較難的課業，或論文被否定時，大學生常常會感到壓力撲面而來。如果我們被壓力淹沒，迴避困難，會陷入「困難—迴避—更困難」的惡性循環。在這種情況下，我們可採用任務分解法，將困難的任務分解為更加具體的步驟，讓每一步的難度和完成時間都控制在現階段可完成的範圍內。當我們逐步完成小任務，我們大腦的獎賞系統會分泌「多巴胺」，這種化學物質讓我們產生一定的成就感，感到滿足和快樂。另外，除了任務分解法，我們還可以製作「應對卡片」，提示自己採用新的、有效的行為模式。以寫論文為例，我們可以製作一張名片大小的卡片，放置在書桌上，隨時提醒自己調整狀態，以便更好地解決問題。卡片上的內容可以根據自己的實際情況來寫。比如，「當我感到焦躁時，我需要深呼吸三次，然後集中注意力查閱資料。目前我只需要整理出相關的資料即可」。注意，應對卡片需要具體的細節，不要過於籠統。

3. 尋找社會支持

在個體面對無法有效解決的壓力時，不妨尋求人生閱歷豐富的父母長輩的建議；在無法調整壓力帶來的負面情緒時，可以與朋友一起大快朵頤，一起看場精彩的電影；在壓力問題無處傾訴時，學校專業的心理諮詢老師、輔導員、高年級同學都是很好的傾訴對象。人不是一座孤島，建立聯繫是支撐自己前行的重要基石。有效的社會支持有以下幾類：一是情感型支持，包括感情上的投入、共情、尊重；二是評價型支持，是通過分享觀點提供自我評價有關的信息；三是信息型支持，提供諮詢信息等直接幫助。通過社會支持，個體可以獲得更多自信和支持感。

4. 學會精力管理

精力是高效表現的基礎，個體管理好精力，也是調節壓力的有效方式。一天只有 24 小時，而精力的儲備和質量卻沒有定數。因此，精力才是我們最寶貴的資源。人類是一個複雜而龐大的系統，精力的來源不是單一的。它同時需要體能上、情感上、思維上和意志上的動力。第一，體能為身體添柴加火。體能不僅是敏銳度和生命力的核心，還影響著我們管理情緒、保持專注、創新思考甚至投入工作的能力。當你體能狀態良好的時候，精力充沛，你能更加投入地完成學業。第二，情感把威脅轉換為挑戰。個體以積極的態度面對威脅，就會把它看成一次歷練成長的機會和挑戰。為了使充沛的體能達到最佳狀態，我們必須投入愉悅、積極的情感，享受工作和生活中的挑戰、冒險和機遇。第三，思維是屬於大腦的「肌肉運動」，它幫助我們認識這個世界，判斷正誤，構建願景，管理工作、生活和創造未來。如果思維得不到足夠的恢復，個體的判斷力、創造力會減弱，甚至無法識別風險。第四，意志，即活出人生的意義。意志是個體通過最深層次的價值取向和超越個人利益的意圖，指導自己的工作和生活。在這個世界上，每個人都有自己追求的目標，只不過很多人在日常瑣事中逐漸淡化自己的人生目標。我們流連於眼前的表象，卻很少停留片刻思考人生的意義。人生價值觀的確立是精力管理的重要部分。

5. 掌握放鬆技術

對那些成功人士超乎常人的旺盛精力，我們常感到困惑，他們在工作、學習那麼繁忙的情況下還能涉足健身、繪畫、樂器等多個領域。事實上，無論是瑜伽還是音樂，都是我們放鬆自己的絕佳辦法，它們與我們日常的生活和工作相輔相成，互相成就。實驗和經驗表明，聽音樂、散步、游泳等都可以使自己的身體和精神由緊張狀態轉向鬆弛狀態，降低機體喚醒水準，增強機體的適應能力，調節因壓力反應而造成的生理心理功能紊亂。如果你感到壓力巨大，不妨抽出一點點時間，從最簡單的腹式呼吸開始放鬆。

連結：壓力的自我評估

請你閱讀以下每一個句子，根據你最近一星期的實際情況給每道題目計分，然後計算得分，並根據最後的解釋判斷當前的壓力水準。

0分＝從來沒有；1分＝偶爾；2分＝有時；3分＝經常；4分＝幾乎總是。

(1) 對學習或工作沒有熱情；
(2) 即使睡眠充足，也感到勞累；
(3) 在學習或工作中履行職責時感到沮喪；
(4) 遇到小困難時，情緒低落，不理智或沒有耐心；
(5) 我不需要更多的時間和精力；
(6) 對學習或工作感到悲觀、無助或沮喪；
(7) 做決定的能力比以前低；
(8) 我認為我的學習或工作效率不應該這麼低；
(9) 學習或工作質量達不到期望值；
(10) 我感到身體和精神都很虛弱；
(11) 抵抗疾病的能力下降了；
(12) 對性愛的興趣降低了；
(13) 飲食習慣改變了；
(14) 感覺自己對別人的問題和需要很無情；
(15) 和老板、同事、朋友及家人的關係似乎更緊張了；
(16) 健忘；
(17) 很難集中注意力；
(18) 容易心煩；
(19) 有不滿意、做錯事或丟了什麼東西的感覺；
(20) 缺乏長遠目標。

評分標準：

得分為0~25分：學習或工作的壓力很小；

得分為26~40分：正在承受學習或工作壓力，適當預防是較為明智的選擇；

得分為41~55分：學習或工作壓力很大，需要採取措施；

得分為56~80分：正在走向崩潰，必須馬上採取措施。

小結：

大學生常見的壓力源是多樣化的，主要由學業壓力、生活壓力、成長壓力、社交壓力、情感壓力、發展壓力六個方面組成。在壓力環境下，如果個體不能得到良好的調節，容易產生生理和心理方面的問題，進而影響社會交往、日常學習等。影響大學生壓力的因素包括心理因素和社會因素，因此為了更好地應對壓力，我們提出了增強感知、信息加工、調整行為等策略階段，具體措施可以分為：保持積極心態、調整行為模式、尋找社會支持、學會精力管理、掌握放鬆技術等。

思考題：

1. 大學生常見的壓力源如何分類？
2. 列出壓力易感型人格特質，並舉例說明。
3. 你常用的壓力應對策略有哪些？哪些是積極的？有什麼效果？

第十章
大學生生命教育與心理危機應對

第一節　生死之間，追尋生命的意義

　　生命的意義是一個探索人類存在的目的與意義的哲學問題。這個概念通過許多相關問題體現出來，例如，「我為何在此」「什麼是生命？」「生命的真諦是什麼？」。在歷史長河中，它也是人類在哲學領域一直思索的主題。那麼，對於大學生，又如何將生命意義這個宏大的主題與自己的生活相聯繫呢？下面這位值得全世界敬重的科學家屠呦呦，她用畢生的實踐，為「生命的意義在於奉獻於科學事業」做了詮釋。

　　20世紀60年代，39歲的屠呦呦受、中國國家政府委託，致力尋找治療瘧疾藥方的研發。有數據顯示，世界上一半的人口都存在罹患瘧疾的風險。美國也斥巨資進行研究，想要攻破這一人類難題，可惜全都失敗了。那麼先進的技術都不行，中國的條件就更艱苦了，用著陳舊的設備，能出奇跡嗎？面對所有人的質疑，屠呦呦堅定地說：「沒有行不行，只有肯不肯堅持的問題。」帶著對科研的信仰，屠呦呦表示願意犧牲一切個人利益，在一次次試驗中不斷前行，排除萬難。無論試驗效果是好是壞，不斷嘗試，不斷提煉，她都堅持著。

　　在摘取諾貝爾獎之前，這位80多歲的老人一直是默默無聞的。而正是因為這份默默無聞，她的研究成果承載了如今「中國神藥」的讚譽。在她看來，這條科研道路仍然有很長的路要走。她用一生的科研讓無數外國人為之敬佩，甚至反思自身的懶惰作風。她用身體力行告訴我們——「堅持的意義在時光裡」。

一、生命

（一）生命是什麼

　　生命，人皆有之，那生命到底是什麼？雖然人類在進步，但對於「我們從哪裡來？」「我們為什麼要活著？」等問題仍然充滿了困惑。不同的學科、不同的研究者都曾嘗試從不同的角度去理解生命。從廣義來看，生命指一切具有新陳代謝、繁殖力、生長力和環境適應力的生物體。

　　《不列顛百科全書》從生物學的角度列舉了五種關於生命的界定：第一，從生

理學定義，生命是具有進食、代謝、排泄、呼吸、運動、生長和繁殖等功能系統。第二，從新陳代謝定義，生命系統與外界經常交換物質，但不改變其自身的性質。第三，從生物化學定義，生命系統包含儲藏遺傳信息的核酸和調節代謝的酶蛋白。第四，從遺傳學定義，生命是通過基因複製、突變和自然選擇而進化的系統。第五，從熱力學定義，生命是一個開放系統，它通過能量流動和物質循環不斷增加內部秩序。從狹義來看，生命專指人的生命，我們在這裡是講狹義的人的生命。

人的生命由三個要素構成，即生理生命、心理生命和社會生命。

生理生命：人首先是作為一個生理性的肉體而自然存著，由蛋白質和核酸等物質組成。肉體是人生命的物質載體，與其他動物一樣，人也有生存的物質需求，如吃、穿、住、行等，這是人的生命得以存在的必要前提。生命通過新陳代謝成長和發育，並最終走向衰亡。人作為一種生命體，同樣也將經歷生和死。

心理生命：也指人的精神生命，心理生命是對生理生命的超越。人不僅僅是為了滿足生理生命的需求而活著，更重要的是，正如馬斯洛的需求層次理論指出的那樣，人還有安全需求、社交需求、尊重需求和自我實現需求。而這些需求的滿足，正是人的生命的獨特之處，也正是這些需求豐富著人的精神世界，讓人之所以成為人。

社會生命：指生命是一種社會關係的存在。馬克思說，人在本質上，是一切社會關係的總和。每個人都身處與他人和社會的複雜的關係網中，既受社會關係的影響，又影響著社會關係。每個人都以他人和社會的期待或規範調整自己的行為，又以自己的獨特性與他人和社會互動，形成了社會生命的權利、義務和責任，並決定了人的潛能和創造力。

生命的三個要素中，生理生命是生命的基礎和前提，是生命活動得以進行的根本保證，心理生命和社會生命使人有思想、有智慧，共同地將人與動物區分開來，成為獨一無二的存在，並決定著人的生命的價值和意義。

(二) 生命的特點

1. 生命的偶然性

生命，始於精子和卵子的結合。一個生命的產生，是幾億甚至是幾十億個精子中的一個與卵子結合，形成受精卵，並在母體內孕育十月後誕生。從這個意義上講，生命的產生，是一個非常偶然的事件，說明了生命的來之不易。同時，生命又面臨著人生際遇的偶然性，一件小事，便可能將生命導向完全不同的方向，從而改變人的一生。各種突如其來的疾病、天災人禍等偶然發生的災難，都可能使生命受影響甚至消止。生命來之不易，而生命的成長、成熟更是來之不易。

2. 生命的獨特性

世界之大，卻沒有完全相同的兩片樹葉，也沒有完全相同的兩個人，哪怕是同卵雙生的雙胞胎，我們稍微仔細觀察，也會發現各種差異。人的生命的獨特性除了先天遺傳素質，還有後天養成的不同個性。首先，人的遺傳素質具有差異性，這種差異決定了生命先天具有獨特性，表現為人的身高、體型、外貌、體能、氣質類型、能力傾向等的差異。其次，人在後天與不同環境互動，通過觀察、學習、模仿等，

形成不同的個性、思維和精神特點。因此，即便是同卵雙生，基因完全相同，也會因為後天的環境、教育等差異，形成不同的個性特徵。

3. 生命的有限性

生命的誕生是一種偶然，而生命的消亡是一種必然。「故飄風不終朝，驟雨不終日⋯⋯天地尚不能久，而況於人乎？」世間萬事萬物皆有其發生、發展和滅亡的過程，人也不可能例外。生命的有限性主要體現在三個方面：一是人的生理生命的有限，即人作為一個生物體存在的時間是有限的。一個人從胚胎開始，到生長、發育，最後衰亡，它遵循著一切生命的必然發展規律。二是生命的唯一性，生命對任何人而言都只有一次，不可再生，也不會有「來世」。三是生命的不可逆性，生命像是一張單程車票，人們只能回味過去，卻不能回到過去，人的生命過程只有一次，不能重新開始。

4. 生命的有限超越性

存在主義心理學家歐文·亞隆說：「自我意識是無上的饋贈，如生命一般寶貴，正是它使我們成為獨一無二的人類。」生命的有限，在於生命長度的有限；而生命的超越，在於人如何利用自我意識拓展生命的寬度。人能夠意識到自我，並能不斷地思考自我，當人類認識到自身生命的有限性和當下生命的不完美性時，便會思考如何通過自己的生命活動，使「有限」得到超越，使生命的不完美趨向完美。正因為如此，人的生命通過不斷地認識、反思和改變，最大限度地促進自我的發展、完善，進而追求自我實現。

二、死亡

(一) 死亡是什麼

就個體而言，死亡是每個人的最終歸宿。死亡，從生物學意義上看，是指身體機能、臟器及所有生命系統的自發機能出現永久的、不可逆的終止。學界先後提出「心肺死亡」「腦死亡」和「腦心綜合死亡」的概念。「心肺死亡」指血液循環全部停止以及由此導致的呼吸脈搏等生物生命活動終止；「腦死亡」是指包括大腦、小腦和腦干在內的全腦功能不可逆地停止，此時儘管個體有心跳、呼吸的存在，仍可宣告其死亡；「腦心綜合死亡」指個體除了呼吸、心跳和全腦功能不可逆轉地喪失外，還包括意識或自我意識的永不可逆的喪失。

人類肉體的死亡必然帶來精神的死亡。出生和死亡的交替，是物質運動在生命領域裡的一種表現形式。

(二) 死亡的特點

1. 死亡的必然性

生命是有機體新陳代謝的過程，死亡是生命的必然，只是或早或晚而已。《莊子》言：「死生，命也；其有夜旦之常，天也。」意思是說，出生和死亡就像白天和黑夜一樣，是上天和命運的安排，是人力無法改變的。如果這個世界上有什麼事是最公平的，那就是每個人無一例外地都將經歷死亡。人們都夢想著「長生不老」，無論是千古帝王，還是平民百姓，死亡必然到來。秦始皇執著於訪神仙、求長生，

不惜一切手段企圖長生不死，最後卻死在了巡遊求仙的途中。

2. 死亡的不可抗拒性

有人說，這個世界上最公平的事情，就是每個人都會平等地經歷死亡。確實，當死亡來臨時，所有人都無法自己選擇，無論你年齡幾何，無論你地位高低，無論你財富多少，都不可逃脫。

秦始皇，一位統一六國的鐵腕政治人物，曾被明代思想家李贄讚譽為「千古一帝」。《史記‧秦始皇本紀》記載：「始皇漸露剛愎之色，或是因其年事漸高而畏死，故每每挑戰天地，欲天地神靈現形與其一鬥，則或有長生之理。」為追求長生不死，秦始皇派徐福帶領千名童男童女入海求仙藥，多次尋求不得，最後秦始皇死在了躲避災禍預言的第五次巡遊中。秦始皇求長生，既是一種對至高權力的執念，也是對死亡的深深恐懼。即使是秦始皇這樣的一位千古帝王，也終究無法逃脫死亡。

（三）死亡的價值

1903年，俄國生物學家、諾貝爾獎獲得者梅契尼科夫首先提出了「死亡學」的概念，認為用科學的精神和方法研究「死亡學」，可改善人類的生活品質。是什麼原因讓一個生物學家對死亡進行思考呢？原來，梅契尼科夫在年輕時便遭遇了死亡之痛。他的第一任妻子因感染肺結核過世，梅契尼科夫悲痛萬分，吞食大量鴉片企圖自殺，結果沒有死去。再婚幾年以後，第二任妻子又罹患傷寒去世，梅契尼科夫故意讓自己感染疾病再度自殺，但經過一番痛苦折磨以後，他還是沒有死去。梅契尼科夫兩次自殺未遂，後來因為發現細胞自噬原理，建立細胞免疫學說。梅契尼科夫既感受到了死亡之痛，又創造了生命的巨大可能性，它就像個寓言一樣，暗含了死亡的價值，「唯有願意觸及死亡的限制，才可能從中開拓出生命的尊嚴與價值」。

古羅馬著名的神學家、哲學家聖奧古斯丁指出：一個人只有面對死亡的時候，才真正地出生了。死亡是生命的導師，正因為有了死亡，我們才有了對生命的思考和敬畏；因為有了終結，過程才顯得尤其重要；因為死亡的必然性，生命才顯得難能可貴。死亡對這個世界具有不可忽視的價值，它讓我們的每一天都變得如此珍貴。

三、生死之間，追尋生命的意義

生命的出現是偶然，而死亡卻是必然。「雖然死亡可以從肉體上摧毀我們，但死亡也能從精神上拯救我們」，死亡可以成為人生最強有力的催化劑，引發我們對人生的思考和改變，進而開創一個充滿意義的人生。那麼，我們不禁要問，在有限的短暫生命中，生命的意義到底是什麼？我們如何才能創造出生命的意義和價值？

生命的意義是什麼？這是一個永恆的哲學問題，其核心是人對自身生命價值、對人類社會存在和發展意義的認識和評價。尼采曾提出兩句格言，「圓滿人生」和「死得其時」，告誡我們，要不斷地充實自我，實現自我潛能，充分、完全地活著，只有這樣，我們才能死而無憾。心理治療大師歐文‧亞隆在其著作《直視驕陽，征服死亡恐懼》一書的末尾寫道：「我希望通過去領會且真正領會人類的處境──我們的有限性，我們短暫的生命之光──我們不但可以品味每一個獨一無二的當下，享受全然為是的喜悅，也可以由此培育我們對自身，乃至對全人類的悲憫之心。」

在歐文看來，生命的意義就是「獨一無二的當下」「全然為是的喜悅」和「對自身和人類的悲憫」。

那麼，如何開創出生命的意義呢？試著想像一下，假如你的生命只剩下一個月，如果你不想生命有遺憾，從現在開始，你會做些什麼？或許你會說，我會去做一些之前很想做，但一直沒有時間做的事情，如遊遍名山大川；或者之前很想做，但一直沒有勇氣做的事情，如真誠地與某個人和解；又或者……總的來說，我們可以通過三種途徑，去尋求生命的意義。

（一）用創造性開拓生命的意義

生命是有限的，但創造卻可以無限。或許，就某種程度而言，創造是人類應對自身生命有限性的一種武器。作為代際傳承的生命創造，成為自身生命的延伸，讓有限的生命得以延續；物體的創造，造福社會，讓人們的生活更舒適便捷；思想的創造，啟迪世人，帶給人們無限的思考和自我成長。創造，一般而言，是指個體有意識地對世界進行探索性活動，是將以前沒有的事物生產或者造出來。但更為重要的是，創造還可以是某種建設性工作的過程，如藝術創作、科技發明，以及所有我們認為有價值並願意花時間和精力去做的事情。

對他人和社會而言，某個人生命的意義在於他帶來了什麼，留下了什麼。但對自我而言，生命的意義，或許更在於體驗生命意義的過程。工作是一種體驗，學習是一種體驗，生活也是一種體驗，當我們積極地、負責任地去體驗工作、學習和生活的時候，這就是屬於我們的一種創造，並在工作、學習和生活的價值和意義的感悟中體驗到生命的意義，實現對自己生命的認識、把握和超越。有人說，人越是忘記自己和目標，投身到某項事業或活動中去，他就越能實現自己的價值，越能找到生命的意義所在。

（二）用愛與連結體驗生命的意義

不少人可能都聽說過心理學裡著名的「格蘭特研究」，這是哈佛大學的阿列・博克等人，於1938年起歷時76年，耗費2,000多萬美元開展一個宏大課題，目的是探尋影響一個人是否成功的關鍵因素，揭開人類幸福的真相。該研究跟蹤了268名哈佛大學的本科生，每隔2年便全面瞭解他們的情況，如他們身體是否健康、婚姻質量如何、事業進展情況等。結果出人意料，真正影響成功的因素是：童年被愛與理解，尊重、共情他人及青年時能建立親密關係等與「愛」有關的因素。數據顯示，在「親密關係」項目上得分最高的58個人要比得分最低的31人，平均年薪高出14萬美元。這個宏大的研究最終告訴世人，愛與良好的關係讓我們更快樂，更健康！

著名心理學家、哲學家弗洛姆說：「對人來說，最大的需要就是克服他的孤獨感和擺脫孤獨的監禁」，而「對人類存在問題的真正和全面的回答是要在愛中實現人與人之間的統一」。愛、溫暖和親密關係，幫助人類克服孤獨感，並直接影響一個人面對意外和挫折的應對機制。一個活在愛裡的人，在面對挫折時，可能通過自嘲、和朋友一起運動、尋求家人的撫慰等方式，迅速進入積極健康的良性生活循環；而一個「缺愛」人，遇到挫折時，往往很難獲得支持和鼓勵，只能自我療傷，並感

到壓抑、痛苦,從而走向消極一端。

沒有愛,人類無法生活於世。親密關係是幸福感的必要條件,愛與連結是人類終生的最高追求。愛賦予人類關係深度和色彩,愛與被愛的體驗,都在深化著人們對生命意義的感知。當我們體驗到愛與連結時,內心會無比地充實和溫暖,這會讓人進一步思考自己和整個世界,更好地處理自己和世界的關係。

(三) 用直面苦難感悟生命的意義

維克多·弗蘭克爾曾說:「一些不可控的力量可能會拿走你很多東西,但它唯一無法剝奪的是你自主選擇如何應對不同的處境的自由。」1942 年,弗蘭克爾和父親、哥哥、妻子一起被納粹逮捕,關押進奧斯維辛集中營。後來,家人陸續被餓死或被殘忍殺害,弗蘭克爾也多次與死神擦肩而過,常年忍受著寒冷、饑餓、侮辱、鞭打,卻一直追尋著幾乎為零的希望之光。有一天,他強忍著腳傷,一瘸一拐走了幾千米去工地干活,寒風徹骨,饑腸轆轆。在他不停地想著當前的悲慘生活時,他突然看到自己站在明亮、溫暖的教室裡,給專注的聽眾們講授著集中營心理學,並從科學研究的角度,客觀地描述、分析著親身經歷的這一切。

通過這一想像,他成功地從當時的苦難中抽拔出來。最終,他為自己在集中營裡的非人生活找尋意義和價值,以自己的親身經歷寫下《活出生命的意義》一書,開創了意義療法,幫助人們找到活著的意義。

中國人常說人生苦短。確實,哪個人的人生道路不是荊棘叢生?似乎,人就是在不斷地面對和解決困難和挫折中度過一生的。人只要活著,就會經歷苦難,或是身體的,或是心靈的。苦難是否降臨,何時降臨,怎樣降臨,我們都無法控制,但我們卻可以選擇面對苦難的方式和態度。如果我們在遭遇苦難時,迴避現實,怨天尤人,失去克服困難的勇氣,那麼最終將被命運擊敗。但如果,我們可以直面命運的挑戰,把苦難視作對自身內在力量的考驗和磨礪,把握現在,著眼未來,這些苦難必將成為我們生命中最有意義、最自豪的養料。

生命的意義對於每個人都是不同的,重要的不是它的普遍性,而在於每個人獨特的屬於自己的生命意義。因此,擺在我們面前最現實的途徑就是:充實地過好人生的每一刻,從容地享受生命中的愛與被愛,踏實地做好人生的每件事,勇敢地面對生活的每一次苦難,活得充實、豐富、精彩,以一個真實、特別、負責任的生命面對死亡。

連結:我失去雙腿,卻找到更好的人生[①]

她的微信朋友圈頭像是三雙腿,一雙男人的腿,一雙孩子的腿,還有一雙是她的腿——這是一雙義肢。

「這是媽媽的腿,媽媽的腿和你的不一樣,只是不一樣而已。」她在日常生活中向她女兒如此解釋她身體的不同之處,她說現在 1 歲半的女兒每天早晨會抱著她的義肢遞給她。

---

① 廖智. 我失去雙腿,卻找到更好的人生 [EB/OL]. (2018-05-09) [2019-07-30]. https://www.thepaper.cn/news Detail_Forward_2059914.

她並不迴避自己身體的殘缺，甚至在朋友圈開玩笑：「我的侄女比我老公更瞭解我，知道我的左腿比右腿長。」

廖智，汶川地震幸存者，曾是四川德陽的一位舞蹈老師，網上流傳著一張她在雅安地震期間做志願者的照片，照片上的她神似張柏芝，讓她有了汶川地震最美女教師、雅安地震最美志願者的稱謂。

2008年5月12日，在那場舉國悲慟的災難中，23歲的她失去了家人、失去了10個月大的女兒，失去了婚姻，失去了房子，失去了所有積蓄。作為一名舞者，她還失去了雙腿。

「2008年發生的事，現在對我來說好像很遠，好像也不是很遠。」2018年4月，廖智坐在春天的陽光裡，靜靜述說往事，她語調平緩，仿若這一切不是發生在她身上。

「我在廢墟下埋了近30個小時，我的婆婆、女兒都走了，我也不想活了。」「我被救了出來，被攔在一輛卡車上，車上有很多遇難的人，也有像我這樣的幸存者，車子開了10多千米，才找到接收的醫院。」「我自己在截肢手術上簽了字，手術是在半麻狀態下進行的，做了一夜。第二天爸爸找到我時，我躺在地上，腿已經沒了。」「兩個月後我就去跳舞，跳舞第二天又二次截肢，因為我當時住帳篷，下大雨，水漏進來，傷口受到感染。」

這麼多年過去了，歲月，沒有在廖智臉上留下什麼痕跡，她皮膚白皙，五官精致，長長的睫毛在陽光下投射出影子，隨著這道影子的微妙變化，你才會注意到她情緒的起伏。

沒有一滴眼淚，沒有半句抱怨，甚至連痛和苦兩個字都未提及——被埋在廢墟裡近30個小時的痛苦，兩次截肢的痛苦，訓練穿義肢的痛苦，穿義肢跳舞的痛苦……她提都沒提，她說的更多的是：「這場地震讓我重生了。」

重生後的廖智又找到了新的愛情，組建了新的家庭，有了一個和她一樣美麗的女兒。汶川地震10週年時，33歲的廖智又孕育了一個新的生命。現在，百度詞條是「汶川截肢舞蹈老師」的廖智在上海過著普通家庭主婦的生活，每天，她穿著義肢推著女兒在小區散步，和鄰居說說笑笑；每隔一段時間，她就帶著父母、孩子和先生一起去臺灣、美國旅遊；偶爾她也會受邀請去大學參加活動做演講，不管走到哪裡，她的臉上都掛著陽光的笑容。

「如果人生可以選擇，你會選擇避開那場地震嗎？」

「為什麼要避開呢？我現在的生活就很好啊。我不會做其他選擇，這就是我的人生。」

小結：

我們每個人都是有「意識」的獨一無二的存在，既能感受到自己的「生」，也能意識到自己的「死」，「生」是一種喜悅，「死」卻是一種哀傷。在短暫有限的生命中，我們既可以用創造性去開拓生命的意義，實現對自己生命的認識、把握和超越；也可以用愛體驗生命的意義，讓內心更加充實和溫暖；還可以通過直面苦難去

感悟生命的意義，在苦難中破繭成蝶。

讓我們重新審視自己的人生，探索生命的意義。人們可以在不同的人生階段找到特定時刻下的生活目標，並在積極地、負責任地實現目標的過程中，體驗到充實、豐富和精彩。因為，當且僅當一個人能夠理解並肩負自己的責任時，內心才會感到滿足和平靜，才能真正體會到生活的樂趣，體驗到生命的終極意義。

思考題：

1. 你在海上旅行，不幸發生意外，流落荒島數日，尋求救援無果，島上食物已被吃完，生命只剩下最後一天的情況下，你會做哪些事情，為什麼？

2. 在你生命即將結束時，當你去回顧自己的人生，最讓你感到幸福的是什麼？3. 如果讓你寫一篇自己的墓誌銘，你會寫下哪些內容？

第二節　大學生心理危機及應對

哲學家尼採有一句名言：「凡殺不死我的，會使我更強大。」然而對於處於大學階段的學生而言，如何度過一段艱難的時間，對當下和未來的身心健康有著非常重要的影響。

曉剛是一個開朗陽光、積極向上的男生。小時候，父母忙於工作，年長幾歲的哥哥肩負起照顧曉剛的責任，兄弟感情很深厚。一次假期中，兄弟倆一同出遊，二人乘坐的出租車發生了車禍，哥哥在車禍中身受重傷，送到醫院進行搶救，最後永遠地離開了人世。

這件事過後，曉剛返回學校，發現自己過馬路時心慌、胸悶，看著川流不息的車流呼吸越發急促，人行道綠燈反覆亮了幾次，曉剛也不敢跨出去。室友伸手想拍拍他的背，沒想到曉剛一下子彈開，很驚恐地看著室友。

曉剛的情況，意味著他處於心理危機的狀態。儘管會有人在苦難後重獲新生，但是並非所有人都能做到這一點。心理創傷治療師範德考克說：「我們不願提起的傷痛卻不會因為我們的逃避、拒絕而消失。這些創傷性經歷總是會促使人們反覆重新體驗痛苦。」因此，我們需要直面危機，去認識它，接納它，從而化解危機給我們帶來的創傷，治療自我，幫助他人。

一、心理危機的定義

就個體而言，心理危機是一種對事件和情境的認知或體驗，即當發生的嚴重生活事件或情境超過了現有的應對機制，如果沒有及時得到緩解，就有可能導致個體心理從健康狀態轉為亞健康狀態甚至病態，引起個體嚴重的情緒、行為和認知功能障礙，甚至出現一些極端的反社會行為或自傷行為。

每個人都有一定的心理調控能力，當我們面對各類生活事件時，都在努力地保持著自己的心理狀態平衡。然則當一些重大問題的突發，開始使人無所適從，進而

讓個體的思維、行為都走進一種難以調和的失常怪圈，這就是心理危機。

二、心理危機的特徵

現實生活中，對於每一個人而言，在成長的不同階段都會遇到特定的挑戰，一些發展任務或者適應問題會使個體產生心理危機。而危機的存在也是因人而異的，不同的行業、不同的生活地域、不同的時期的個體經歷著各不相同的潛在心理危機。因此，不同的心理學家對於心理危機的特徵也都有著不盡相同的認識，總結起來，心理危機有如下特徵：

其一，心理危機具有普遍性。在大多數人的認知裡，心理危機往往是和較為嚴重的精神問題聯繫在一起，這是一種有偏差的認識。實際上，心理危機是由突發的嚴重的生活事件引起的心理失衡，是我們普通大眾都難以避免的。在危機事件產生時，每一個經歷這個事件的個體，都會產生或嚴重或輕微的焦慮、煩悶等負面情緒。因此儘管影響程度和調節能力都存在個體差異，但個體都會出現一定的應對機制失靈和心理調控失衡的體驗。

其二，心理危機具有特殊性。在同一個環境下成長起來的個體仍舊存在差異性，就心理危機而言，也符合這一特性。面對同一個危機事件，不同的個體會表現出不同程度的情緒波動，會採用不同方式的應對策略，同樣也會出現不同的結果。部分人能夠成功地應對危機、調控心理狀態從而順利度過危機，另一部分人因自我調控能力弱或失衡嚴重，會出現嚴重的心理問題，甚至心理疾病，需要外界幫助才能較好地度過危機，從而恢復心理健康。

其三，心理危機具有破壞性。心理危機是一種危險心理狀態，會對個體身心造成危害。個體處於異常狀態時，表現行為不同。一方面，心理危機可能引發個體反常的顯性行為，如採取自殺、自殘等消極方式應對心理創傷，或通過暴力行為、破壞性行為等攻擊性行為來緩解個人心理的失衡；另一方面，心理危機可能被壓抑至潛意識層面，個體會做噩夢，會出現危機事件的闖入性回憶，從而對個體身心健康造成影響。

其四，心理危機具有動力性。心理危機是一種機遇，在遭遇心理危機的過程中，大多數個體都會通過積極應對方式促進自我成長和改變。在經歷危機之後，一方面，這對於個人的發展而言，無疑是具有積極意義的，能夠使個人的耐挫力、心理彈性等積極心理因素更加強大；另一方面，個體會更加富有同情心、同理心，在面對同等境遇的他人時，個體更願意向他們提供幫助。

三、心理危機的階段

心理危機是一個短時間、可持續的過程，在這個過程中個體通常會經歷四個不同的階段，每一個階段個體都會出現不同的身心變化。

第一階段：衝擊期。這個階段發生於危機事件產生時或產生不久，危機事件使當事人開始出現應激反應，負面情緒和焦慮水準急遽上升，內心平衡被打破，警覺性提高，有緊張、恐慌的表現。在這個階段的個體會試圖採用慣有的策略應對應激

反應和不適感，也不太會輕易做出向他人求助的舉動。

第二階段：防禦期。在此階段，當事人發現自己慣常使用的解決問題的辦法失效，應激反應持續存在，並影響個體的正常生活，如飲食、睡眠、社交等。因此，在該階段個體也會產生相應的求助動機。高度的焦慮還會影響求助者的情緒和感受，因而在該階段的干預中，情緒問題是重點。

第三階段：解決期。由於個體當前的情緒、行為和精神症狀都出現了異常，個體會想方設法地尋求和嘗試解決問題的新辦法，以應對情緒困擾和心理危機。因此，此時是個體求助動機最強的階段，此時危機干預和心理介入更容易實現。

第四階段：成長期或危機期。在經過一段時間的探索和外界幫助，有一部分個體已經從心理危機中脫離，變得更加成熟，獲得更多處理危機的技巧，整合個人資源，恢復心理彈性，有更多積極的心理資本。但也有一部分個體仍舊一蹶不振，感到絕望、焦慮，或遭受心理疾病的折磨。

四、心理危機的類型

按照產生心理危機的刺激來源，我們可以將心理危機劃分為發展性危機、情境性危機、存在性危機。

發展性危機：在正常成長和發展的過程中，急遽轉變所導致的異常反應。人的畢生發展中，每個階段都有相應的發展任務和發展危機，如青少年角色混亂的危機、老年人絕望的危機等，都是身心發展的階段差異而導致的危機。因此，此類心理危機對於絕大多數人來講，既是正常的，也是普遍的。

情境性危機：突發的，且個人無法預測和控制時出現的危機事件，導致個體的身心狀態失衡。其標誌性特徵就是隨機、突發、影響強烈等，如交通意外、至親離世、突發疾病、失業等事件，均屬於情境性危機。面臨情境性危機時，自我調節能力較差的個體就容易產生持續性的身心健康問題。

存在性危機：重要的人生問題如關於個人價值、人生目標等引發的個人內部的心理衝突和焦慮。在這個過程中，個體可能會領悟或者懊惱。比如，在成長過程中，從來沒有獨立做過決策的學生，在大學階段可能感到迷茫、懊惱、價值感缺失。

五、心理危機的理論

林德曼在1944年在一項主題為「親人喪失所導致的悲哀性危機研究」中提出了基本危機理論，該理論認為境遇性危機造成的暫時性的情緒、行為和認知扭曲可以通過短期的危機干預進行治療；凱普蘭在1964年對其進行了補充發展，認為發展性危機同樣可以通過失衡/平衡模式進行干預。

基本危機理論單一討論誘發因素作為沒有充分闡釋環境、社會等因素對於危機事件的影響。因此，擴散危機理論從人際關係、適應、系統等角度對該問題進行闡釋。

其一是人際關係理論，由羅杰斯提出，其核心在於如果人們相信自身的潛能，具有自我實現和戰勝危機的信心，危機就不會持續太久。該理論的最終目標就是個

體重新把握對自己的評價，擁有對生活的控制力，重獲應對危機狀況的能力。

其二是適應理論，該理論認為，適應不良行為、消極思想和損害性防禦機制會對個體的危機起到維持作用，只有當適應不良行為轉變為適應性行為，危機才會消退。在這個過程中，個體通過探索積極思想和構築健康的防禦機制促成危機的成功解決。

其三是系統理論，由哈利和哈迪提出，有別於傳統的危機理論，該理論從社會和環境的範疇，而非只著眼於個體在危機事件中的內部反應。貝爾金進一步指出，該理論涉及情緒系統、溝通系統及需要滿足系統。這與危機解決的系統要求相呼應，充分考慮了人與人之間的互動和環境對於個人的影響，我們能夠更好地從誘因、強度、起病、病程等信息瞭解心理危機的現狀。

六、心理危機的識別

心理危機的發生因人而異，且至少符合以下幾個標準，才可能構成危機。

其一，重大事件是心理危機產生的導火線。隨著年齡的增長，每個人在成長的過程中受多樣的系統的影響。每個系統的人際、環境的交互都會對個體產生影響。簡單的拌嘴、爭執會引起個體的情緒波動，但是大多數人都可以調節好個人的狀態。而產生心理危機的事件是某些突發性的重大事件，急遽地引發個人的身心失衡。

其二，個體有急遽的情緒、認知及行為的改變。第一個層次是消極情緒，如壓抑、羞恥、恐懼、無助、無望等。第二個層次是行為異常，如反常的懶散、不與人接觸、違規違紀，甚至出現自傷、離家等。第三個層次是認知問題，如注意力難以集中、記憶減退、認識偏差、極端地評價別人或自己。

其三，個人調動自身能力仍無法應對當下的負面狀態。在心理危機產生時，自知力完整的個體都會採取一定的措施，調節自己的心理狀態，應對當下的危機事件。但是心理危機產生於突發的危機事件，並非每個人都能夠順利地實現調控。因而，這也是心理危機發生時，個體需要外部力量如穩定的社會支持、專業的心理諮詢等幫助度過的原因。

七、心理危機的應對

心理危機產生後，當事人會產生一系列的身心變化，在這個過程中，大多數人首先會採用自我調控控制一些消極反應，當超過了自身的能力範圍後，就需要尋求外部幫助，如他人的社會支持、專業的心理諮詢等。

（1）自我調適。在自我調適的過程中，認知調節就起到了極為重要的作用。人的認知猶如「過濾鏡」，它會使得個體對情境的感受發生改變。「正是我們常有的一些不合理的信念使我們產生情緒困擾」，同樣是面對失戀，有人覺得恢復單身，獨處的時候可以反思、提升自己，成為一個更值得被愛的人，很快走出了陰影；而有人則認為，自己付出太多，最終受到傷害，自己不值得被愛，也不再相信愛。

因此，心理危機既是客觀的，也是辯證的。當我們在生活中不可避免地面對它的時候，如若消極以待，就可能出現「生命的困頓」，如陷入嚴重的迷茫、焦慮、

空虛、壓抑，甚至出現網路成癮、自傷自殺等有損身心健康的行為。而我們若積極應對危機，能夠在克服危機的過程中增長閱歷、提高信心、審視自己認知模式，進而重新認識生命的價值和意義，整合自我資源，更好地把握當下，追尋生命的價值。

（2）社會支持。穩定的社會支持是個體從其擁有的社會關係中獲得的精神上和物質上的支持，能減輕個體的心理應激反應，緩解緊張狀態，提高適應能力。在功能良好的家庭中，當某位成員出現心理危機時，其他成員更願意通過傾聽與溝通、給予情感理解與支持，協助其順利度過。同時，朋輩群體的社會支持，如同學、室友，對處於青春期和成年早期的大學生尤為有意義。

（3）專業求助。專業的心理援助具備更高的專業性、針對性和有效性。專業的心理援助一般通過瞭解危機情況、評估心理狀態、建立接納和支持的環境、探索解決辦法、制訂計劃、達成承諾六個步驟，幫助求助者逐漸恢復身心平衡。在會談或諮詢的過程中，專業的心理援助通過專業的評估和全面的瞭解，針對性地引導求助者直面危機，根據求助者當下的身心狀態，調整干預的進程，促進其恢復自身的調節能力。大學生需要具備尋求專業幫助的意識。一般來說，各地高校均有專門的心理機構為學生提供服務，如心理健康教育中心。另外，大學生還需要瞭解24小時免費心理危機諮詢熱線，當自己或周邊的同學出現心理危機狀況時，可以迅速做出判斷並尋求專業幫助。最後，當身邊的同學出現自殺或傷人的行為時，可以撥打報警電話，立即干預。

八、心理危機的預防

正如前文所述，面對心理危機時，並不是每一個人都會在遭受沉重打擊後被擊潰，在這個過程中不同的個體存在顯著的個體差異。想要在面對人生挫折時有更強大的調適能力、更積極的應對方式，我們在平常的生活中就要學會調動積極的內外保護性因素，給自己構建一個更強大心理。具體來說，有以下幾個方面：

1. 增強個人復原力

較強的復原力是預防心理危機的個人保障。復原力又稱心理彈性、心理韌性，是積極心理學中的重要理念，指的是在面對挫折、逆境、挑戰時，個體表現出的心理調控能力與適應能力。培養高水準的復原力，個體可以通過對個人能力、自我效能感、耐挫力等個人特質進行塑造從而產生影響。一個具備足夠強的個人能力、高自我效能感、強耐挫力的個體在面對困境的時候能夠更樂觀地調用個人資源去解決問題，尋求合適的方法，從而應對心理危機。

2. 營造良好的人際支持系統

個體建立良好的家庭氛圍和人際關係，是預防心理危機的外部保障。好的家庭氛圍是建立在家庭成員間彼此具有溫情、互相理解、家庭成員分工明確的基礎之上的。它對家庭成員的精神和心理都起著非常重要的作用，是家庭成員生活及成長的重要環境因素。對兒童來說，家庭是其成長的首要環境因素，因此家庭氛圍對兒童的成長起著至關重要的作用，很大程度上決定著兒童的心理品質及人格發展。除了好的家庭氛圍，良好的人際支持也是心理健康的重要保障。哈佛大學為期75年的一

項研究發現，良好的人際互動有益於個體的身心健康，還可以保護大腦，減緩記憶力衰退。而孤獨的人在中年以後健康狀況下降，幸福感降低，生理病痛也會加劇。

3. 增強心理健康意識

作為新時代的大學生，需要不斷學習心理健康知識，增強心理健康意識。目前，中國高校均開設了心理健康相關課程，以及形式多樣的心理健康活動。很多高校也創建了心理健康知識網路平臺，以學生喜聞樂見的形式傳播心理健康知識。大學生要重視心理健康，通過課程和多渠道學習，探索自我，有針對性地提高自身的心理素質。

總之，人的一生會不斷地面臨挑戰與挫折，要避免心理危機給個體帶來的危險，我們就要不斷地促進個人人格健全，掌握科學的心理健康知識與技能，維持穩定的社會支持，為自己的心理健康塑造一個良好的內外環境。

連結：心理急救干預的八個核心行動

1. 接觸與參與

目標：救助者對幸存者發起的接觸做出回應，或以一種非侵入性、富有同情心和幫助性的方式接觸幸存者。

2. 安全與撫慰

目標：救助者加強及時與持續的安全保護，並給予物質和情感的撫慰。

3. 穩定

目標：救助者使情感遭受打擊或迷茫的幸存者平靜下來，使他們清楚自己的處境和要解決的問題。

4. 收集信息

目標：救助者確定幸存者的及時需求和擔心，收集額外信息，確定需要採取的心理急救干預措施。

5. 提供實際的幫助

目標：救助者為幸存者提供實際的幫助，強調及時的需求和擔心。

6. 銜接社會支持

目標：救助者幫助幸存者與主要支持人員和其他支持者（包括家庭成員、朋友和社區協助人員）建立暫時和持久的聯繫。

7. 提供應對信息

目標：救助者提供關於應激反應、降低痛苦、增強適應能力等方面的信息。

8. 與協作服務聯繫

目標：救助者幫助幸存者聯繫當前和將來需要的、可以利用的其他服務。

小結：

就個體而言，心理危機是一種對事件和情境的認知或體驗，即當發生的嚴重生活事件或情境超過了現有的應對機制，如果沒有及時得到緩解，就有可能導致個體心理從健康狀態轉為亞健康狀態甚至病態，引起個體嚴重的情緒、行為和認知功能

障礙，甚至出現一些極端的反社會行為或自傷行為。心理危機是一個短時間、可持續的過程，在這個過程中通常會經歷四個不同的階段，包括衝擊期、防禦期、解決期、成長期或危機期。關於心理危機的類別，按照產生心理危機的刺激來源，我們可以將心理危機劃分為發展性危機、情境性危機、存在性危機。

　　心理危機相關的理論包括基本危機理論和擴展危機理論。心理危機的發生因人而異，心理危機至少符合以下幾個標準：其一，影響心理的重大事件是心理危機產生的導火線。其二，個體有急遽的情緒、認知及行為的改變。其三，調動個人能力無法應對當下的負面狀態。心理危機的應對包括自我調適、社會支持和專業求助。心理危機的預防包括增強個人復原力、營造良好的人際支持系統、增強心理健康意識。

思考題：

　　1. 如果你身邊的同學小A近期的食慾明顯不好，睡得也不踏實，平時和大家在一起經常恍神兒，情緒低落，聽室友說他也把自己很多東西送給身邊的人。如果你瞭解了這件事，你會怎麼做？為什麼這麼做？

　　2. 假如你是班級的心理委員，你會開展什麼樣的活動來普及心理危機預防的教育？

國家圖書館出版品預行編目（CIP）資料

大學生心理健康與人生發展 / 肖宇 著. -- 第一版.
-- 臺北市：崧燁文化, 2020.05
　　面；　公分
POD版

ISBN 978-986-516-230-6(平裝)

1.大學生 2.心理衛生 3.教育輔導

525.619　　　　　109005327

書　　名：大學生心理健康與人生發展
作　　者：肖宇 著
發 行 人：黃振庭
出 版 者：崧燁文化事業有限公司
發 行 者：崧燁文化事業有限公司
E-mail：sonbookservice@gmail.com
粉 絲 頁：　　　　　網　址：
地　　址：台北市中正區重慶南路一段六十一號八樓 815 室
8F.-815, No.61, Sec. 1, Chongqing S. Rd., Zhongzheng Dist., Taipei City 100, Taiwan (R.O.C.)
電　　話：(02)2370-3310 傳　真：(02) 2388-1990
總 經 銷：紅螞蟻圖書有限公司
地　　址: 台北市內湖區舊宗路二段 121 巷 19 號
電　　話:02-2795-3656 傳真:02-2795-4100　網址：
印　　刷：京峯彩色印刷有限公司（京峰數位）

　本書版權為西南財經大學出版社所有授權崧博出版事業股份有限公司獨家發行電子書及繁體書繁體字版。若有其他相關權利及授權需求請與本公司聯繫。

定　　價：290元
發S行日期：2020 年 05 月第一版

◎ 本書以 POD 印製發行